“十一五”上海重点图书
现代人力资源开发与管理系列教程
丛书主编◎张培德 胡志民

主 编◎张燕娣

Job Analysis and Application

工作分析与应用

- 工作分析是一项实用性强、发展潜力大的管理技术，是人力资源管理领域中管理体制创新和工作规范化的基础与重要工具。
- 本着理论联系实际和学以致用的原则，本书从基本理论、实务操作和结果运用等方面对工作分析进行了全面系统的介绍和阐述。
- 以引导案例突出其应用性和操作性，使读者通过对本书的学习，不仅能对工作分析的基本理论和方法有一个全面的了解与掌握，而且能将所学的工作分析技术应用到具体的人力资源管理实践中去。

第三版

華東理工大學出版社
EAST CHINA UNIVERSITY OF SCIENCE AND TECHNOLOGY PRESS

图书在版编目(CIP)数据

工作分析与应用 / 张燕娣主编. -- 3 版. -- 上海 : 华东理工大学出版社，2024. 11. -- ISBN 978-7-5628-7623-6

Ⅰ. F241

中国国家版本馆 CIP 数据核字第 2024EP7019 号

项目统筹 / 左金萍
责任编辑 / 左金萍
责任校对 / 金美玉
装帧设计 / 徐　蓉
出版发行 / 华东理工大学出版社有限公司
地址：上海市梅陇路 130 号，200237
电话：021－64250306
网址：www.ecustpress.cn
邮箱：zongbianban@ecustpress.cn
印　　刷 / 南通印刷总厂有限公司
开　　本 / 787 mm×960 mm　1/16
印　　张 / 15.5
字　　数 / 328 千字
版　　次 / 2008 年 11 月第 1 版
2012 年 11 月第 2 版
2024 年 11 月第 3 版
印　　次 / 2024 年 11 月第 1 次
定　　价 / 69.00 元

内容提要

工作分析是一项实用性强、发展潜力大的管理技术，是人力资源管理领域中管理体制创新和工作规范化的基础与重要工具。

本着理论联系实际和学以致用的原则，本书从基本理论、实务操作和结果运用等方面对工作分析进行了全面系统的介绍和阐述。以引导案例突出其应用性和操作性，使读者通过对本书的学习，不仅能对工作分析的基本理论和方法有一个全面的了解与掌握，而且能将所学的工作分析技术应用到具体的人力资源管理实践中去。

第三版前言

《工作分析与应用》一书自2008年面世以来，得到了广大读者和专业人士的支持和认可，并一直作为上海市人力资源管理专业自学考试的参考书目，我们深感荣幸。在此，我们对所有关心、支持并使用过本书的读者表示衷心的感谢！随着经济全球化的不断发展和信息技术的广泛应用，我们的工作性质和工作环境发生了很大的变化，工作分析面临着诸多机遇和挑战，也呈现出新的发展趋势。为了使本书能更好地适应新时代发展的需要，我们决定对本书进行第三版的修订工作。

本着实用性原则，本书在保留第二版主体框架和内容的基础上，在形式和内容方面都进行了优化和更新，在部分内容的语言表达上也进一步凝练。

在形式方面，本书在各章前增加了"学习目标"和"重点概念"栏目，以帮助读者快速把握章节核心内容，提高学习效率；在各章后增加了"思考与练习"栏目，包括单项选择题、多项选择题、简答题和论述题，题目形式契合考试需要，便于教学使用，也便于学生复习巩固，加深对知识点的理解。

在内容方面，本书注重与时俱进，关注行业发展，吸收了最新的2022年版《中华人民共和国职业分类大典》(以下简称《职业分类大典》)的成果内容，使本书更具实用性和参考价值；本书将战略性工作分析专列一节进行详细介绍，以满足当前组织对战略人力资源管理的需要；本书紧跟时代步伐，体现了人工智能、大数据等新技术在工作分析领域的应用，突出了发展前沿，使读者能够了解行业最新动态。此外，我们更新了部分案例，增加了工作分析评估、工作设计理论等内容，梳理了前后章节中的相关内容并进行整合，使全书内容更加系统、完善、有条理，便于读者掌握。

本书由张燕娣担任主编。各章编写的具体分工如下：教博元负责第一章、第二章的修订，鲍子煊负责第三章、第八章的修订，张燕娣负责第四章、第五章的修订，相正求负责第六章、第七章的修订。全书由张燕娣负责结构与内容体系的修订设计、统稿、整合、修改与定稿。

本书的修订得到了前两版第一主编马国辉老师的充分授权，在此表示衷心的感谢！此次修订出版也得到了上海市教育考试院的大力支持，在此谨致以最诚挚的谢意！出版过程中，还得到了华东理工大学出版社编辑团队的诸多帮助与建议，在此一并表示感谢！

在本书的修订过程中，我们参阅了国内外专家学者的大量文献以及网络资源，得到了许多收获和启发，在此向所有作者表示深深的谢意！

由于时间和知识水平有限，本书不免存在疏漏及不足之处，恳请广大读者批评指正。

本书第三版的出版，既是对前两版的继承和发扬，也是对工作分析领域的再思考和再探索。我们希望第三版能够为广大读者带来更好的阅读体验和更多的实践助益；同时，我们也期待与广大读者一起，为我国人力资源管理的进一步发展贡献力量！

张燕娣

2024 年 6 月

目录

第一章 工作分析概述

学习目标

掌握工作分析的概念和相关术语，理解工作分析的四个层面，了解工作分析对象的构成要素和工作分析的类型，理解工作分析的特征，掌握工作分析的参与者，了解工作分析的内容、结果及其在人力资源管理中的作用，理解工作分析的意义。

重点概念

广义的工作分析、狭义的工作分析、工作分析、工作要素、任务、职责、职位、职务、职权、职业、职业生涯、职位分类、职系、职组、职门、职级、职等、工作说明书。

引导案例

洒在地上的液体谁来清扫？

一名机床操作工不小心把大量的液体洒在机床周围的地板上，车间主任让该操作工把洒落的液体清扫干净，但操作工拒绝执行，理由是操作工的工作说明书里并没有包括清扫的条文。车间主任顾不上去查工作说明书上的原文，就找了一名服务工来清扫，但服务工同样拒绝执行，他的理由是服务工的工作说明书里也没有包括这一类工作。车间主任威胁说要解雇服务工，因为他是被分配到车间里来做杂务的临时工，服务工这才勉强同意清扫。但是清扫之后，他觉得很委屈，于是就向公司进行了投诉。

有关人员看了投诉书后，审阅了机床操作工、服务工和勤杂工三类人员的工作说明书。机床操作工的工作说明书中规定：操作工有责任保持机床的清洁，使之处于可操作的状态，但并没有提及清扫周围场地。服务工的工作说明书中规定：服务工有责任以各种方式协助操作工，如领取原料和工具、随叫随到、即时服务，但也没有包括清扫工作的内容。勤杂工的工作说明书中虽然包括了各种形式的清扫内容，但是他的工作时间是从其他员工下班后才开始的。

讨论题

1. 导致液体无人清扫的主要原因是什么？
2. 怎样避免这种现象发生？
3. 车间主任这样处理合适吗？为什么？

第一节 工作分析的基本概念与特征

一、工作分析的含义

（一）工作分析的概念

工作分析其实是一种活动或过程，有广义与狭义之分。广义的工作分析是对整个国家与社会范围内各岗位工作的认识和分类过程；狭义的工作分析，也叫职位分析或岗位分析，是对某一具体组织内部各岗位工作所开展的系统、全面的分析活动。本书所要论述和探讨的是狭义的工作分析，它是分析者采用科学的手段与技术，直接收集、比较、综合有关工作的信息，就工作岗位的状况、职责任务、任职资格要求等作出规范性的描述和说明，形成工作说明书等工作分析文件，为组织特定的发展战略、组织规划、人力资源管理及其他管理行为提供基本依据的一种管理活动。

（二）工作分析的四个层面

工作分析可以从组织、部门、岗位和操作四个层面展开。

1. 组织层面

组织层面的工作分析就是从组织的宗旨、总体目标及内外部环境的分析出发，就组织整体架构和战略发展来分析组织的工作系统、工作机制和业务流程等。

2. 部门层面

部门层面的工作分析是针对组织的作业部门展开的，它主要通过系统地收集反映工作特征的数据和其他信息，合理界定部门的工作职责。它以追求效率最大化为原则，尽可能地减少不必要的中间环节，确定部门职责，以便精简高效地进行岗位设置。

3. **岗位层面**

岗位层面的工作分析是组织层面的工作分析的基础工作，主要是在明确岗位工作的性质、过程、范畴、机理、关系等的基础上，确定岗位的职责和职权，分析完成岗位工作所需要的知识、技能、能力、资历等各项要求和条件。岗位层面的工作分析是本书介绍的重点，其最终成果是形成工作说明书。

4. **操作层面**

操作层面的工作分析是工作分析中最基础的层次，是针对某项具体工作的操作过程、步骤所进行的分析，目的在于分解具体工作的每一个环节，使之形成一种定式或规范。例如，分析一名装卸工人在装卸货物时需要前后移动的距离、手臂上举的高度等，即“泰勒式”的工作分析。这种工作分析一般仅针对操作要求较高的岗位或工作，其成果是形成工作标准等规范性文件。

二、工作分析的对象

工作分析作为一种活动，其主体是工作分析者，对象是工作。任何工作系统都包括四个密切联系、相互影响的构成要素，即工作输出、工作输入、工作转换和关联因素。

(1) 工作输出。对一项工作而言，什么是其规范化、标准化的物化产品与服务产品？它们在哪些方面不同于组织内其他工作的产品或服务？

(2) 工作输入。完成这项工作需要具备哪些知识、品性、技能和能力？在这项工作的运作中需要哪些材料、资本和其他非人工成本的参与？

(3) 工作转换。资源是怎样变成令人满意的产品和服务的？在这种转变过程中，需要使用哪些生产程序、技术和工艺方法？这项工作中哪些靠机器来完成，哪些单纯靠人工来完成？这项工作中包括员工的哪些行为与联系？

(4) 关联因素。这项工作能在组织结构图中的哪一部分找到？它的责任是什么？这项工作对工作环境与员工的心理承受能力有何要求？员工是在什么样的时限与环境下操作的？这项工作在工作环境方面有哪些法律规定或其他法定要求？

工作输入是系统的开始，工作输出是系统的结束，从开始到结束中间是工作转换，而关联因素则保障着这一系统的有序运转。工作分析就是通过厘清工作的这四个构成要素的内容，形成对工作的全面描述和认识。

三、工作分析的特征

工作分析作为一项基础性工作，为组织管理特别是人力资源管理提供了基本依据和参考，它具有以下几个主要特征。

（一）以岗位为基本出发点

岗位是组织最基本的“细胞”，它是由组织的战略目标和组织结构所决定的，有什么样的战略，就要求有什么样的岗位体系与之相对应，就要求有相应的职责、权限、领导关系和任职资格与之相匹配。工作分析就是以岗位为基本出发点，围绕岗位进行分析，对岗位性质、职责、权限、工作关系、工作环境、任职资格条件等进行综合分析，最后得出最适合本岗位要求的工作分析文件。

（二）系统性

工作分析是一个系统的调查、分析、评价的过程。由于工作分析是一项基础性工作，它涉及组织的所有岗位，进行工作分析就要对岗位的所有信息展开深入、彻底的调查、研究，综合评价并高度概括出岗位的职责、权限、任职资格要求等一系列内容。在这个过程中，如果没有系统、科学的调查、分析、评价的过程与方法，很难得出有实用价值的工作分析结果。因此，在进行工作分析之前要完成系统的设计，制定科学的方案；在实施工作分析的过程中，要根据实际情况系统调整方案和方法；在形成工作分析文件时也要从系统的角度出发，综合考虑各方面因素。

（三）全员参与性

工作分析涉及面广，不是人力资源部门可以单独完成的。在工作分析的整个过程中，都需要全体员工的积极参与和大力配合，以使工作分析顺利进行。在进行工作分析之前，要对全体员工大力宣传工作分析的作用和意义，使员工对工作分析持有积极的态度，打消顾虑，全力配合工作分析的相关工作。在工作分析过程中涉及现场观察、访谈、问卷等方法的使用，也需要岗位任职者及其上级主管的理解与合作。在形成工作分析文件后，还要得到岗位任职者的认可，以作为其日后工作的依据。可见，如果没有广大员工的参与和配合，工作分析的顺利进行及工作分析结果的准确性都会受到不同程度的影响，甚至导致工作分析的失败。

（四）动态性

岗位在组织中处于一种相对稳定的状态。但在当今瞬息万变的信息时代，组织要根据市场的需要和变化不断调整自己的战略目标和工作重点，这使得岗位的功能、职责和任职要求等也常常会发生相应的变化。因此，工作分析不是一件一劳永逸的事情，而应该是一个动态的过程。当岗位或岗位内容发生变化时，就需要对工作分析的结果做出修改或调整，甚至重新进行工作分析。

四、工作分析的类型

根据不同的标准，工作分析可以分为不同的类型。

（一）单一目的型工作分析与多重目的型工作分析

工作分析根据应用目的的数量划分，可分为单一目的型工作分析和多重目的型工作分析。

工作分析的目的就是指进行此次工作分析主要想解决什么问题，或工作分析结果的具体用途是什么。例如：是解决绩效考核的问题，还是解决员工招聘的问题，或是解决培训开发的问题，等等。单一目的型工作分析就是以解决其中单个问题为目标的工作分析模式，即工作分析结果仅应用于一个职能模块。多重目的型工作分析则是以解决两个或两个以上问题为目标的工作分析模式。例如，某公司的工作分析结果既应用于员工招聘中，又应用于绩效考核与薪酬体系设计中，这就是多重目的型工作分析。工作分析的目的不同，采集工作信息的侧重点及工作说明书的内容就不同，其适用的工作分析方法也可能不同。

总体而言，两者的主要区别在于信息采集的丰富性、完备性和精确化程度不同。由于工作分析是现代人力资源管理各项职能的基础环节，组织的人力资源规划、招聘与选拔、培训开发、绩效管理等都是基于工作分析的结果展开的，因此在实践中，应该尽可能采用多重目的型工作分析模式，在一次工作分析中尽可能多地采集岗位信息，以避免日后重复调查。如果受到时间、人力、资源等条件的严格限制，则应该实施单一目的型工作分析。

（二）基于现状的工作分析和基于未来的工作分析

工作分析根据其着眼点划分，可分为基于现状的工作分析和基于未来的工作分析。

基于现状的工作分析是传统职位分析所倡导的，主要反映组织中各职位现在做什么，它们现在怎样为组织做出贡献，而不去判断各职位应该做什么，它们在将来怎样变化。这种工作分析着眼于对岗位现状的准确描述。

基于未来的工作分析主要反映组织中各职位的“应然”状态，即根据组织的战略目标对职位本身的存在价值和目标进行判断，对现行职责的合理性进行分析，从而发现哪些职责已不符合组织的要求、哪些职责需要修改、哪些职责需要新增。

（三）工作导向型工作分析、人员导向型工作分析和过程导向型工作分析

工作分析根据其切入点划分，可分为工作导向型工作分析、人员导向型工作分析和过程导向型工作分析。

总的来说，工作导向型、人员导向型和过程导向型工作分析各有侧重点，但都旨在通过深入理解和优化工作环境来提高组织绩效。工作导向型工作分析关注的是工作所涉及的任务和行为。人员导向型工作分析关注的是能够带来高工作绩效的任职者特征，如专业知识、技能、能力等。过程导向型工作分析关注的是组织所提供的产品或服务的流程，

从组织流程入手调查，开展流程中各个环节的工作分析活动，最终选择哪一种方法取决于组织的具体需求和目标。

此外，还有广义的工作分析和狭义的工作分析，这是根据客体分布范围来划分的。

五、工作分析的相关术语

工作分析的具体的行为形式有调查、研究、分解、比较、综合、分类、排序、评价、记录、说明与描述等。为了保证工作分析能够顺利、准确、高效地展开，需要对与工作分析相关的术语进行清晰、明确的梳理和界定。

1. 工作要素(job element)

工作要素是指工作中不能再继续分解的最小动作单位。如打开电脑、贴上标签、削铅笔。例如，工厂里负责采购的人员在物料用完时要进行采购，这项工作任务就包括找供应商、洽谈、下订单、收货这四项工作要素。工作要素是职责信息的来源和分析基础，除非基于特定的工作分析目的，否则通常不直接体现于工作说明书中。

2. 任务(task)

任务是指工作活动中为达到某一工作目的的工作要素的组合。它可以由一个或多个工作要素组成。例如，生产线上的工作人员给瓶子贴标签这一任务就只有一个工作要素；而上文提到的采购物料这项工作任务则是四个工作要素的集合；打印员“打印一份英文信件”的任务由熟悉单词、拼写、语法检查、打印四个工作要素组成。

3. 职责(responsibility)

职责是指岗位任职者承担的一项或多项相互联系的任务的集合。例如，人力资源管理人员的职责之一是进行工资调查，这一职责由下列任务组成：设计调查问卷、分发调查问卷、收回调查问卷、分析调查结果、撰写调查报告、将调查结果反馈给调查对象等。

4. 职位(position)

职位也称为岗位，是指某一时期内某一主体所担负的一项或几项相互联系的职责的集合。例如，办公室主任同时担负单位的人力调配、文书管理、日常行政事务处理等职责。职位一般与职员一一对应，即一个职位一个人，有多少职位就有多少人，两者数量相等。职位是以“事”为中心确定的，强调的是人所担任的岗位。

5. 职务(job)

职务也称为工作，是指主要职责在重要性与数量上相当的一组职位的集合和统称。职务与职位不同，职务与职员并不是一一对应的，一个职务可能由几个人分担，即可能不止一个职位。例如，企业副经理这一职务可以由生产副经理、财务副经理、行政副经理三个职员担任。

6. 职权(authority)

职权是指为了有效履行工作职责，任职者所必须拥有的对某事项进行决策的范围和程度。它常常用“具有批准……事项的权限”来表达。例如，具有批准预算外 5 000 元以内费用支出的财务权限。职权与职位相关，是职务范围内的管理权限，在职即拥有，离职即失去。有时特定的职责等同于特定的职权。

7. 职业(profession)与职业生涯(career)

职业是指在不同时间、不同组织中，工作要求相似或职责平行(相近、相当)的职位集合，如会计、工程师、教师等。虽然每个单位的会计与工程师的具体工作内容和工作量不尽相同，但他们彼此所担负的职责及其对他们的任职要求却是相似的。“职业”和“工作”的区别主要在于其范围不同。“工作”一般是针对组织内部而言的，范围较窄，而“职业”则可以跨组织，是较大时间跨度内针对整个行业而言的。

职业生涯是指一个人在其工作生活中经历的一系列职位、工作或职业的集合。

8. 职位分类的相关概念

职位分类是指在职位调查和职位分析的基础上，采用一定的科学方法和手段，根据职位本身的工作(业务)性质、难易程度、工作责任大小和人员必须具备的资格条件，对全部职位所进行的横向与纵向的划分，从而区分出职位的类别和等级，作为人力资源管理各项工作的基础和依据。职门(family)、职组(group)、职系(series)是从横向对所有职位按其业务性质划分的结果；职等(grade)、职级(class)是从纵向按岗位的责任大小、工作难易、职员所受教育程度及所需技术高低水平划分的结果。

(1) 职系

职系又叫职种，是指工作要求的繁简难易、职责的轻重大小及所需资格条件并不相同，但工作性质相似的所有职位的集合。例如，人事行政、财税行政、保险行政、公共行政等分属于不同的职系；人力资源助理员、人力资源管理员、人力资源主管、人力资源经理、人力资源总监则属于同一职系。每个职系就是一个职位升迁的系统。

(2) 职组

职组又叫职群，是指若干工作性质相近的所有职系的集合。例如，人事行政与公共行政可以并入普通行政职组，财税行政与保险行政可以并入专业行政职组。职组是工作分类中的一个辅助划分，并非不可或缺。

(3) 职门

职门也叫职类，是对职位所作的最初层次的划分，即若干工作性质大致相近的所有职组的集合。凡不同职门的职位，其工作性质迥然不同。例如，市场部门、生产部门、研发部门、技术部门、销售部门、财务部门、人力资源部门、行政部门等。

(4) 职级

职级是指同一职系中工作要求的繁简难易、职责的轻重大小及任职条件十分相似的所有职位的集合。例如，中学一级语文教师与中学一级英语教师属于同一职级；行政助理、行政管理员、行政主管、行政经理、行政总监是同一职系中的不同职级。

(5) 职等

职等是指不同职系之间，工作要求的繁简难易、职责的轻重大小及任职条件要求充分相似的所有职位的集合。例如，大学讲师与研究所的助理研究员、工厂的工程师均属于同一职等。职级的划分在于对同一性质的工作程度差异进行区分，形成职级系列；而职等的划分则在于对不同性质的工作之间程度差异进行比较或寻求比较的共同点。不同职系之间的职级数不一定相等，而且甲职级序列中的最高职级与乙职级序列中的最高职级，其工作难度也可能不同，职等的概念有助于这一问题的解决(表 1-1)。

表 1-1　职组、职系、职级、职等之间的联系与区别

<table>
<tr><th rowspan="4">职等</th><th rowspan="4">职　系</th><th colspan="5">职　等</th></tr>
<tr><th>Ⅴ</th><th>Ⅳ</th><th>Ⅲ</th><th>Ⅱ</th><th>Ⅰ</th></tr>
<tr><th colspan="5">职　级</th></tr>
<tr><th>员级</th><th>助　级</th><th>中　级</th><th>副高级</th><th>正高级</th></tr>
<tr><td rowspan="4">高等教育</td><td>教师</td><td></td><td>助教</td><td>讲师</td><td>副教授</td><td>教授</td></tr>
<tr><td>科研人员</td><td></td><td>助理工程师</td><td>工程师</td><td>高级工程师</td><td>正高级工程师</td></tr>
<tr><td>实验人员</td><td>实验员</td><td>助理实验员</td><td>实验师</td><td>高级实验师</td><td></td></tr>
<tr><td>图书、资料、档案人员</td><td>管理员</td><td>助理馆员</td><td>馆员</td><td>副研究馆员</td><td>研究馆员</td></tr>
<tr><td>科学研究</td><td>研究人员</td><td></td><td>研究实习员</td><td>助理研究员</td><td>副研究员</td><td>研究员</td></tr>
<tr><td rowspan="4">医疗卫生</td><td>医疗、保健、预防人员</td><td>医士</td><td>医师</td><td>主治医师</td><td>副主任医师</td><td>主任医师</td></tr>
<tr><td>护理人员</td><td>护士</td><td>护师</td><td>主管护师</td><td>副主任护师</td><td>主任护师</td></tr>
<tr><td>药剂人员</td><td>药士</td><td>药师</td><td>主管药师</td><td>副主任药师</td><td>主任药师</td></tr>
<tr><td>其他</td><td>技士</td><td>技师</td><td>主管技师</td><td>副主任技师</td><td>主任技师</td></tr>
<tr><td rowspan="4">企业</td><td>工程技术人员</td><td>技术员</td><td>助理工程师</td><td>工程师</td><td>高级工程师</td><td>正高级工程师</td></tr>
<tr><td>会计人员</td><td>会计员</td><td>助理会计师</td><td>会计师</td><td>高级会计师</td><td></td></tr>
<tr><td>统计人员</td><td>统计员</td><td>助理统计师</td><td>统计师</td><td>高级统计师</td><td></td></tr>
<tr><td>管理人员</td><td>经济员</td><td>助理经济师</td><td>经济师</td><td>高级经济师</td><td></td></tr>
</table>

第二节　工作分析的参与者、内容与结果

一、工作分析的参与者

工作分析是一项涉及组织各层级、内容多且需要专门技术的综合性活动，需要得到组织全体人员的理解、支持与配合。具体而言，工作分析的参与者包括组织高层管理者、工作任职者的上级主管、工作任职者及其同事、工作分析专家、人力资源部专员、组织外部的顾客和合作伙伴等，他们在工作分析中扮演着不同的角色，所起的作用和地位是不一样的，所担负的责任和享有的具体权限也是不一样的。只有明确了工作分析的各参与主体、主体之间的相互关系，以及各主体在工作分析过程中的职责、权限和地位，才能更好地进行和展开工作分析，才能避免在工作分析中，各主体因身份、责任和权限不明而出现相互推诿、扯皮等现象。

（一）组织高层管理者

组织高层管理者在工作分析中的具体职责包括以下几个方面。

(1) 基于组织的发展需求，组织高层管理者识别出或认可工作分析的必要性，并在组织内倡导发起或同意进行工作分析。在实践中，组织高层管理者是否参与、态度如何对于工作分析的成败起着至关重要的作用。其对工作分析的态度将直接影响其他人员对工作分析的态度和配合度，同时，组织高层管理者对工作分析的需要程度与认识，也决定着工作分析过程的发展。

(2) 发布政策、指示，动员鼓励员工参与和配合并进行相关沟通，总体领导工作分析过程。工作分析的过程需要组织高层管理者的直接倡导，其倡导程度与执行的决心将直接影响工作分析的进展和最终结果。由人力资源部倡导发起或由总经理直接倡导发起的工作分析，两者对其他部门管理人员、工作人员配合度的影响是完全不同的。组织最高层管理者所直接倡导和关注的工作分析，将受到组织内绝大多数成员的重视，从而获得更好的支持与合作。

(3) 对工作分析进行多方面的工作授权，并在组织内协调资源，安排相应的工作人员以协调组织工作分析过程。工作分析需要耗费人力、物力、时间，实施中往往会影响到员工的正常工作，有了组织高层管理者的授权和支持，就可以在组织内选派有影响力、有权力的管理人员协调工作中可能出现的问题，组织安排工作分析的工作进程，从而保证工作分析的正常进行。

(4) 提出工作分析项目的整体时间要求。工作分析的结果是其他各项人力资源管理工作的基础,为使后续其他工作顺利进行,工作分析应该明确其整体的时间要求。

(5) 问题解决与成果验收。组织高层管理者要密切关注工作分析的进展,对在工作分析中发现的一些平时难以解决的问题进行协调,化解在工作分析过程中可能出现的各种冲突。还应对工作分析的整个过程提供持续的支持,包括具体资源和精神鼓励。作为工作分析结果的验收者,组织高层管理者应任命他人或亲自审核,确保工作分析的结果符合组织的实际工作需要。

(二) 工作分析专家

工作分析专家为整个工作分析提供指导、规划和技术支持。其主要工作包括:向管理层提供工作分析的建议;设计工作分析的程序、步骤,安排工作分析的时间;根据工作分析的目的和预期结果选择和开发信息收集方法,提供工作分析所需的各类表格、范例、模板等工具性文件;指导和参与数据收集与分析,编写工作说明书;为工作分析的实施提供相关培训;针对工作分析进展过程中遇到的问题,从专业角度提供解决方案;监控整个工作分析过程,确保其按计划进行。工作分析专家实际上扮演着该工作的策划者、指导者和培训师的角色。

工作分析专家可以来自组织内部,如人力资源总监,也可以来自组织外部的专业机构。无论是来自组织内部还是组织外部,这些工作分析专家都有一个共同的特点,就是他们都精通专业知识,往往受过专门的训练,掌握工作分析的方法和技巧,具有很强的工作分析实际操作能力,能够根据具体条件和需要,尽可能全面、合理、系统地收集和处理工作信息。

工作分析专家是由组织外部的专家还是由组织内部的专业人员来担任,要根据具体情况而定。外部专家往往具有在不同组织中实施工作分析的丰富经验,对组织内问题的分析一般会更加客观、科学、可信;还能够全面考虑与工作相关的法律问题,确保工作分析的合法性和合规性。但聘请外部专家通常费用较高,且外部专家对组织内部情况往往缺乏了解,需要花大量的时间和精力去熟悉组织情况。

(三) 人力资源部专员

人力资源部专员主要负责联络协调及工作分析的具体实施。一般来说,如果工作分析没有外包给组织外部的专业机构,那么在工作分析中,人力资源部专员需要负责收集岗位的有关数据和信息,整理和分析岗位相关信息,参与工作说明书等工作分析结果文件的编制。此外,其还要根据实际需要接受工作分析的相关培训。一个训练有素的人力资源部专员能够在工作分析的过程中敏锐地发现各种不足,并能通过有效的方式全面收集工作分析所需的信息,确保工作信息的分析过程顺利进行。此外,人力资源部专员还要负责工作分析中的日常事务性工作,如发放和回收问卷、安排外聘专家的食宿、通知访谈人员、安排访谈地点等。

（四）工作任职者

工作任职者在工作分析中是最重要的角色，他们是现在职位的担任者，对其所从事的工作最熟悉，对岗位最了解，能够为工作分析提供宝贵的第一手资料。他们往往描述的是实际工作是怎样做的，而不是工作应该怎样做。

1. 工作任职者在工作分析中的主要职责

(1) 提供岗位相关信息。在工作分析中，需要工作任职者给予积极配合，根据需要，通过不同方式向工作分析者如实地提供岗位的相关信息。如填写问卷、接受访谈、填写工作日志、作为观察对象配合观察等。

(2) 核对确认信息并提供反馈意见。在工作分析过程中，为了保证信息的准确性，工作任职者需要对通过各种方式收集到的岗位相关信息进行核对和确认。在工作说明书的制定阶段，也应由工作任职者对工作说明书的初稿进行检查和确认，并提出反馈意见。

(3) 在符合要求的前提下可以参与工作说明书的草拟。工作说明书的拟制需要较高的分析概括能力和书面表达能力，也需要遵循一定的原则要求，因此，一般不建议由工作任职者直接草拟工作说明书，但如果工作任职者的文字水平较高，具备相应的分析概括能力，在经过专门的培训后可以让其直接参与工作说明书的草拟工作。这样有利于提高工作任职者对工作说明书的接受度。

2. 从工作任职者处收集工作信息时的注意事项

利用工作任职者收集工作信息时，应该注意以下问题。

(1) 工作任职者不一定愿意提供其工作的真实内容，应采取一定的激励手段来提高他们的参与热情和参与度。

(2) 工作任职者往往需要接受关于收集工作信息方法的相关培训。

(3) 由于工作分析与绩效评价、薪酬等人力资源管理活动有关联，部分工作任职者可能会故意强调和夸大自己工作的强度和重要性，以谋取实际的物质利益，如薪资、奖励等。

为了使信息收集工作能得以顺利进行，应该对参与信息收集工作的工作任职者进行必要的筛选，具体条件如下。

(1) 参加工作分析的工作任职者必须是自愿的，这样他们在工作分析中才有比较高的兴趣和参与热情。

(2) 工作任职者必须具有较好的口头交流、阅读和书面表达能力。

(3) 工作任职者至少在待分析的职位上工作 6 个月以上，这样他们才有可能提供关于该职位的全面而准确的信息。

当某个职位上的工作任职者的数量较少时，就应该利用所有符合要求的任职者收集信息；而当某个职位上的工作任职者数量较多时，则需要对符合要求的工作任职者进行取样，取样时应充分考虑性别、年龄、工作时间、工作地点等方面的综合因素，以保证样本具有代表性。

（五）工作任职者的上级主管

工作任职者的上级主管在工作分析中能起到承上启下的作用，他们的积极参与能够提高工作分析质量和精确度，其具体职责如下。

(1) 协助实施工作分析。一方面，他们能帮助动员和支持下属员工完成工作分析的相关工作。通过与待分析岗位的员工进行沟通，能够提高员工对工作分析过程的配合度和认可度。另一方面，作为上级主管，他们对自己下属的情况较为了解，为了保证工作分析信息的准确性和有效性，他们能帮助筛选调查对象，选择能够胜任岗位工作、具备较好的表达能力、工作态度认真并能配合分析人员工作的员工，接受工作人员的调查。

(2) 补充与核实工作信息，提出反馈意见。工作任职者的上级主管对所负责范围内的工作岗位的信息较为熟知，有机会观察工作任职者的工作，往往很清楚其下属做了些什么，并能对下属的工作活动作出相应的判断。因此，他们往往能对已经收集到的工作信息进行检查、核实与证明，对形成的工作分析结果提出反馈意见。

需要注意的是，工作任职者的上级主管往往倾向于从工作任职者“应该怎样做”的角度去描述岗位信息，而不是从工作任职者“实际怎样做”的角度去描述任职者的工作。

（六）顾客或用户

顾客的满意度是组织战略中的一个重要目标，因此，顾客的反馈和意见不容忽视。但在实际的工作分析实践中，这种做法并不多见。从顾客中收集信息，与其说是一项人力资源管理工作，不如说是一项有效活动。在某些行业中，顾客与前线员工的互动远比与管理层的接触更为频繁，例如，在便利店中，收银员与顾客之间的互动比两个收银员的互动频繁得多，而经理则往往不直接参与日常的顾客服务。对于这种工作，组织在进行工作分析设计或者对员工的工作业绩进行评价时，就要考虑到顾客的意见，并充分重视顾客的视角。

对于直面顾客或用户的岗位而言，在工作分析中，顾客或用户的角色也至关重要，须从顾客或用户那里获取需求、反馈及相关信息，这些信息对于工作分析具有重要价值。第一，顾客或用户对产品或服务的期望是工作分析的出发点。他们的需求和偏好决定了工作的目的和性质，也决定了员工需要掌握的技能和知识。例如，在电力系统中，用户对电能质量和服务响应速度的要求直接影响了对电力工作者的任务设定和技能要求。第二，顾客或用户对产品或服务的满意程度是衡量工作性能的重要标准，他们的反馈有助于确定工作的绩效标准。第三，顾客或用户在工作流程中的体验反馈可以揭示流程中的问题。他们的意见和建议有助于改进工作流程，提高效率。

工作分析的成功需要组织各个层级的参与合作。每个参与者，都应认真履行自己的角色，共同推动工作分析的有效实施。

二、工作分析的内容

工作分析所要调查研究的信息可以归纳为6W1H，基本上概括了工作分析所有收集的信息和内容。

(1) 做什么(what)：所从事的工作活动是什么。其主要包括任职者所要完成的工作活动是什么？任职者的这些活动要产生什么样的结果或产品？任职者的工作结果要达到什么样的标准？

(2) 为什么(why)：工作的意义或工作目的是什么，即这项工作在整个组织中的作用。其主要包括做这项工作的目的是什么？这项工作与组织中的其他工作有什么联系？对其他工作有什么影响？

(3) 谁来做(who)：谁来完成这项工作，即对从事某项工作的人的要求。其主要包括从事这项工作的人应具备怎样的身体素质？必须具备哪些知识和技能？至少应接受过哪些教育和培训？至少应具备怎样的经验？在个性特征上应具备哪些特点？在其他方面应具备什么样的条件？

(4) 何时做(when)：在什么时间从事各项工作活动。其主要包括哪些工作活动是有固定时间的？在什么时候做？哪些工作活动是每天必做的？哪些工作活动是每周必做的？哪些工作活动是每月必做的？

(5) 在哪儿做(where)：从事工作活动的环境。其主要包括工作的物理环境、社会环境和安全环境。工作的物理环境包括地点(室内与户外)、温度、光线、噪声等；工作的社会环境包括工作所处的文化环境(如跨文化的环境)、工作群体中的人数、完成工作所要求的人际交往程度、环境的稳定性等；工作的安全环境即工作是否具有危险性，以及可能对身体造成的伤害。

(6) 为谁做(for whom)：在工作中与哪些人发生关系，发生什么样的关系。其主要包括工作要向谁请示和汇报？向谁提供信息或工作结果？工作可以指挥和监控哪些人？

(7) 如何做(how)：任职者怎样从事工作活动以获得预期的结果。其主要包括从事工作活动的一般程序是什么？工作中要使用哪些工具？操纵什么机器设备？工作中所涉及的文件或记录有哪些？工作中应重点控制的环节有什么？

三、工作分析的结果

通过对工作信息的收集、整理、分析与综合，工作分析形成的最终结果主要包括两种：工作说明书和工作分析报告。

工作说明书，也叫职位说明书，它作为工作分析的一种结果，是以一定的格式对职位的工作及其任职者的资格条件进行描述的陈述性文件，完整的工作说明书包括工作描述和工作规范两部分。其中，工作描述涉及工作执行者实际在做什么、如何做，以及在什么条件下做等有关内容；工作规范也叫任职资格，说明执行者为了圆满完成工作所必须具备的知识、能力、技术及其他要求。它在人力资源管理中有着重要的作用，是人力资源管理活动的基本依据。这两部分并非简单地排列在一起，而是有着紧密的内在联系，两者共同形成了一个系统的整体。

工作分析报告的内容较自由广泛，可能因组织、行业和目的的差异而有所不同，主要用来阐述在工作分析过程中所发现的组织与管理上的问题和矛盾，以及对这些问题和矛盾的解决方案。

第三节　工作分析的意义与作用

一、工作分析的意义

工作分析是人力资源开发与管理中的一种手段，也是整个组织管理系统中的方法与技术，因此工作分析属于方法论的学科范畴。

工作分析是整个人力资源开发与管理的奠基工程，不仅在人力资源开发与管理过程中具有十分重要的作用，而且对于组织的管理与发展，乃至社会生产力的提高都有着不可忽视的意义。其主要表现在以下几个方面。

（一）工作分析是整个人力资源开发与管理科学化的基础

人力资源管理过程包括岗位设计、招聘、配置、培训、考核、付酬等环节，每个环节的工作均要以工作分析为基础。岗位设计要以岗位职责与工作说明书为依据，培训要以工作内容和要求为依据，考核要以工作目标为依据，付酬要以岗位职责大小、所需技能高低与实际贡献大小为依据。工作分析是这一切的基础。

（二）工作分析对于人力资源管理研究是不可缺少的

人力资源管理研究的主要对象是人力资源管理的现象与规律。所有人力资源活动中的“人”与“事”及其关系，是整个人力资源管理研究的基本点。其中，“事”是内核；“人”在这里指的是与一定“事”及工作相联系的“人”，是在职人员或求职人员。因此，对人力资源管理进行深入而科学的研究，不掌握工作分析的理论和方法是不行的。

（三）工作分析是组织现代化管理的客观需要

传统的管理模式有值得借鉴的地方，但也有以下弊端：① 凭经验管理；② 重视物力、财力等因素而忽视人力因素的作用；③ 重视人的现有能力而忽视对人的潜力的发掘。

在现代社会，工作效率的提高越来越依赖人力因素的作用。因此现代管理的突出特点是强调以人为中心，强调在工作分析的基础上进行工作设计和恰到好处的定员、定额，为工作者创造和谐的人际关系和组织气氛，创造良好的工作条件和工作环境，控制各种有害因素对人体的危害和影响，保护工作者的身心健康，以激发工作者的自觉性、主动性与创造性，从而满足现代化管理的需要。

（四）工作分析有助于实行量化管理

现代企业管理实践表明，提高效益要依靠良好的政策和技术进步，更要依靠严格和科学的管理。实行严格和科学的管理需要一系列的科学标准与量化方法。工作分析通过对岗位工作的客观数据与主观数据的分析，充分揭示了整个劳动过程的现象与本质的关系，有助于整个企业管理逐步走向标准化与科学化。

（五）工作分析是提高现代社会生产力的需要

社会生产力的提高表现为生产效率与生产质量的提高，而提高生产效率与生产质量，关键在于简化工作程序，改进生产工艺，明确工作标准与要求，让每个人从事最适合的工作，以达到最好的工作效果。

随着现代生产过程越来越复杂，企业规模越来越大，工艺流程越来越长，分工越来越细，具体的劳动形式和生产环节越来越多，对劳动协作的空间和时间上的要求也越来越高。为了科学地配置与协调不同劳动者的工作，必须对生产过程分解后的基本单位——工作岗位进行科学的分析。

二、工作分析在人力资源管理中的作用

工作分析是人力资源管理体系的基石和信息平台。工作分析的最终目的不是得到结果，而是将结果用于实践，以服务其他的人力资源管理活动。工作分析的结果在人力资源管理的各项职能中发挥着不可或缺的作用，是其他各项人力资源管理实践的基础准备（图 1-1）。

工作分析是人力资源管理中的一项基础性工作。通过工作分析所得的工作描述信息和任职资格信息在人力资源管理的各项工作中都能发挥作用，为其提供科学的依据，是开展人力资源管理工作的起点和基础。具体来说，其主要可以应用于以下人力资源管理活动。

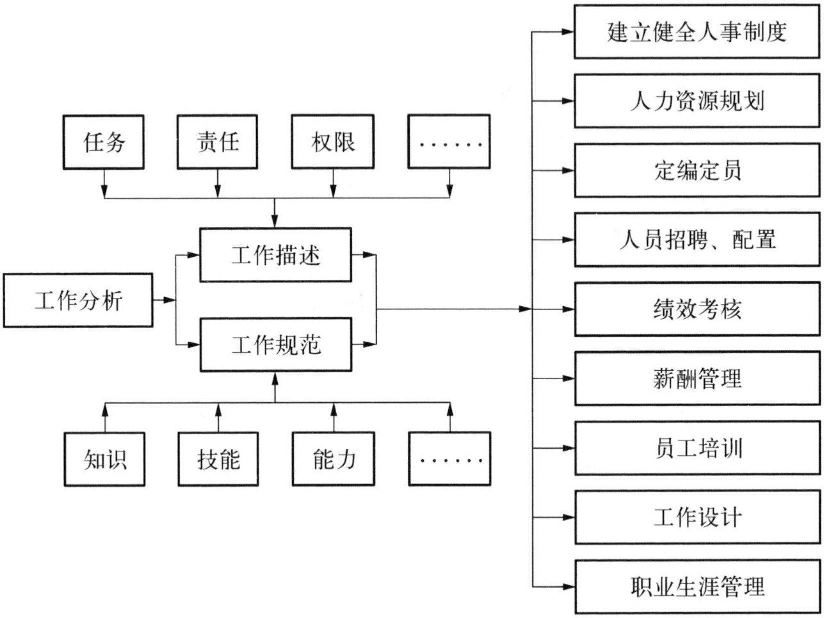

图 1-1　工作分析在人力资源管理中的作用

1. 建立健全人事制度

工作分析所形成的工作说明书对工作作出了明确的说明，由于这种说明以事实为依据，可以使组织员工对工作有更深的了解，彼此有更多的认同，这样就避免了不必要的冲突。人事部门可据此制定各种人事制度，为人事决策奠定坚实的基础。

2. 人力资源规划

工作分析是制定有效的人力资源规划、进行各类人才供给和需求预测的重要前提。随着企业发展与战略转移，必然会出现新旧职位的更替、工作职责和职位要求的变化、人员需求的变化等。通过工作分析可以及时、准确地掌握这些变化，从而有利于准确、有效地对人力资源需求类型、数量及素质水平进行预测。

3. 定编定员

工作分析与组织的定编定员工作有着十分密切的联系。首先，根据工作分析的结果，对组织内部的工作职位进行划分和归类，建立起有序的职位体系，为确定组织的工作职位数量和任职者构成提供依据。然后，按照工作性质、难易程度、职责大小及任职者的资质条件要求对各类工作职位进行详细的分析，并将它们划分为不同的等级。

4. 人员招聘、配置

人员招聘取决于空缺岗位所需要的资格要求，而工作分析可以提供岗位的任职资格，从而为人员招聘、甄选提供依据，降低组织的用人风险。另外，通过工作分析提供的任职资格，可以提高组织内部人力资源配置的效果，提高员工与岗位的匹配度，实现合理的人员配置，避免小材大用或大材小用。

5. 绩效考核

绩效考核是衡量任职者工作效率的过程。组织对每一个任职者都有一定的绩效要求。通常，工作职责描述得越清楚详尽，绩效指标就越容易制定。工作分析通过明确岗位职责进而为绩效考核提供了一个明确的绩效标准，使绩效考核有据可依，大大减少了绩效考核的主观性和随意性。同时，客观明确的绩效标准也有利于减少考核人与被考核人之间的争议和摩擦。

6. 薪酬管理

工作分析是工作评价的前提和基础，而有效的工作评价又是建立合理的薪酬体系的基础。薪酬通常与工作的复杂性、责任大小、工作难易程度、能力要求等多种因素相联系，而与各工作相关的这些因素又必须通过工作分析才能得以确定。在工作分析的基础上进行工作评价，就能确定组织内部职位的相对价值，进而据此进行薪酬设计，从而优化组织内部的薪酬结构，提高薪酬体系的内部公平性和科学性。

7. 员工培训

过多的培训对组织来说是一种负担，过少的培训又将影响工作的数量和质量。因此，员工培训要做到有的放矢。工作分析可以提供关于做好该工作所需要的知识和技能的相关信息，从而为分析任职者的培训需求提供条件，避免培训的盲目性，提高组织培训的效率和效果。

8. 工作设计

通过工作分析，可以获得很多有用的信息，这些信息不但可以让我们知道目前的工作状态，而且从这些信息中可以分析出目前的工作内容设置是否合理。利用工作分析所得的结果，可对新建组织进行工作设计，也可对已经建立、正在运行的组织进行工作再设计，即重新设计组织结构并界定工作范围，改进工作方法，改善设备，提高员工的参与度和满意度。工作设计和再设计都要以工作分析为基础，而且它们也是工作分析的最终延伸。

9. 职业生涯管理

工作分析可以明确职位之间或工作内容与任职资格上的逻辑关系和内在差异，形成以职位为基础的职业生涯通道，以及职业生涯发展的路径、规范与标准，提高员工升迁调动的合理性。

可见，工作分析广泛应用于人力资源管理的各项活动之中，是人力资源管理的基础环节。工作分析很基础，也很重要，具有懂得如何正确应用，才能取得良好的效果。

案例分析

从本章的案例中，我们可以发现，产生工作扯皮、责任推诿的主要原因是工作说明书

描述不清晰、责任不到位。为了避免此类问题的发生，应该进行现场观察，合理分析，制定针对性强、切实有效的工作说明书。车间主任虽然有权临时处置此类突发事件，但他不做分析、不做解释、武断简单的处理方式对工作不利。

思考与练习

一、单项选择题

1. 某一时期内某一主体所担负的一项或几项相互联系的职责集合是(　　)。

A. 职责　　B. 职业　　C. 职务　　D. 职位

2. 工作分析以(　　)为基本出发点。

A. 员工　　B. 岗位　　C. 领导　　D. 组织结构

3. 在不同职系之间，职责的繁简、难易、轻重及任职条件要求充分相似的所有职位的集合是(　　)。

A. 职等　　B. 职级　　C. 职组　　D. 职门

4. 工作分析的最终成果是形成工作说明书，这是哪一层面的工作分析？(　　)

A. 组织　　B. 部门　　C. 岗位　　D. 操作

5. 工作分析专家的工作不包括(　　)。

A. 设计有效的信息收集方法

B. 在调查阶段收集工作信息，分析所获结果

C. 发布工作分析的相关政策与指示

D. 提供解决问题的方案

二、多项选择题

1. 从横向对所有职位按其业务性质划分的结果是(　　)。

A. 职门　　B. 职等　　C. 职系　　D. 职组

E. 职级

2. 工作分析的特征有(　　)。

A. 以人为基本出发点　　B. 系统性

C. 全员参与　　D. 是一个动态过程

E. 标准化

3. 在工作分析中，工作任职者的职责有(　　)。

A. 倡导发起工作分析　　B. 核对确认信息并提供反馈意见

C. 提供自身岗位信息　　D. 解决工作分析实施过程中遇到的问题

E. 协助制定工作分析计划

三、简答题

1. 工作分析的特征有哪些？

2. 工作分析有哪些类型？

3. 工作分析的参与者有哪些？其具体职责是什么？

4. 工作分析的内容是什么？

5. 工作分析的意义是什么？

四、论述题

1. 试述工作分析在人力资源管理中的作用。

2. 试述工作分析的内容。

第二章 工作分析的历史与发展

学习目标

了解工作分析的思想起源与早期发展、西方国家的工作分析实践与研究成果，理解并掌握工作分析的发展趋势，掌握战略性工作分析的含义、特点与实施流程。

重点概念

胜任特征、胜任特征模型、准确性的工作分析研究、战略性的工作分析研究、工具性的工作分析研究、战略性工作分析。

引导案例

工作分析有必要吗？

Y公司是一家从事软件开发与设计的股份有限公司。该公司在2022年9月进行了大规模的工作分析，并根据分析结果，编写了各岗位的工作说明书。在初期，工作说明书确实给Y公司带来了方便，提高了效率。但从2023年6月开始，各部门主管就开始抱怨，说工作说明书中对人员的编制限制了部门及公司的发展。

Y公司组织专人对此进行了调研，结果发现：随着生产技术的发展，产品的生命周期已缩短（大约为12个月），而工作说明书降低了人力资源使用的弹性。当今软件开发所要求的知识更新速度加快，对任职人员的资格条件也会随之改变，工作说明书若不及时修改，反而会降低工作效率。所以Y公司决定不再进行工作分析，也不再使用工作说明书等任何工作分析结果。

讨论题

1. Y公司废弃工作分析的做法对吗？为什么？

2. 你认为Y公司今后是否还需要进行工作分析？该如何做呢？

3. 根据案例，你认为工作分析在当今社会所面临的困难主要有哪些？该如何解决呢？

第一节　工作分析思想起源与早期发展

一、工作分析思想起源

“工作分析”一词最早出现于20世纪初的管理学领域。1916年，泰勒(F. W. Taylor)把工作分析列为科学管理五大原则中最重要的原则。然而，工作分析的思想源远流长，一般认为，工作分析的思想最早起源于社会分工。

（一）中国的工作分析思想探源

中国古代政治家管仲最早论述了分工问题。大约在公元前700年，管仲就主张将工作划分为士、农、工、商四大行业，居民按行业分别聚居在固定的区域，这就是著名的“四民分业”定居论，也是最原始的工作分析思想。后来，荀况进一步强调了分工的整体功能，把分工称为“曲辨”。他认为，人类之所以优于动物，不是因为个体的能力，而是因为群体的能力与智慧。群体的力量产生于合理而科学的分工，只有确定了合理而科学的分工，人们才能各就各位，有序地工作，避免纷争，发挥出群体的共同能力。虽然中国古代思想家对分工早有研究，且不乏独到见解，但由于中国古代的生产方式是典型的自然经济，是以农业与家庭手工业的结合为基础的，与之相适应的主导经济思想是自给自足的小农意识，因而限制了中国分工思想的进一步发展与提升，未能形成系统的分工理论。

（二）西方的工作分析思想探源

在西方，工作分析的思想起源于公元前5世纪的古希腊时期。古希腊的商品交换活动比较发达，对社会分工问题相对重视得多，相关的讨论也较多。其中最有代表性的人物是柏拉图和色诺芬。柏拉图在其哲学著作《理想国》中，以苏格拉底与学生对话的形式，详细论述了社会职业的分工，指出社会分工出现的起因是人的需求多样化。他认为，人的社会需求是纷繁复杂的，要满足人们所有的愿望是不可能的。相对而言，要求建筑工匠、农民、鞋匠、纺织工人和其他工人适当地专门化，做他们力所能及的工作，并尽心竭力地为社会服务，这种由特定的工人从事特定的工作的社会分工方法将大大提高社会的生产效率，可以为社会做出更大的贡献。苏格拉底的思想为后来的工作分析奠定了基础。

二、工作分析研究与发展的直接动力

随着人类社会的繁荣与进步，社会分工得到进一步发展，职业类别的划分也越来越精细。就是在这样一种大背景下，西方国家不但在理论上对社会分工进行了深入的研究，而且在实践中也投入了很大的精力加以探讨。例如，亚当・斯密在《国民财富的性质和原因的研究》一书中，就对西方国家某工厂所进行的劳动分工进行了如下描述：在生产大头针的过程中，第一个工人抽出铁丝，第二个工人把它弄直，第三个工人负责截断，第四个工人只管磨尖，第五个工人磨其顶部，以备连接，针头加工还需要两三道独特的工序，最后是装配与镀锡。因此制造一枚大头针，大约有 10 道工序，如果一道工序由一人操作，那么，生产一枚大头针的岗位将有 10 个。

英国数学家、发明家、现代自动计算机的创始人、科学管理的先驱查尔斯・巴贝奇(Charles Babbage)在《论机器和制造业的经济》一书中分析了劳动分工能提高劳动生产率的原因：① 新工人接受培训的时间大为减少，因为只需要学习一种技术；② 减少了原材料的耗费；③ 通过合理安排工人的工作，节约了开支，也因此产生了以技能为基础划分的工资等级；④ 由于不必要求工人从一种工作转到另一种工作，因此节约了时间，也使工人对特殊的工具更加熟悉，而这种熟悉又反过来激发了工人在使用工具中的积极性和创造性。

然而，这种劳动分工在提高生产效率的同时，却把一个人肢解为各种碎片，使人降格为机器的附属物，在工作中人的活力与智慧难以充分发挥，工作变成了令人厌恶的苦差事。正如马克思所批评的那样，这种分工条件"把工人变成畸形物"，将人转化为某种从事单一劳动的工具。训练某种单一的技能，往往以牺牲其他方面能力的发展为代价。因此劳动分工越精细，人的能力发展就越容易走向片面与畸形，这是与人力资源开发的思想相违背的。

由于社会需要提高生产效率与经济效益，故对劳动进行分工在所难免。事实也表明，劳动分工可以大大提高社会整体的生产力，我们也不可能倒退到原始社会的自然经济与综合生产模式。所以需要从管理方面着手，进行全面发展式的人力资源配置工作，在配置中实现人的全面发展与能力开发，在该过程中应注意以下两点。

(1) 管理者在了解每个员工能力与素质的同时，应该了解组织内部的大量而具体的工作，保证让每个员工从事他最适合的工作，取得最佳的工作效果。

(2) 员工应进行适当的流动，在流动中获得能力的全面发展，在流动中找到最适合自己的工作。

要做到上述两点，就必须做好工作分析，让管理者与工作者通过工作说明书对所有工作有一个深刻而全面的了解，只有这样，实现上述两个"最适合"才有可能。

综上所述，社会分工后的人力资源配置和人的全面发展，是推动工作分析研究和发展的直接动力。

三、限制工作分析思想与活动在中国发展的社会根源

社会分工的不断进步和发展，使工作分析思想与活动的形成和产生成为可能。社会分工的高度发展势必会促进商品经济的发展，而商品经济的发展又势必会引发资本主义的产生与发展。因此从一定程度来说，资本主义制度与商品经济模式既是社会分工发展水平的衡量指标，又是促进社会分工进一步发展的社会基础。长期以来，由于中国古代的经济发展的模式一直是以自给自足为主的小农经济，商品经济没有成为中国的主流，因此社会分工没有得到应有的发展。社会分工水平的低下、行业种类的缺乏、工业经济的落后等，大大限制了中国工作分析活动与思想的发展。尽管中国很早就形成了一定的社会分工理念和思想，但由于缺乏相应的社会条件和经济基础，因此中国的工作分析研究与实践一直未能得到长足的发展。可见，过去自给自足的小农经济生产模式和封建主义统治是限制中国工作分析思想与活动发展的社会根源。

20 世纪 90 年代，工作分析在中国逐渐形成了完整的体系。这一时期，中国开始制定相关的法规和标准，如《职业分类大典》等，为工作分析提供了法律依据和操作指南。进入 21 世纪，工作分析在中国的发展更加迅速。随着信息技术的发展，电子化、智能化的工作分析工具越来越多地被应用，提高了工作分析的效率和准确性。

第二节　西方国家的工作分析实践与研究成果

一、百科全书编撰中的工作分析研究

丹尼斯·狄德罗(Denis Diderot)早在 18 世纪编写的百科全书中就对大量工作程序进行了调查研究，形成了说明性文字，堪称最早的一次大规模工作分析。1747 年，狄德罗受命为一家翻译协会编纂一部百科全书，狄德罗亲自担任主编，并且邀请当时著名的数学家达朗贝尔(D'Alembert)担任副主编。一大批著名学者对狄德罗的百科全书的编写工作表示支持并提供帮助，这个编写团队有 160 多名知名学者，包括孟德斯鸠、伏尔泰、卢梭等。

尽管如此，狄德罗发现有关贸易、艺术及手工业方面的资料依然比较匮乏。因此，他决定对这些行业相关的工作资料进行重新调查，以详细记录每一种工作的工作流程、特点和人员素质等。他不仅通过观察来收集工作的信息，试着亲自进行资料图片方面的机器绘制操作，还通过简化工作流程中的环节将收集到的信息系统化。

通过这些工作，狄德罗完成了资料的积累和收集，并在此基础上撰写出了一部体现人类知识体系和当时最新科技成就的百科全书。狄德罗的工作为后来的工作分析实践提供了经验参考，也为工作分析提供了一种基本的方法——观察研究法。

二、第一次世界大战前的工作分析研究

在第一次世界大战以前，工作分析理论和实践活动经历了几次重大发展，包括美国政府机构改革、泰勒的古典管理理论、芒斯特伯格(H. Munsterburg)及吉尔布雷斯夫妇的贡献等。

（一）美国政府机构改革中的工作分析研究与贡献

亚伯拉罕·林肯在担任美国总统期间曾多次抱怨政府部门办事效率低下。于是，卡尔·舒尔茨(Carl Schurz)组织了政府机构改革委员会，其工作主要是对政府机构的职位进行调查。职位调查的主要目的在于明确职位任职者所应具备的技能，因而该委员会主要通过观察、面谈及问卷等方式，从职位主管者及有关人员处收集事实资料，确认哪些技能是决定职位工作绩效的关键因素。在这次调查活动中，纽约港务局局长赛拉斯·伯特(Silas Burt)是政府机构改革委员会的负责人之一，他设计了一个从正反两方面分析职员绩效标准的工作分析方案，并得到了广泛的支持。市政局因采用了这次工作分析的有关成果，每年节省开支 30 万美元；印刷局的工作人员在 1885—1888 年从 1 166 人缩减到 874 人，而印刷数量却由 9 180 万页增加到 9 730 万页，工作效率大大提高。

（二）泰勒的工作分析研究与贡献

泰勒在工作分析方面的贡献，简而言之，就是将工程师的效率目标与心理学家的研究目标结合起来，并应用到员工的选拔、培训和报酬奖励上。

泰勒将一项工作分解为若干个组成部分，然后用秒表精确测量出完成每部分工作所需要的时间，以这种方法来进行工作时间和工作效率的调查。这属于单件效率分析理论体系。泰勒在其 1903 年出版的《商店管理》一书中，曾以铁块搬运工为例专门讨论了工作效率的问题。泰勒认为，通过对工作时间严格的调查分析，并在此基础上规定适当的工作绩效标准，可以大大提高员工的工作效率。很显然，泰勒的工作分析已将工作和与工作有关的情况全部包括在内，而不是简单地将工作内容作为研究对象。在《科学管理原理》一书中，他认为企业管理者必须对一项工作的各个部分加以科学分析，并且以科学的结论为

基础，选拔、培训、教育职工，才能使工人发挥最大的潜能。

（三）芒斯特伯格的工作分析研究与贡献

芒斯特伯格被称为“工业心理学之父”，他对工作分析的最大贡献是，他发现在工作分析中最为重要的工作是从“内行人”那里获取真实而准确的信息，而不是依据自己的操作体验获取信息。起初，芒斯特伯格认为必须由本人亲自操持工作分析，但后来他发现，作为一名心理学家只能很外行地观察到某项工作对员工心理素质的要求。例如，在分析排版工作的效率时，芒斯特伯格认为排版速度取决于工人手指反应的速度，而工厂的经理(在排版行业中经理是内行人)却认为排版效率最根本的决定因素是工人对原文的记忆力。一个按键速度慢但记忆力好的工人，其工作效率要比按键速度快但记忆力差的工人高得多。因为后者在排版时必须不停地翻看原稿，故浪费了许多时间，大大降低了工作效率。

（四）吉尔布雷斯夫妇的工作分析研究与贡献

弗兰克·吉尔布雷斯(Frank Gillbreth)是一位工程师，他的妻子丽莲·吉尔布雷斯(Lillian Gillbreth)是一位心理学家。弗兰克提出了一种在实验室条件下进行工作分析的程序方法。这种方法通过提供合适的设备，减少多余的动作，来实现最大限度地提高劳动生产率的目的。

弗兰克的理论特点在于，工作分析的对象应包括工人的多方面因素。其研究的出发点是工人，即工人本身，而不是非人为的因素。因此，工作分析的结果随着对象的变化而变化。例如，如果泥水匠是一个左撇子，那么砖堆与托盘的相对位置应该与正常情况相反。由此，吉尔布雷斯夫妇进一步认为，对不同特点的工人在从事同一工作时应设计不同的工作方法，以达到提高劳动生产率的目的。他们的研究成果还应用到对残疾老兵的工作安置上。实验表明，通过对这些老兵进行正确的工作培训，并重新设计工作方法，可使他们像正常的员工一样高效地工作。这些事实说明，吉尔布雷斯夫妇非常注重对工作方法的分析，以及工作分析对象选择的全面性与代表性。

三、两次世界大战期间的工作分析研究

第一次世界大战的爆发极大地推动了工业心理学的发展，尤其促进了心理学在人员分类和人员安置上的应用。战争期间，美国征召了数百万人服兵役，从事后勤服务。虽然其中有不少人学有专长，但由于理论界缺乏对一般工作活动和军事活动中各类人才素质的联系与区别的研究，同时也没有征兵质量的原始记录与技术方法，这种现实与理论的空白，恰好推动了工作分析的广泛应用。

（一）宾汉的工作分析研究与贡献

宾汉(W. V. Bingham)将工作分析作为工业心理学的分支来研究。他在卡耐基工学院(Carnegie Institute of Technology)创建了第一个应用心理学系。从第一次世界大战爆发到第二次世界大战末期，宾汉在应用心理学领域取得了很多研究成果，对大规模工作分析项目的工作评价的发展产生了深远的影响。

在第一次世界大战期间，宾汉完成了对以解决人员配置为目的的工作分析方法论的研究。后来，宾汉又与其他专家组建研究所，通过收集各类数据资料来指导职业介绍和培训课程的设计，并与印刷行业合作进行研究。当时，该研究所的斯特朗(E. K. Strong)和尤布洛克(R. S. Uhrbrock)的研究，可以称得上是最早的工业工作分析。两位专家采访了许多职员，收集了有关工作任务、所需资历、工作类型、员工晋升等各种详尽的资料。为保证研究结果具有代表性，所收集的资料都是采用随机原则进行抽取的。

20 世纪 20 年代后期，美国教育部接受宾汉的建议，决定开展一项研究课题，其目的是设计一份优秀职员的资格说明书。曼(C. R. Man)是这项研究的负责人，他提出了一种新的观点，即在记述某项工作时只包括工作所需的知识和技能，而不必考虑与探究工作所需的文凭和培训过程。这种记录被他称为“用途记录”，具体地说，每一项记录均以一个行为动词开头，后面是完成这一行为的条件及行为完成的效果。曼的这项研究堪称早期探讨任职资格只重技能、不看其他条件的典型。这种方法最大的好处是可以减小直觉误差。

（二）斯科特的工作分析研究与贡献

1. 制定了“军衔”资格标准

1916 年，斯科特(W. D. Scott)在卡耐基工学院创立推销员研究所并亲任所长，宾汉则任行政秘书。斯科特提出了一种“人与人”的标准，即将研究重点从预先假定的理论转移到对工作表现的内在质量标准研究。具体地说，他将同一等级的军官按工作中所表现出的能力进行排列，再就这一级别的军衔资格条件进行工作分析。这就是所谓的“军衔”资格标准。这一新的标准得到了部队首长的赞同，也受到了大多数军官的欢迎。

2. 编制了军官任职技能说明书等文件

斯科特领导的委员会通过工作分析，编制了“军官任职技能说明书”“入伍申请表”“人员调查表”。在研究期间，斯科特领导的委员会的一项主要任务是帮助军队招募合乎要求的士兵，工作分析服务于前线需要。起初，部队为委员会提供了招募人员所需的专有技术，却得不到令人满意的结果。为彻底解决这一问题，委员会首先要求部队在制定标准(对所招募士兵的要求)时，应对具体工作进行描述，包括工作任务和所需资格。另外，委员会还在各地区设立人事专管员，其任务是结合当地实际问题进行工作分析和调查研究。最后，委员会根据人事专管员的报告制定了一份“军官任职技能说明书”。

委员会的另一个贡献是，通过工作分析，成功地设计了“入伍申请表”和“人员调查表”,从而使入伍新兵分类工作的效率大大提高。约翰·沃斯顿(John Watson)是这项工作的主要负责人,他认为,对技术熟练工进行行为分析就能发现这项工作所需的工作技能。基于这种认识,他设计了军队的“入伍申请表”和“人员调查表”。

3. 实现了面谈考评的科学化

斯科特领导的委员会促进了军队面谈考评的科学化,即要求在设计军人考评方法之前必须进行工作分析。

面谈考评是检查士兵对自己技能陈述是否属实的唯一方法,因此这项工作对于军队中人员的配置至关重要。但事实上,大多数的面谈考评却收效甚微,主要原因是没有以工作分析为基础。委员会中的杜鲁门·凯利(Truman Kelley)强调,在设计严格符合军队需要的考核方法之前,必须进行工作分析。于是,军队中大多数心理学家投入到对工作分析的研究之中,并取得了十分理想的效果。

4. 创立了斯科特公司

第一次世界大战后,斯科特与克洛西尔(R. C. Clothier)合作创办了斯科特公司。在两人合著的《人事管理》一书中,详尽介绍了他们如何将军队中的研究成果广泛应用到企业生产经营中。该书中最重要的一个实例是克洛西尔撰写的将工作分析方法应用于联邦政府公职人员的职业介绍中。1922 年,美国国家内政改革委员会派克洛西尔到俄亥俄州的迪顿市对 1 200 余名工人所从事的 237 种工作进行分析。

(三)巴鲁什的工作分析研究与贡献

艾玛·巴鲁什(Ismar Baruch)对工作分析研究的最大贡献是,他把工作分析的方法与结果成功地应用于美国国会的《工薪划分法案》。1853—1923 年,根据美国联邦法律规定,政府公职人员的工资划分为四个等级。但工资的高低与工作任务却是相互独立的,只要政府的工资支出总量不变,政府中各级主管人员就可以随便调整职员的工资。

1919 年,美国国家内政改革委员会指派巴鲁什加入国会工薪划分联合委员会。巴鲁什对 104 000 名公职人员进行问卷调查,收集了有关政府职位任务的翔实资料。通过逻辑分类与等级划分,巴鲁什得出了分析结果。国会根据这个结果于 1923 年通过了《工薪划分法案》,并批准该法案在华盛顿特区试行。巴鲁什的研究特点是着眼于影响每一项工作的普遍因素,而忽略某些偶然的个别因素。例如,某个工人用三角学原理测出一条线的长度,而实际上大多数工人利用现成表格即可达到同样的目的,巴鲁什认为在评定此项工作的等级与相应的工资水平时就不应将三角学原理作为一项工作技能来考虑,而应以全体工人的通用技能为标准。

(四)美国社会科学研究会的工作分析研究与贡献

美国社会科学研究会(SSRC)对工作分析研究的贡献在于,通过工作分析,对美国各行业的职业技能的标准作出了明确的规定,并划分为共有部分与特定部分。

1931 年,美国社会科学研究会设立了失业问题委员会,以研究当时经济大萧条对就业的影响。该委员会中包括离开斯科特研究小组后回到西屋电气公司的迪兹(J. W. Dietz)、美国国家内政改革委员会委员巴鲁什和明尼苏达大学就业研究所的史蒂文森(R. A. Stevenson)等。这些心理学专家以前都曾从不同的视角注意到工作分析在军队管理、工业生产、政府工作、稳定就业等方面给人们带来的益处。该委员会的一项重要任务是制定各种工作所需的工作技能标准,以供公共就业交流中心参考使用。值得一提的是,该委员会还着手研究各种工作中的共有部分,以方便工人在各项工作中相互过渡和更好地发挥各自的技能。

(五) 美国国家研究会的工作分析研究与贡献

美国国家研究会(NRC)的贡献在于,通过工作分析,为美国职业能力评价提出了一套生理指数体系。与此同时,美国国家研究会也致力于通过工作分析的应用来减轻失业造成的社会压力。研究会的成员之一莫里斯·威特立斯(Morris Viteles)在吸纳了莱特纳·威特默(Lightner Witmer)教授的能力指标后,于 1922 年提出了另一套有关工作能力的指标体系,其表述如下。

(1) 体能:足够的体能是工作成功的保障,不同工作对体能的要求也不同。体能一般可划分为五个等级,重体力劳动所要求的体能是最高级的 5 级,而对于铁路扳道工之类的轻体力劳动者所要求的体能是最低级的 1 级。

(2) 能量消耗的速率:工作不同,能量消耗的快慢也不同。有的工作对体能的需求不大,却要求快节奏的工作速度,以至于能量消耗很快。经过大量的实地采访,威特立斯将各项能力指标都划分为五个等级,并将它们整合为一张工作心理素质表。在表中,最高级别的能力也意味着工作所需要的关键的能力。

(六) 美国职位研究委员会的工作分析研究与贡献

1934 年 2 月,罗斯福总统授权美国国家就业局设立一个专门委员会,以研究当时严重的失业问题。心理学家宾汉抓住这一历史机遇,将美国社会科学研究会、美国国家研究会等三个组织统一合并改组为美国国家就业局所属的美国职位研究委员会(ORP),由迪兹担任主席,沙特尔(C. L. Shartle)担任主任,宾汉担任主任顾问。1939 年 7 月,该组织正式成为美国国家就业局下属的美国职位分析调查司。

ORP 着手的第一项工作,是编写一本当时各种工作所需的以共同技能为主要内容的就业指导辞典。ORP 在编辑中的一个重要工具是“工人行为特点表”,它实际上是迪兹设计的心理图表的改进形式。此图表的完成也意味着各项工作的共同技能的确立。然而,因为缺乏理论指导,ORP 虽有大量资料,最后仍无法达到预期的目标,就业指导辞典的编辑以失败而告终。

当时,所有的工作分析研究者都没能建立起以共同的工作特征为基础的职位分类体系，于是，当 ORP 在研究失业补偿课题时，同时展开了“职业编码表”的编制工作，但是这项工作的开展非常困难。1936 年 4 月，ORP 的另一个研究小组以职业编码表为基础，以工作分析为手段，收集了大量事实资料，最终完成了著名的《职业大辞典》(DOT)的编辑工作。其以对工人的知识、技能等最基本的要求为标准来划分各项工作职位等级，因而受到广泛好评，尤其为美国在第二次世界大战中的征兵工作提供了极大的方便。

曾长期担任 ORP 领导职务的著名工业心理学家沙特尔独具慧眼，他认为工作分析还需从两方面展开。一方面是加强制造行业的工作分析，为将来转业军人的安置工作打下基础；另一方面是设计培训计划，以使新兵更好地在军中服役。基于这种考虑，沙特尔于 1941 年完成了“人事配置表”的设计工作。“人事配置表”可以反映某一工作所需的工作经验、工作知识量以及在岗经验量，为人事部门编写退伍人员的择业方案提供了极大的方便。

ORP 及后来的美国职位分析调查司培训了数以千计的工作分析、人事管理等专业人员，这些人员对以后各类工作分析中的资料收集、对象选定、表格编制、计划设计、职业安置等工作的进行和开展，发挥了很大的作用，做出了很大的贡献。

综上所述，第一次世界大战到第二次世界大战期间，工作分析的研究及应用取得的成果主要有以下几项。

(1)《职业大辞典》以经过标准工作分析程序收集的事实资料为基础，尽可能地对国民经济中的各项工作予以准确的定义，以合理配置人员。

(2) 对工作职位、任务等基本概念进行了系统定义。

(3) 把某些工作对任职者个性特征的要求也作为工作分析的重要内容，使得职位要求与任职者的工作行为紧密联系。

(4) 以人事配置表在产业界的应用为标志，开始了工作分析广泛应用的新历程。工作分析作为人力资源管理的重要内容和基础工具，在企业界得到广泛应用。

(5) 政府与企业界纷纷应用工作分析，以此为工资管理的基础。

四、第二次世界大战后工作分析研究的发展与应用

第二次世界大战后，工作分析研究重新受到了人们的重视。不论是工作分析的理论还是工作分析的方法都得到了长足发展，工作分析在整个人力资源管理系统中的定义更加准确，地位更加牢固。工作分析研究的发展与应用成果主要表现为一些著名的工作分析方法的开发以及应用领域的拓展。

(一) 工作分析方法的开发和探索

1. 职位分析问卷的开发

心理学家麦克米克(E. J. McCormick)花费整整 10 年的时间，设计了一种适用于各

种文秘工作、手工工作的“核对清单”。这种清单以某类工作为研究变量,以工作任职要求为主要内容,根据分析人员对从事此类工作的有关人员进行的观察与访谈所收集到的大量事实资料,通过分析整理而得。后来,麦克米克又把“人员”增加为另一个研究变量,根据双重因素变量进行了大量的因素比例分析,最终完成了包括 194 项具体内容的“职位分析问卷”,这目前仍然被公认为是一种标准的工作分析工具。

2. 对职能工作分析方法的探索

美国劳工部提出了职能工作分析的概念,即通过任职者本人对有关数据资料处理、人员交往与管理、工具的操作水平要求等进行分析,来确定人员的任职资格。悉尼·法恩(Sindey A. Fine)在此基础上,于 1950 年开发出了职能工作分析法。这一方法是对美国劳工部系统方法的一种改进,建构了面向数据资料处理、人员管理、工具操作的水平级别标准规范体系。法恩还利用职能等级反映工作者处理各种关系时自主决策空间的大小,以及工作者的绩效与技能之间的关系。

3. 对工作要素分析表的开发研究

普里莫夫(E. S. Primoff)将关键工作要素和基础行为相结合,开发了工作要素分析表与相关的人员测评工具。

1944 年,普里莫夫调入美国政府工作委员会(现为美国联邦人事管理署),从事人事考核、人员选拔的课题研究。在这里,普里莫夫应用了 ORP 的工作分析程序来收集事实资料。

普里莫夫的工作分析程序是让专家将某一工作对任职人员的要求用要点形式描述出来,这些要点被称为工作要素。然后,由专家将这些要素按照其重要性程度排出顺序,分清主次。根据最后的工作要素分析表,工作分析者就可以设计人事选拔和考核标准。为了确定每个要素的权重,普里莫夫还进行了对相关系数的研究,这也使通过工作分析来评估绩效考评效度成为可能。

4. 对关键事件分析方法的研究

对关键事件的分析最早是由军队系统的心理专家约翰·C. 弗莱内根(John C. Flanagan)着手进行的,军队方面需要心理专家分析与查找飞行员绩效低的原因。弗莱内根通过研究和调查,列举了绩效低的各种原因,并称之为“关键事件”。后来,弗莱内根的研究领域由军队转移到工业生产中。在新的领域,他进行了进一步的研究,同时查找绩效高和绩效低的原因,并将这些原因与工作要素理论相结合,应用于人员的甄选、培训、发展与绩效考评中。可以说,关键事件分析法是为工作分析提供最真实、客观与定性资料的唯一方法。关键事件分析方法现在已经在非结构化的工作分析中得到广泛应用。

5. 对任务清单标准化的开发研究

综合职业信息分析计划(CODAP)是另一项在第二次世界大战后被广泛应用的工作分析技术。当时,美国空军在世界各地都有服役的部队。为了设计一套有效的空军人员培训计划以适应他们所从事的各种职业,美国空军系统的心理专家克里斯托(R. E.

Christal)设计了一份“任务清单”问卷。问卷项目往往有上百甚至上千个，主要是关于工作任务的说明。任职者接受问卷调查时，可核对问卷上的任务与实际任务有何差距，还有权对任务的重要程度分别作出评估。由于任务清单设计工作相对简单，同时也增强了任职者自主管理的可能性，因此在应用中受到普遍欢迎。

（二）工作分析的应用领域不断拓展

1. 在工作评价中的应用

工作分析的研究结果相当一部分被用作工作评价的基础与标准，其价值也因此得到了充分的体现。在杰伊·奥蒂斯(Jay Otis)与伦卡特(R. Lenkart)合著的《工作评价》一书中强调，进行工作评价是将工作分析的价值提高到一个新层次的关键。当时，美国国家就业局的一些工业心理专家就应用工作分析的方法来帮助许多社会机构建立工作评价体系。

2. 在劳动纠纷处理法律中的应用

20 世纪 60 年代以后，立法也对工作分析的发展产生了意义深远的影响。1964 年美国颁布了《公民权利法案》，严禁雇主在雇佣中出现种族与性别歧视现象，强调每个公民均有平等的就业机会。另外，该法案虽未明确涉及工作分析，但是其中有一节详尽地论述了工作分析是今后效度研究基础的问题。该法案指出，除了建立在诸如生产率等客观准则基础上的效度研究外，有关工作的信息分析中还应包括工作分析。该法案对工作分析的解释认为，工作分析是对工作行为和其他与工作相关的信息的一种详细说明。

3. 在人员录用生理条件分析中的应用

第二次世界大战之后，工作分析一直应用于以下两个领域：① 个人生理障碍与工作设计；② 人员行为要素标准建立。这两个领域对工作分析方法的发展产生了极大的促进作用。

第二次世界大战末期，沙特尔利用吉尔布雷斯夫妇的理论，继续进行“残疾员工求职与工作”的研究。他完成了工作目标与任职者生理资格的评估清单设计。这种清单与他后来完成的工作环境清单完善了医疗人员分析系统，并成为整个工作分析过程的必要组成部分。沙特尔认为，对于求职者的医学检查，只需按照评估清单罗列的要求，即按照工作对任职者起码应具备的生理条件的要求来考查，这比进行全面的体检更为有效。因为后者考查的内容有许多与任职者将从事的工作无关，从而检查也就是低效率的。

沙特尔和巴鲁什一样，强调工作分析必须注重收集与工作要求有关的工作行为的资料，而并非任职者的全部活动。这使得某些有生理缺陷的人可能被雇主接受并安排其从事可行的工作，这是工作分析在促进平等就业方面所做出的贡献。

4. 在绩效考评中的应用

一些心理学专家运用工作分析的技术，提出了许多收集工作绩效资料的方法，并进行了工作绩效要求和工作任务行为之间的相关研究。弗莱施曼(Fleishman)对当时各种工作绩效考评依据的观点，如行为描述理论、行为要求理论、个性能力与任务理论等一一进行了论述，他在能力评估模式中共罗列了52种能力。

五、西方国家工作分析研究历史的启示

纵观西方工作分析的历史发展，其研究的重点已经转移到观测和记录人们工作行为方面，进而注意到以下两点。

(1) 任职者完成工作的要素、细节。

(2) 任职者的工作行为、工作职责，如何达到工作目标和超出工作目标。

以下五点将对工作分析有所启示。

(1) 目标清晰：工作分析是为满足特定的需要而进行的。着手进行工作分析，就必须明确需要分析什么，它决定着工作分析的方向、程序、应用方向等。

(2) 语言清晰：分析工具中的语言如果使用不当、不明晰，往往会将工作分析活动引入歧途，因而分析者必须使用准确、清晰的语言。

(3) 效度：数据信息来源应是有关方面的专家，工作分析的数据资料必须被他们理解并接受，没有任何数据的统计工作能够替代专家意见这一基础效度。

(4) 连接行为和结果：工作分析任务说明应显示特殊的工作分析行为或行动怎样与其结果连接，至少要说明每一步工作分析活动的目的及其与结果的联系。

(5) 说明工作分析结果如何应用：工作分析结果的应用目标包括员工考核、评估、定级、面试、培训计划、工作说明书等的制定，应与工作分析同步进行。

第三节　工作分析的发展趋向

随着科技的快速发展，新兴行业层出不穷，组织所处的外部市场环境也瞬息万变。社会环境的变化催生出新的管理理念，进而导致组织结构的调整变化，推动工作性质不断改变，这些因素都给传统的工作分析带来了重大挑战。工作分析未来的变化趋势主要体现在以下几个方面。

一、工作分析思想发展趋向

现代社会是高速发展的社会，组织作为社会结构基本构成部分，正经受着这股变革浪

潮的冲击，其所面临的内外部环境不断变化，从而引起组织最小构成单位——岗位或职位的不断变化。作为以岗位为分析客体的工作分析，面对这股变革浪潮，其中隐藏的一些问题也越来越突出。许多人抱怨狭义的工作分析过于墨守成规，不能适应当今快速变化的内外部环境，而且还创造了许多人为的工作边界，而这些边界常会成为实施创新管理的巨大障碍。这就对工作分析的进一步发展提出了新的要求，要求工作分析拓宽视野和更新观念。例如，在扩大职责和交叉职责成为流行趋势的情况下，现代工作分析应着眼于工作流程、工作投入、工作产出与工作结构关系的分析，而不像传统工作分析那样着眼于单个的和事先确定的工作职责的分析。

现代的工作分析与现代企业经营理念，即理解和满足顾客需求，是一致的，而传统的工作分析仅用于产生特定的工作分析成果或者提供劳动法律保护，并没有强调顾客需求，所以其成果不可能满足当今社会以顾客为中心的管理要求。

二、工作分析方法发展趋向

科学技术产生重大进步总会引起组织结构的深刻变革。随着计算机与网络的迅猛发展，新行业层出不穷，新职位应运而生，而旧职位逐渐被时代淘汰。几十年前，汽车制造还需要大量工人在生产线上流水作业，而现在，高度自动化的生产线已经取代了这些工人，仅需少数技术人员进行监控与控制。这种职位的交替导致许多传统的工作分析方法变得不再适用。面对不同的技术和工作流程，工作分析需要采用新的方法。通过新旧方法的融合，能够将企业战略、工作发展趋势、未来要求和胜任特征与现实工作的具体要求相结合，这有助于建立起企业的核心竞争力，并为组织人力资源管理提供有力支持，使组织能够更好地适应技术变革带来的挑战，实现可持续发展。

（一）从孤立的工作分析到系统的工作分析

传统的工作分析常常仅着眼于对分析对象进行孤立的分析，并不会考虑同一部门内或部门外分析对象之间的相互联系，或者即使考虑到了，也只是简单地描述一下与本岗位工作密切相关的其他岗位的名称。但是，现代组织中，由于员工工作成就感和工作挑战性的要求，工作扩大化及工作丰富化的实施，使各工作岗位之间的分工界限正逐渐消失，不像以前那么清楚明晰。这就要求工作分析不能只分析一个孤立的工作岗位，而应该分析一个岗位族类，分析该岗位与其他岗位之间的联系，包括信息联系、产品联系、人员联系等。

（二）由职位分析转向角色分析

传统的工作分析是在工业经济下发展起来的，竞争环境、组织结构和职位职责相对稳定并可预测。在这种背景下，对组织中最基础的单元——职位进行分析，有助于确保组织的有效运转。然而，随着环境的不断改变，基于职位的组织结构逐渐向以团队为单元的组织结构转变。

团队化是指由一个团队共同开展工作，而不是由固定的个人承担明确分工。在这种模式下，团队根据任务需求灵活地为团队成员安排工作，团队工作和项目工作取代传统的个人职位，个人工作向团队工作转变，职能型工作向项目型工作转变。这种转变意味着员工对组织所做的贡献不再仅仅取决于个人的工作成果，而是更多地依赖其所在团队的整体工作业绩，这使得工作成果的衡量更加复杂。

此外，团队成员通常根据角色界定来执行工作，工作过程难以监控，团队成员的工作相互交叉、职能间存在互动。因此，在团队中不再存在固定不变的职位。工作分析的研究对象将从职位转移到团队，由单一的点的分析转向区域的面的分析，由职位分析转向角色分析。这种动态的工作方式对工作分析提出了新的挑战，如何平衡好职位的动态性与静态性，确保工作分析能够适应不断变化的团队环境将成为另一难题。

（三）从描述性工作分析到预测性工作分析

传统的工作分析的目的在于对工作现状进行描述，如对研究对象的实际工作的主要内容、职责范围和任职资格等进行总结。然而，现代社会经济处于快速变化之中，各岗位的工作内容、职责范围和任职资格等也发生着相应的变化，因此，现代的工作分析改变了传统的工作分析的描述方法，逐渐向以未来为导向的预测性工作分析的方向发展。以未来为导向或以战略为导向的工作分析系统的主要思想是将环境变化因素、组织战略及特定工作的未来发展趋势纳入传统的工作分析中，预测工作在未来新的环境(如新的战略目标、不同的工具、更加紧密的顾客联系及扩大的职责任务)中的特征，以及其完成工作所需的知识、技能、能力和其他素质，即 KSAO。

三、工作分析技术发展趋向

传统的工作分析一般都是通过人工的方法对工作及其任职资格等进行分析，这种方法是与当时比较落后的生产技术水平相适应的。随着社会生产技术、互联网、大数据、云计算和人工智能技术的迅速发展，工作分析领域也逐渐引入了许多新技术和新方法，开始迈向数字化和智能化。计算机网络、大数据和人工智能技术可被应用于工作分析的各个阶段。

在工作分析的准备阶段，工作分析人员可以利用计算机网络进行资料查阅、资料准备、进度计划和人员安排等工作，大数据使信息的获取更加全面、便捷。

在工作分析的实施阶段，可以利用计算机网络及其数据库查找同行业其他组织的工作设置、工作内容、职责任务及任职资格等，并且将所获取的与本组织相关的工作信息输入数据库，以便进行进一步分析。在对信息分析时，通过大数据，可以更精确地了解一个岗位的工作人员所需要具备的技能、经验和性格特质等；通过人工智能技术可以分析工作流程中的自动化潜力，进行工作流程的自动化分析；通过大数据和人工智能技术，可以分析工作环境的数据，评估潜在的风险。

在工作分析结果的检验阶段，计算机更是一种必不可少的工具，它使多元回归统计技术的应用更加可行，从而有助于排除工作分析中的潜在歧视与偏见，使分析的结果更加客观、准确。

在工作分析成果的修改、维护与使用阶段，计算机及其网络技术也发挥着巨大的作用。例如，工作评价系统(OMS)就是这样一种技术。通过工作评价系统，组织可以运用计算机数据库收集、存储并分析与人力资源相关的信息。计算机的使用可以缩短工作分析的周期，提供更加准确的工作分析、工作描述、工作评价等。另外，目前的结构化工作分析问卷的开发渠道，仅包含了本行业工作专家及组织内的工作描述，而计算机的应用则又为其发展增加了一条更为便捷的渠道，即与本行业工作任务的数据库联网。

此外，还可以利用大数据、人工智能技术预测未来变化。在以未来为导向的工作分析中，可以借助机器学习算法来预测环境、工作及其资格要求的变化，预测员工离职概率等。

总的来说，现代工作分析中计算机网络、大数据、人工智能等高科技手段的应用，逐渐成为工作分析技术发展的新趋势，使工作分析更加快捷、客观、完善和准确。但大数据的应用也带来了信息安全与隐私保护的挑战，在收集和使用个人数据时，组织必须遵守相关法律法规，保护数据安全，尊重个人隐私。

四、工作分析研究发展趋向

随着知识经济时代的到来和经济全球化趋势的发展，组织架构和流程不断变化，工作的稳定性、工作方式及工作对任职者的要求不断变化，工作分析的思想、方法与技术也在不断变化。在这种情况下，工作分析的研究必然也要随之发展。

（一）从准确性的工作分析研究转向战略性的工作分析研究

准确性的工作分析研究，就是致力于提高工作分析结果的准确性的研究，包括工作分析信息的正确性保证措施研究、信息分析与综合准确性保证技术研究等。战略性的工作分析研究则是将现在的工作分析与未来工作的导向相结合的一种研究，要求现在的工作分析应当体现工作的未来发展趋势和组织的战略需求。

如今的组织形式呈现出多样化、人性化的特点，流程设计也变得更加灵活和高效，这些变化在不同程度上推动了工作分析的发展，使工作分析与组织战略的结合更为紧密。这给传统的工作分析带来了重大挑战，主要体现在以下两个方面。首先，新的工作分析要适应不断变化的竞争环境和技术进步带来的新需求。价格竞争、产品创新、技术创新和裁员等变化改变了组织内员工的角色定位,并对他们的素质提出了新的要求。其次,为解决各种人力资源活动中的潜在纠纷,企业经营的法律环境的变化对新的工作分析的信度和效度的要求也提高了。社会环境、组织环境的变化和创新技术的应用使得现代社会的工作性质和特点处于不断变化中,为了适应各种新变化,新的工作分析一方面要体现工作的未来变化趋势,另一方面要体现组织特定情形下对工作的特殊要求。

施奈德(Schneider)和康茨(Konz)早在1989年就提出了战略性工作分析的概念。桑切斯(Sanchez)在1994年提出了新的工作分析的概念,并基于传统的工作分析的不足,对未来的工作分析提出了一系列建议。急剧变化的社会环境和组织环境要求工作分析不仅能体现时代大背景下工作内容和性质的发展趋势,而且能与具体组织的特性及组织的发展目标结合起来。与传统的工作分析相比,战略性工作分析的关键区别在于对未来战略变化的相关信息的收集整理和分析方式上,也不再局限于将任职者作为唯一的工作分析信息来源。因此,在工作分析信息的收集过程中,可以采取自上而下的方法,参加访谈的人员除了工作分析专家、任职者、任职者的上级主管和人力资源管理专家等传统的工作分析包含的人员外,还应包括企业的战略规划者、相关技术领域的技术专家和经济学家,因为他们能够提供关于技术进步和经济发展等影响工作的环境因素的信息。

(二)从具体的任职要求分析研究到与胜任特征分析相结合的分析研究

在人工智能的发展浪潮下,工作的本质和表现形式正在经历深刻的变革。智能技术的广泛应用不仅改变了工作的方式,还提出了对员工掌握新技能的需求,也使得某些传统工作变得过时,工作分析作为对工作进行系统研究的过程,也必须随之进化。

胜任特征,也称为胜任力、胜任能力或者胜任素质,是指能够被测评并且区分绩效优秀者和绩效平平者的个人特征,包括知识、技能、能力、动机、特质、态度和品德等。胜任特征模型是对员工所需核心能力进行不同层次的定义及相应层次的行为描述,确定胜任工作所需的关键能力和技能掌握的熟练程度。

传统的工作分析研究者主要关注收集工作边界、任务和KSAO等信息,以便建立一系列符合个体职位的具体任职资格条件。胜任特征模型作为工作分析的一个重要发展,它超越了传统的工作要求,深入探讨了个人成功完成工作所需的内在特质和行为。这些胜任力共同构成了个体在特定工作或角色中表现出色的基础。胜任特征模型构建者关注的是找出整个职业或者类似的一组工作中共同的、核心的个体水平的胜任特征。建立胜任特征模型时,首先要定义绩效标准,其次要选取分析效标样本,而后获取效标样本有关胜任特征的数据资料,在分析数据信息的基础上建立胜任特征模型,最后要采用回归法或其他相关的验证方法对胜任特征模型进行验证。

在胜任特征模型构建过程中通常会考虑组织情境、组织目标和战略等信息,这样从个人身上得到的胜任特征模型就体现了组织的特定要求。在同一个组织中将不同职位的胜任特征进行整合,就可以得到组织层面的胜任特征。因此,目前工作分析中的人员分析技术研究与胜任特征模型构建之间的结合正在变得越来越紧密。一方面,人员分析能够为胜任特征模型提供大量的实证数据;另一方面,胜任特征模型可以体现组织的特性和工作的未来需要,能够弥补人员分析对于组织层面信息和工作未来需求的不足。两者的结合将成为未来工作分析研究的发展方向。

(三)从工具性的工作分析研究到工作分析影响因素研究

工具性的工作分析研究,就是把工作分析作为人力资源开发与管理过程中的一种方法与技术进行研究,主要研究如何改进现有的工作方法与技术,提高工作分析的效率与效果。但是近年来,对工作分析影响因素的研究日益成为该领域的重要发展趋势。这方面的研究主要从以下两个方面展开。

1. 个体影响因素的探讨

早期的研究认为,工作分析的结果是高度可信的。但随后的研究却发现,工作分析的结果不仅受评价者的人口统计学变量,如性别、年龄、种族和受教育程度的影响,而且还受评价者的其他特征,如任职经验、绩效水平和认知能力等的影响。此外,工作分析工具、工作分析信息来源等其他因素也会对工作分析的结果造成影响。

工作分析结果影响因素的早期研究虽然取得了一些成果,但学者之间并没有达成一致的看法。应该指出的是,莫吉森(Morgeson)和坎皮恩(Campion)根据社会和认知心理学的研究,从工作分析评价的信息加工过程出发,提出了系统的理论框架,阐述了影响工作分析准确性的社会和认知因素。

此外,对于应该研究工作分析信息的准确性和工作分析结果的准确性,还是应该研究工作分析结果的推论的准确性,学者之间也产生了分歧。莫吉森和坎皮恩提出了基于推理的模型(inference-based model),该模型建议研究者从探讨工作分析结果的效度转移到研究由工作分析结果得出的推论(如任职者的 KSAO 的要求等)的效度上来。但是哈维(Hervey)和威尔逊(Wilson)却不同意他们的看法,认为研究工作分析的准确性具有重要的意义,因为只要应用可靠的工作描述指标、高信度和效度的量表并控制其他影响因素,就能够得到准确的工作分析结果。

2. 组织影响因素的探讨

在有关组织层面影响因素的探讨中,影响较大的是林德尔(Lindel)等的研究。该研究探讨了组织结构的规范化程度、组织规模、计算机技术的应用和与外部组织的接触次数等因素对工作任务重要性和时间花费评价的影响。结果发现,组织因素对任职者工作任务的时间花费评价方面有重要影响。

总之,随着政治经济的发展与组织的变革,组织结构及其内部的工作内容、工作流程、工作关系和工作方式必然发生变化,这些变化将不断促进工作分析的思想、方法和研究的创新与发展。

第四节　战略性工作分析

一、战略性工作分析的含义

人力资源管理应该与组织战略保持一致，一旦组织战略方向和目标确定，人力资源管理系统就应相应地形成对各部门职能、各业务流程节点、各岗位职责进行规制的协调机制。作为人力资源管理各项工作的基础，工作分析也应与组织战略保持高度一致。自20世纪80年代起，一部分发达国家就已经开始探索如何将人力资源管理与企业战略管理紧密结合。

随着社会的发展，人力资源管理的重点越来越转向组织结构和文化的变革，以提高组织效率和业绩，培养组织的独特能力，并持续推动组织变革。在瞬息万变的环境下，工作分析不仅要反映宏观背景下工作内容和性质的演变趋势，还要与组织的具体特点及发展目标相结合。然而，传统的工作分析在强调适应变化和战略一体化的商业环境中显得力不从心，通过传统的工作分析得出的分析结果导致企业的人力资源管理决策和经营协作之间产生了混乱和冲突，这主要是因为传统的工作分析假设环境和工作是稳定或者静止的。虽然传统的工作分析是人力资源管理的基础，但战略人力资源管理作用的有效发挥需要更灵活、更具有前瞻性的工作分析方法。

1989年，施奈德和康茨提出了战略性工作分析的概念，主张将环境变化、企业战略及特定工作的未来发展趋势纳入传统工作分析之中，工作分析方法要适应因未来环境变化带来的工作变化。在操作层面上，通过访谈与讨论的方式，邀请包括传统工作分析包含的人员如工作分析专家、任职者、人力资源管理专家等，以及能够提供关于技术进步和经济发展等影响工作的环境因素的信息的人员如企业的战略规划者、相关技术领域的技术专家和经济学家。通过比较未来所需和现有的KSAO，可以对现有任务和KSAO进行修正，把自上而下得到的信息和自下而上得到的信息进行有机结合。

1994年，桑切斯提出了新的工作分析概念，并对传统工作分析的不足提出了一系列建议。他认为工作分析应体现组织特定的需求，为了做到这一点，首先，工作分析应结合组织文化和战略特点，对任职者素质提出特定要求。在对现有员工的素质了解清楚之后，应进行焦点小组访谈，从而识别企业的特殊要求和员工素质之间的差距。这样既能了解组织的人力资源需求状况，又可以对组织进行长期的人力资源规划，并在进行效用分析后确定最有价值的员工。

为了更有效地实施工作分析，2000年桑切斯提出了在快速变化的环境下进行工作分析的两种方式。第一，他建议扩大信息来源，不能像传统的工作分析那样把任职者作为唯一的工作信息来源，还应该让企业的战略制定者、人力资源管理者及相关领域的行业专家等非任职者加入工作分析的过程中，以提出对企业所需的任职者应具备的抽象的个性特质和企业战略需求的建议。第二，为了节约时间和成本，他提出应使用计算机等现代通信设备代替传统的以纸笔测验和面谈来收集和保存工作信息。

总而言之，战略性工作分析是一种将工作分析过程与组织的战略目标和长远规划紧密结合的系统化方法，是对实现组织战略目标所需的未来岗位进行系统分析，预测其应承担的工作和所需的KSAO的工作分析方法。战略性工作分析不仅关注当前的工作职责、要求和流程，还为组织如何适应未来的环境变化提供指导，它是在战略目标导向下推动当前工作向未来工作远景靠拢的一种工具。战略性工作分析的目的在于为组织提供一个清晰、系统的框架，确保其人力资源配置与组织的整体战略目标紧密相连，从而提高组织的竞争力和适应性，使组织在竞争激烈的市场环境中获得优势。

二、战略性工作分析的特点

1. 与组织战略紧密结合

战略性工作分析的最终目标是支持组织战略的实现，它需要紧密围绕组织的战略规划进行。通过战略性工作分析，组织能够明确每个岗位的目标和期望，确保每个岗位的工作都与组织的长期目标和战略保持一致。

2. 前瞻性和主动性

战略性工作分析首先要主动分析组织所处的内外部环境，预测其未来变化，然后分析环境变化对岗位的要求和影响，确定未来工作岗位的职责、任务及其所需的KSAO。

3. 信息的全面性

一方面，在进行战略性工作分析时不仅要收集当前的职位信息，还应考虑到未来可能发生的变化，包括技术进步、市场需求和组织结构的变动，以便预测出未来职位的调整及其对人才的新需求，从而制定出能够适应这些变化的战略。另一方面，在信息来源上，除了从任职者及其上级主管、同事那里获取信息，为使预测分析更加准确，更要从组织高层管理者、人力资源专家、行业分析师、技术专家、经济学家、法律顾问、客户那里获取多方面的信息，在信息尽可能全面的前提下对未来做出预测分析。

4. 灵活性

组织的内外部环境一直处于不断变化的状态，其变化趋势具有不确定性，因此战略性工作分析应当具有一定的灵活性以适应不断变化的环境，确保战略性工作分析的有效性。

三、战略性工作分析的实施流程

（一）环境分析

战略性工作分析涉及对组织内外部环境的深入理解，据此预测和规划工作的未来变化，因此在进行战略性工作分析时，环境分析是第一步。

1. 环境分析的内容

(1) 外部环境分析：应对组织所处的宏观外部环境进行细致分析，对于任何组织，其外部环境都可以从行业、原材料、人力资源、金融资源、市场、技术、经济形势、政府、社会文化及国际环境等关键维度进行分析。

(2) 内部环境分析：组织应审视自身战略、产品、发展阶段、组织文化等内部因素，预测在未来组织内部可能出现新职位及其对人员的要求，并制定相应的组织策略，如构建学习型组织、推行扁平化管理、鼓励团队自我管理、加快技术创新、规划组织战略等适应外部环境的变化。

2. 分析方法

结合工作环境进行战略性工作分析主要采取以下方法。

(1) 主题专家会议法(SMEs)：在传统工作分析参与者的基础上，将工作分析的参与者扩展到包括企业战略制定者、相关技术领域的技术专家和经济学家，这些参与者能够提供关于技术进步和经济发展等影响工作环境因素的信息。

(2) 情景预测法：情景是指可以用书面形式描述的可预见的情况，这种情况是组织希望在将来某个时间处理的。这种方法有助于帮助组织制定战略时考虑不确定性，将环境趋势分析、组织目标、人力资源要求和有效性紧密结合。

(3) 预测模型法：采用复杂的、要求大量的历史数据和统计程序的模型，包括回归分析、计量经济学方法和模拟模型。这些技术可以用来预测工作变化，并帮助确定有效绩效所要求的 KSAO，为管理提供有关方向和营运方面的指导。

3. 环境分析的结果

通过三种主要的工作分析方法对内外部环境进行分析，能够获得一系列可操作且具体的详细指标，从而指导现实中的工作分析。美国劳工部开发了工作分析系统 O*NET，这一全面的指标体系从以下六个维度来进行考量。

(1) 任职者资质：包括基础技能、跨功能型技能、知识和教育三个指标。

(2) 经验要求：包括培训、经验、证书三个指标。

(3) 工作要求：包括一般工作活动、工作情境、组织情境三个指标。

(4) 工作特定要求：包括职业技能、任务职责、机械工具装备三个指标。

(5) 职业特征：包括劳动力市场信息、职业前景、薪酬等指标。

(6) 任职者特征：包括能力、职业价值观和兴趣以及工作风格等指标。

O * NET 指标体系不仅考虑了组织情境和工作情境的要求，还反映了职业的特殊要求。由于不同的未来工作对所要求的 KSAO 不同，因此企业在工作分析过程中应根据实际需求，选择并调整一些非常细致的指标。

（二）当前工作分析

当前工作分析通常指的是对现存职位的工作分析。这一过程实际上有两个重要的参考内容：工作说明书与工作分析报告。这一步骤是为了将现存职位与未来可能存在的工作及其对人员的要求进行对比，即做差距分析。

第一步，分析现有的工作说明书。这主要包括对工作概要、职责任务、关键绩效指标(KPI)、组织图表、KSAO 等进行分析。掌握现有的工作说明书是为与未来的工作做对比而奠定基础。

第二步，分析现有的工作分析报告。工作分析报告详细阐述了在工作分析的过程中识别出的组织与管理上的问题、矛盾及相应的解决方案，具体包括组织结构与职位设置中的问题与解决方案、工作方式和方法中的问题与解决方案等。一个详尽的工作分析报告将为差距分析奠定良好的基础。

（三）差距分析

在以上工作分析的基础上，主题专家、工作分析专家和组织内相关人员将共同对目前工作情况和未来工作预测进行比较，从而能够评估组织环境变化的程度。组织环境的变化会导致重大任务的出现及工作中 KSAO 的变化，并最终通过评估对当前工作分析加以修正。这种比较将会出现三种不同的评价结果：微小差距、中度差距和显著差距。差距分析的不同结果要求采取不同的应对策略。

(1) 微小差距：在相对稳定环境下的组织，很可能从差距分析中发现工作内容没有过大的变化。在这种环境下，组织可以继续沿用传统的工作分析，因为工作内容没有显著的变化，符合传统工作分析的静态假设。处于相对稳定环境下的组织使用传统的工作分析方法和模式是有效的。

(2) 中度差距：当差异分析的结果显示现状和未来之间有中度差距的时候，组织可以采取适时的工作分析来确保工作内容的变化能够跟上技术进步或其他环境因素的变化。这意味着要重新考虑工作内容，传统工作分析的周期也将大幅缩短，各个部门主管要及时报告本部门工作中的变化情况，并随时进行工作分析。适时的工作分析在实践过程中要注意以下几个问题。

第一，认真识别工作岗位的性质。对于工作内容相对稳定的岗位，适当减少工作分析的频率。

第二，主动进行信息的选择。在组织做出工作分析决策时，不能被动地等待积累足够的信息,而应该具有前瞻性的眼光,尽早主动分析,采取适当行动。

第三,进行团队工作分析时要注重 KSAO 中关于"软技能"的要求。例如,工作分析的发展趋势说明未来的工作更多是由团队来完成的,团队的成员都从事具有相当柔性和动态性的工作,这恰恰与环境的中度变化对员工的 KSAO 要求是一致的。因此,注意力应该集中在团队导向情况所要求的 KSAO 中对于"软技能"的要求上,如组织公民行为、合作和顾客导向行为等。

(3) 显著差距:如果差距分析显示当前与未来 KSAO 之间存在巨大差距,就意味着当前的工作内容变化很大,需要迅速调整当前的工作或者创建全新的工作岗位。在这种情况下,主题专家需要根据未来工作的需求来确定任职者要求,如工作经验、任职者特征、工作的特定要求以及职业特征等,以确保员工具备在未来的工作情景下能够高效完成工作所必需的 KSAO。

(四) 战略性工作分析结果的效度评估

在战略性工作分析实施的最后阶段,需要重点对工作分析结果进行效度评估,而不再进行信度评估,具体原因如下。

(1) 信度评估的省略:如果工作分析不能被证明是有效且可信的,那么基于此的其他所有人力资源管理活动都会受到质疑。工作分析结果的信度分析旨在识别工作分析中的不准确性来源及其影响,包括职位分析者、职位分析工具以及社会和认知的不准确性。然而由于战略性工作分析在前期就已经采用了如 SMEs 等方法进行工作,实际上已经在很大程度上规避了工作分析结果的信度风险,哈维(Harvey)和威尔逊(Wilson)的研究证实,SMEs 可以确保工作分析的准确性,并证明 SMEs 或者有经验的工作分析专家提供了优于其他资源的工作分析。

(2) 效度评估的重要性:由于组织的内外部环境可能发生变化,所以随着时间的推移,战略性工作分析的有效性必须进行持续不断的评估,常用的方式是员工选拔和绩效评估。根据工作分析得到的结果进行招聘并对使用该工作分析结果得到的 KSAO 招聘进来的员工进行绩效考核,若绩效考核结果佳,则可证明工作分析结果是有效的。

案例分析

首先,Y 公司废弃工作分析的做法是错误的。工作分析是人力资源管理其他各个职能模块的基础,如果废弃工作分析,其他各项人力资源管理工作都失去了根基,管理工作也会混乱,将阻碍企业的发展。因此,废弃工作分析的做法是不可取的,无异于因噎废食。但 Y 公司面临产品生命周期大大缩短的问题,而工作分析是一项费时费力的工作,频繁进行工作分析也是不现实的,因此需要延长工作分析结果的时效性,改进工作分析方法。这就需要采用以未来为导向的工作分析方法,使工作分析结果更具弹性和灵活性。本案例反映了当前社会中，工作分析面临着观念和方法技术两大方面的问题，解决的思路一方面是更新观念、加强认识、注重培训，另一方面就是采用以未来为导向的工作分析方法。

思考与练习

一、单项选择题

1. 1916年，把工作分析列为科学管理五大原则之首的是(　　)。

A. 泰勒　　B. 柏拉图　　C. 亚当·斯密　　D. 管仲

2. “工业心理学之父”指的是(　　)。

A. 泰勒　　B. 芒斯特伯格　　C. 宾汉　　D. 卡尔·舒尔茨

3. 在第一次世界大战期间，完成了以解决人员配置为目的的工作分析方法论的研究的是(　　)。

A. 宾汉　　B. 泰勒　　C. 斯科特　　D. 吉尔布雷斯夫妇

4. 在第一次世界大战之前，设计了从正反两方面分析职员绩效标准的工作分析方案的是(　　)。

A. 泰勒　　B. 赛拉斯·伯特　　C. 卡尔·舒尔茨　　D. 芒斯特伯格

5. 战略性工作分析采用的主要方法不包括(　　)。

A. 主题专家会议法　　B. 职位分析问卷法

C. 情景预测法　　D. 预测模型法

二、多项选择题

1. 下列选项中，哪些是斯科特的工作分析研究与贡献？(　　)

A. 实现了面谈考评的科学化

B. 制定了“军衔”资格标准

C. 将工程师的效率与心理学家的研究目标结合起来

D. 提出了一种在实验室条件下进行工作分析的程序方法

E. 编制了“军官任职技能说明书”

2. 在第一次世界大战到第二次世界大战期间，工作分析取得的成果有(　　)。

A. 编撰了《职业大辞典》

B. 制定了“军衔”资格标准

C. 出现了“关键事件法”

D. 工作分析成为工资管理的基础

E. 职能工作分析法出现

3. 在1989年提出战略性工作分析概念的是(　　)。

A. 桑切斯　　B. 施奈德　　C. 林德尔　　D. 康茨

E. 斯科特

三、简答题

1. 第一次世界大战前的工作分析有哪些成果？

2. 第一次世界大战到第二次世界大战期间，工作分析的研究及应用主要取得了哪些成果？

3. 第二次世界大战后工作分析在研究和应用方面有哪些新突破？

4. 西方国家工作分析的研究历史带来了哪些启示？

5. 战略性工作分析有哪些特点？

四、论述题

1. 试述工作分析的发展趋向。

2. 请论述战略性工作分析的实施流程。

第三章 工作分析的组织与实施

学习目标

掌握工作分析实施的时机，了解工作分析实施的组织形式及各种形式的优缺点，理解工作分析的原则，了解工作信息的来源及工作分析实施中的注意事项，熟练掌握工作分析组织与实施各个阶段的具体工作。

重点概念

职业分类、ESCII式询问、纯外包型的工作分析组织形式、内外协同型的工作分析组织形式、内部实施型的工作分析组织形式。

引导案例

工作分析该如何做?

A连锁酒店集团在快速扩张过程中，遇到了人力资源管理上的挑战。由于A连锁酒店集团员工流动性较大，员工对职位要求和工作内容的理解存在偏差，导致工作效率和服务质量受到影响。为了提升管理水平，A连锁酒店集团决定实施工作分析，以确保每个职位的工作要求得到清晰界定，从而提高员工满意度和客户体验。A连锁酒店集团领导将这个任务交给人力资源部，人力资源部的专员小李制定了工作分析实施方案，具体内容如下。

(1) 确定分析对象：首先确定需要进行工作分析的对象，包括前台接待、客房服务员、厨师、餐厅服务员等。

(2) 组建工作分析小组：从各部门中挑选熟悉职位要求的员工和经理，组成专门的工作分析小组。

(3) 收集信息：为了保证信息的全面、准确，通过对所有岗位采用观察法、访谈法、问卷法、工作日志法，收集各职位的工作任务、职责、任职资格要求、工作环境等信息。

(4) 分析信息：由人力资源部员工对收集到的信息进行整理和分析，识别出每个职位的关键职责和任职资格要求。

(5) 制定工作说明书：根据分析结果，工作分析小组为每个职位制定了详细的工作说明书，包括岗位基本信息、工作概要、工作职责、任职资格、绩效标准等内容。

(6) 修改完善工作说明书：工作说明书草稿完成后，工作分析小组与各职位的现任员工和主管进行反馈沟通并修改，确保工作说明书的准确性和实用性。

(7) 工作说明书存档：工作说明书定稿之后，将工作说明书存档待用。

小李将这个方案交给了人力资源总监，总监看着这份工作分析实施方案，陷入了沉思。

讨论题

1. 根据实施方案，A公司此次工作分析打算采取哪种组织实施形式？这种形式有何优势与不足？

2. 如果你是总监，你会如何评价这个工作分析实施方案？这个方案有何不足？你将如何改进？

第一节　组织与实施概述

一、工作分析实施的时机

工作分析虽然是一项常规性工作，但是当以下三种情况出现时，工作分析就显得格外必要和迫切。

（一）组织的有效运行受到阻碍

任何一个组织的战略或者目标最终都要分解到每一个具体的工作职位上，通过完成每个职位的具体工作任务来保证战略目标的实现。然而有时，组织中的高层管理者可能会发现，组织的战略计划或者工作目标得不到有效的落实，组织中的管理体系或者业务流程运行不畅。当然，造成这种情况的原因很多，其中一个重要原因就是工作职位的职责设置出了问题。

例如，缺乏明确的、完善的书面职位说明，员工对职位的职责和要求不清楚，这样就造成了某些重要的工作内容没有人去做，特别是组织运行中的一些关键控制点没有人负责。在有些情况下，虽然有职位的职责规定，但还是会经常出现推诿扯皮、效率低下的现象。

例如，某公司的三个不同的职位按照规定都承担对客户服务的信息系统进行维护的责任，但是在实际工作中常常会发生相关数据不一致，或者出现问题时不知道该由哪个职位来承担责任的情况，从而严重影响了客户满意度。在这种情况下，就需要通过工作分析来进一步厘清不同职位的职责。

（二）发生组织变革或技术进步

许多组织都曾经做过工作分析，并且也形成了较为系统的书面工作说明书，但工作分析并不是一劳永逸的，应该随着组织的发展与时俱进。当组织中进行了组织机构和工作流程的变革、调整，或者引入新技术、新方法、新工艺以后，原有的工作说明书就会与实际工作情况不符，这时应重新进行工作分析。

（三）人力资源管理的各项工作缺乏科学依据

工作分析是科学人力资源管理体系的基石和信息平台，工作分析的结果在人力资源管理各项工作中发挥着不可或缺的作用。然而有时候，当需要招聘某个职位的新员工时，管理人员会发现很难确定用人的标准；当需要对员工绩效进行考核时，管理人员会发现没有根据职位确定考核的标准；当需要建立新的薪酬体系时，管理人员无法对各个职位的价值进行准确评估。这时，就需要进行工作分析。

二、工作分析实施的组织形式

按照工作分析的实施主体来分，可以有三种形式。

（一）纯外包型

纯外包型是指组织将工作分析的全部工作委托给外聘专家或专业咨询机构完成。这种形式有以下优点。① 专业性。外部专家或专业机构具备专业的工作分析技术，能够提供更为准确和深入的分析结果。② 效率高。外部专家或专业机构通常具备丰富的经验，能够快速完成分析工作，工作效率高。③ 客观性。外部专家或专业机构处于第三方中立位置，能够从客观角度进行分析，使分析结果更加客观可信，员工也易于接受工作分析的结果。当然，这种形式也存在一定的缺点。① 对外包机构的依赖性强。组织可能过度依赖外包机构，影响自身能力的培养。② 成本高。聘请或委托外部专家、咨询机构进行工作分析需要耗费较高成本。③ 外部专家或机构对组织文化、战略、组织管理等内部情况不够了解，需要花费一定时间来熟悉。

（二）内外协同型

内外协同型是指组织将工作分析的部分工作外包给外部机构，另一部分由组织内部团队如人力资源部门完成，或者由外部专家进行指导，组织内部人员具体操作实施的形式。内外协同型有以下优点：① 具有灵活性，组织可以根据自身需求和资源状况，灵活安排外部机构负责工作分析哪些方面的内容；② 有利于能力培养，通过与外部机构的合作，或者在外部专家的指导下，组织内部团队可以向外部专家学习并提升工作分析的能力。其缺点主要是协调存在难度，外部机构与组织内部团队之间的协调和沟通可能会出现问题，影响工作效率。

（三）内部实施型

内部实施型是指组织完全依靠内部团队完成工作分析的所有工作。这种形式要求组织内部具有熟悉工作分析流程并熟练掌握工作分析技术的专家。这种形式有以下优点：① 组织完全掌握工作分析的节奏、过程和结果，自主决策权大；② 参与人员无需外聘，节约了成本；③ 组织无须担心商业秘密泄露给外包机构，降低管理风险；④ 熟悉组织文化及内部情况沟通更加顺畅。这种模式也有以下缺点：① 相较于外包形式，内部团队可能需要更长的时间来完成工作分析；② 相较于专业外部机构，组织内部团队可能在专业性和经验方面有所不足，影响实施效果。

总之，组织在选择工作分析的实施形式时，需要综合考虑自身需求、资源状况、成本预算等因素，以实现最优的工作分析效果。

三、工作分析的原则

工作分析从宏观上讲，是组织战略设想和规划得以贯彻、落实的基础与保障，从微观上讲，则是每位具体员工得以安排、每项具体工作得以开展的依据和蓝本。工作分析开展的效果，不仅会直接影响组织的生存和发展，也会直接影响组织的每一位员工的工作质量和生活水平。因此，为了提高工作分析的科学性、合理性和有效性，保障工作分析顺利、有序进行，有必要确定一些相应的原则。

（一）目标明确

每一个组织的存在都是为了实现特定的目标，所以不论是对企业还是部门内各岗位职责的分析，都必须以实现企业目标为依据。也就是说，全面的工作分析应该从企业目标、经营业务等方面着眼，将企业内需要落实的任务分解为各部门的目标、职责和要求，再将这些目标、职责和要求分解到具体的岗位。反之，每个具体岗位、每项具体工作，同样应该体现与反映企业的总体规划和目标。

（二）分工协作

劳动分工与协作是企业中有机结合的两个方面。劳动分工是职能化、专业化的必然结果，是在实现企业目标的基础上，将企业内同类的工作集中起来，由专门的部门、岗位来完成，使员工能专注于特定的工作领域，有助于提高员工的工作技能和工作效率。正因为存在劳动分工，就需要采用劳动协作将各种局部分工的工作结合起来，相互协调、相互支撑、相互作用和影响，以形成合力完成企业的整体目标和计划。在工作分析中，需要分析部门、岗位的职能是否能体现专业化分工、合理化协作的原则，各种专业分工是否能促使企业提高工作效率，同时是否能通过协作来有效完成企业的整体目标，获得“1＋1＞2”的企业整体效益。

（三）责、权、利相称

责、权、利相称是现代企业管理一个十分重要的理念，同时也体现了企业科学、公正、人本管理的基本素质和能力。一定的职能和责任必须有相适应的权力作为保障，同时又有相适应的利益作为酬劳。责、权、利平衡，是工作分析得以平稳合理展开的基础和条件。

（四）成本适当

任何管理都需要成本，而资源的有限性和对效益追求的最大化，始终是企业管理者必须面对的重要课题。所以在工作分析中，必须考虑企业各个工作岗位的设置和编排是否能以最优化的设计、最合理的成本来实现企业的预定目标。企业成本包括物质、时间、人力等有形和无形成本。

（五）流程合理

企业的目标不可能由单个部门、单个岗位和单个人独立完成，也不可能只通过一两项工作和一两道工序来完成，所以常规工作都会有一定的流程，有多个环节及环节间的协调与衔接。因此，在工作分析中，需要关注和重视工作项目在部门、岗位间衔接的必要性和合理性，消弭摩擦、降低成本、提高效益，慎重、认真地处理好工作流程的组合和调整。

（六）动态调整

工作分析的过程不能一成不变，要动态调整。组织所处的政策背景和社会环境、组织自身的战略意图和业务流程都可能发生变化，如果不能及时感知变化、做出调整，动态地实施与应用工作分析，就会脱离实际，墨守成规。

四、工作分析信息的来源

工作分析所需要收集的各类信息一般可以从以下几个渠道获得。

(1) 书面资料。其包括国家发布的职业分类词典、组织外部相同岗位的资料等,另外,一些组织有关于现任职位的资料记录,这些资料对工作分析非常有用,如组织中现有的职位职责、供招聘用的广告等。

(2) 任职者。通过访谈或者问卷调查,了解岗位的相关信息,这些对于现任职位的分析非常重要。但同时,很难保证所有与工作相关的内容都在访谈或问卷调查中涉及,而且任职者本人所提供的信息难免会有失客观和有所偏向(这也许是记忆的失误造成的)或者故意弄虚作假。所以,另一种方式是要任职者写工作日志和记录。由于这是在工作中完成的,可以避免主观性和记忆偏差造成的失误。但这种方法也有弊端,就是过于费时。

(3) 任职者的同事。除了直接从任职者那里获得有关的资料外,也可以从任职者的上级、同级、下级等相关岗位处获得资料。同事的报告有助于提供对比,弥补仅从任职者处获得的资料的不足。

(4) 直接观察。到任职者的工作场地进行直接观察也是一种获取工作信息的方法。尽管工作分析人员出现在任职者的工作场所对于任职者的工作会造成一定的影响,但这种方法能提供一些直观的第一手信息。

(5) 客户。客户是指与组织有直接业务往来的个人或单位,客户与任职者在洽谈业务的过程中联系较为紧密,往往涉及长期的合作关系。客户对于任职者的职位信息有所了解,因此可以从客户处获得职位相关信息。

(6) 用户。用户是指使用产品或享受服务的人,用户的产品使用体验在某种程度上是对于任职者工作的评价。因此,了解用户的想法,也能够获得一些任职者的工作信息。

五、工作分析的基本流程及注意事项

工作分析流程一般包括四个阶段(图 3-1),具体内容将分节展开详细介绍。

在整个工作分析的流程中,需要注意以下几个问题。

(1) 定位明晰,高层认同。工作分析小组或人力资源部在进行工作分析时,应有明确的定位,即明确工作分析的目的或用途,最终所形成的工作说明书是着眼于对现状的描述还是对未来应有状态的描述,即关于工作职责"目前是什么"还是"应是什么"的问题。如果是要明确工作职责,那么在界定工作职责时必须对现存的职责交叉、职权不明或职责划分不合理的现象进行调整,这将导致一部分员工的工作职责和权限的变动,可能会招致员工的抵制和反对。

因此,在开展工作分析之前,工作分析小组应和相关的高层领导进行讨论,认清规范工作职责的意义,明确工作分析的目的和定位,并取得高层领导对职责变革的理解和支

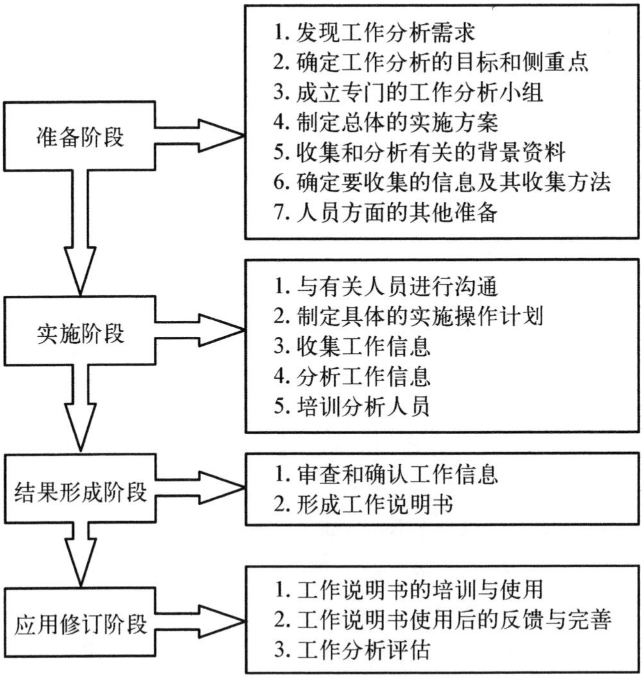

图 3－1　工作分析流程图

持。在工作分析结果实施过程中,高层领导应率先树立岗位责任意识,对各项工作实行归口管理。

(2) 及时沟通。整个工作分析过程最好是在一个固定的办公地点由小组成员统一进行,以便及时沟通。在工作分析正式实施之前、实施过程中及实施结束之后,都应该及时沟通,这是贯穿于整个过程的。例如,在编写工作说明书的过程中,可临时借调该部门熟悉情况并能较客观地分析评价本部门职位的人员参加,便于及时交流。

另外,应定期、定时进行全组成员沟通,以便及时纠正偏差,并确定下一步的工作方案。同时,在编写工作说明书的过程中要及时与相应部门主管及相应职位的工作人员进行沟通,使工作说明书尽可能与职位的实际情况相符合,并取得工作承担者的理解和认同。

(3) 不断调整。在确定工作分析实施方案时,工作分析小组要根据现实情况及领导意见不断进行调整,研究出契合组织发展的实施方案。另外,在结果形成阶段,工作分析小组要对完成的工作说明书进行审核,将初步拟定的工作说明书与实际工作进行对比,根据对比的结果决定是否需要再次进行调查研究,并进行调整修改,汇总后向领导小组汇报。如有必要则对工作说明书进行个别修正和调整,最后对说明书进行编辑存档,以备后用。

第二节　工作分析的准备阶段

一、发现工作分析需求

组织中工作分析的需求有多种表现形式，其中有的较为明显，容易被感知和发现，有的则比较隐秘，需要管理者或者工作分析小组潜心发掘。例如，随着经济社会的变迁，企业战略随之调整；部门职能发生改变，进而岗位职责增加或减少；管理体系或规章制度发生变化；工作流程、工作标准或者生产组织形式等发生改变；各部门出现职责不清、互相推诿等现象。当出现以上情况时，都需要进行工作分析。

其中，企业的战略调整一般是指战略方向、战略重点或者战略目标的变化，这种变化将导致组织结构、绩效管理标准甚至企业生产重心的调整，这是工作分析需求最重要的一个作用。企业的战略调整要求重新设计激励机制、设计适应新战略的招聘需求、升级适应新战略的人力资源开发体系。工作分析可以为这些活动提供信息，建立高效的人才选拔体系，促进企业战略目标的实现。

二、确定工作分析的目标和侧重点

要想进行工作分析，首先应明确目前进行工作分析的目的，也就是进行工作分析主要想解决什么问题，以及获取工作分析信息的用途是什么。工作分析的目标直接决定了进行工作分析的侧重点，决定了在进行工作分析的过程中需要获取哪些信息，以及用什么方法获得这些信息。

当在一个新成立的组织或刚刚进行了组织再设计的组织中进行工作分析时，其首要目的是将组织的职能分解到各个职位，明确各个职位的职责，以及组织中的纵向隶属关系和横向关联关系。这时工作分析的侧重点就在于各个职位的工作职责、权限和关联关系等方面。如果工作分析的目的是为空缺的职位招聘新员工，那么工作分析的侧重点一方面是该职位的工作职责，另一方面是对任职者的要求。因为如果需要招聘员工，明确对任职者的要求是非常重要的。如果工作分析的目的是确定绩效考核的标准，那么其侧重点就应该是衡量每一项工作任务的标准，厘清任职者完成每一项工作任务的时间、质量、数量等方面的要求。如果工作分析的目的是建立薪酬体系，那么仅仅通过访谈等方法获得描述性的信息是不充分的，必须采用一些定量的方法对职位进行量化的评估，确定每个职位的相对价值。如果我们关心职位的定编定员，那么在工作分析时就需要对每个职位的工作量进行测算,从而计算出所需人员的数量。

在确定工作分析的目的时还应考虑所要做的工作分析的精确程度。工作种类、复杂程度不同,工作分析的精确程度也不同。为了确保所收集信息的质量,必须确定信息的种类和范围。我们还应明确所要分析的职位有哪些,因为当一个组织中的职位特别多时,常常需要选取具有代表性、典型性的职位进行分析。对于相似的职位,不必对每个职位都进行分析,只选取其中的一部分进行分析即可。

三、成立专门的工作分析小组

在工作分析的准备阶段,常常需要成立专门的工作分析小组。同时,也应该明确工作分析小组成员各自的职责,这样可以保证分工明确,并能很好地协调,保证工作的效率和质量。通常来说,工作分析小组的人员组成及相应职责如下。

(1) 组织的高层管理者:战略指导、总体领导、动员和鼓励员工参与、扫除工作分析实施中的障碍等。

(2) 人力资源管理部经理:获取高层管理者和部门经理的支持和配合、协调和沟通、落实具体的方案等。

(3) 专业咨询顾问:设计相关工具并实施培训、提供技术支持等。

(4) 相关部门经理:动员本部门人员参与配合、提供相关信息、反馈意见等。

在实际的实施中,如果没有外部咨询顾问的介入,那么由掌握工作技术的人力资源专业人员来具体处理相关的事宜更为合适。

四、制定总体的实施方案

进行一次完整的工作分析活动,往往需要调动大量的资源,花费相当长的时间,需要统筹来自各个方面的人员,因此,为了保证这样一个比较复杂的活动能够有计划、有条理地展开,需要在实施之前制定一个方案,这个方案同时也是工作分析的蓝图。

工作分析的总体实施方案通常需要包含以下方面的内容:

(1) 工作分析的目的和意义;

(2) 工作分析所需收集的信息内容;

(3) 工作分析所提供的结果;

(4) 工作分析项目的组织形式与实施者;

(5) 工作分析的方法;

(6) 工作分析实施的过程或步骤;

(7) 工作分析实施的时间和活动安排;

(8) 工作分析所需的背景资料和配合工作;

(9) 费用预算。

在制定实施方案时,还应注意规范用语。在工作分析的过程中,信息的表达方式可以是多种多样的,对于一个问题的理解和解释也是不尽相同的。为了保证不同工作分析人员收集上来的信息的一致性,减少因用语不同所造成的误差,要事先讨论并规范工作分析中的用语。

下面是一份工作分析实施方案示例(表 3-1)。

表 3-1　AA 公司工作分析实施方案示例

(一) 公司简介

AA 公司是一家从事食品加工生产的企业,创业之初员工只有 30 多人,经过全体员工的努力,现已发展成为产、供、销一体化的集团公司。AA 公司目前拥有员工 800 多人。近来,高层领导日益感到公司管理上存在很多问题,例如,人浮于事、办事效率低;有人抱怨工作太多、整天加班;用人部门反映新招聘的员工与实际岗位需求相差太大;工作中出现问题后各部门互相推卸责任;员工抱怨工资不合理等。

目前 AA 公司的组织结构图如图 3-2 所示。

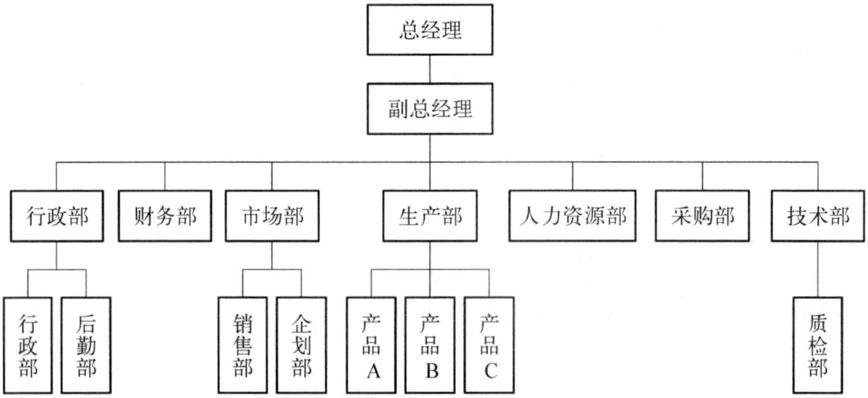

图 3-2　AA 公司的组织结构

为提高人力资源管理效率,确保各部门工作顺利开展,AA 公司决定进行工作分析。

(二) 工作分析的目的

通过工作分析,厘清各部门、各岗位的工作职责及权限,明确任职者的基本要求,确定各岗位的绩效考核指标,以此作为员工考核、晋升培训、招聘选拔、制定合理的薪酬制度等人力资源管理工作的基础和依据。

(三) 工作分析的内容和结果

1. 工作分析的内容

(1) 明确各岗位的岗位职责(包括主要责任、部分责任、辅助工作)与工作权限。

(2) 明确各岗位的任职资格要求。

(3) 确定各岗位的关键考核指标。

2. 工作分析结果

制定各职位说明书及各部门职能说明书。

(四) 工作分析的实施主体 本次工作分析由XX大学专家组和AA公司有关人员共同组成工作分析小组。该小组的成员包括：XX大学的专家(负责项目的总体策划与实施，提供技术支持)；AA公司人力资源部人员(负责项目的协调与联络，工作分析的具体落实)；AA公司的高层领导(提出总体原则，在宏观上把控岗位分析工作的进程，并为工作分析的顺利进行扫清障碍，对工作分析结果进行验收)。 (五) 工作分析方法 由于AA公司人员较多，为了高效地完成工作分析，拟在进行资料调研的基础上，采用以问卷法为主，以访谈法、观察法、工作日志法为辅的方法。 (六) 工作分析的实施流程 1. 准备阶段(5月10日—5月20日) (1) 明确工作分析的目的及主要任务； (2) 组建工作分析小组，明确各成员职责； (3) 确定收集信息的内容及方法； (4) 对公司现有资料进行调研； (5) 设计调研用的工具。 2. 实施阶段(5月21日—6月30日) (1) 召开员工会议，进行宣传动员； (2) 制定具体的调研计划； (3) 进行问卷调查； (4) 记录工作日志； (5) 实施访谈和现场观察。 3. 结果整合阶段(7月1日—7月20日) (1) 整理分析从各种渠道获得的岗位相关信息； (2) 与有关人员审核、确认信息，并做适当调整； (3) 编写工作说明书； (4) 综合各方面的信息，对工作说明书进行修正并存档； (5) 形成工作分析报告。 (七) 工作分析前期资料的收集 资料应包括组织结构图、各部门职能说明书、现有的各岗位工作说明书、工作流程图、职权体系表、岗位责任制相关文件、人员名单等。 (八) 费用预算(略)

五、收集和分析有关的背景资料

在工作分析中，有些信息是需要实地收集的，而有些现存的背景资料对于工作分析也非常重要，不能忽视。

对工作分析有参考价值的背景资料主要包括以下几类：

(1) 国家职业分类标准或国际职业分类标准；

(2) 有关整个组织的信息(包括组织机构图、工作流程图、部门职能说明等)；

(3) 现有的职位说明或有关职位描述的信息。

（一）职业分类标准

职业分类是采用一定的标准方法，依据一定的分类原则，对从业人员所从事的各种专业化的社会职业进行全面、系统的划分与归类。1999年我国颁布了首部《职业分类大典》，这是我国第一部对职业进行科学分类的权威性文件，后又经历了两次全面修订，第一次是2015年版，第二次是2022年版。职业分类的基本依据是工作性质的同一性。我国的《职业分类大典》将职业分为大类、中类、小类和细类4个层次，由粗到细依次体现职业类别。2022年版《职业分类大典》将职业分为8个大类、79个中类、449个小类和1 636个细类（职业）。与2015年版《职业分类大典》相比，2022年版增加了法律事务及辅助人员等4个中类，数字技术工程技术人员等15个小类，碳汇计量评估师等155个职业。2022年版《职业分类大典》还首次标注了数字职业（标注为S），共计97个。标注数字职业是我国职业分类的重大创新，对推动数字经济、数字技术发展及提升全民数字素养具有重要意义。

《职业分类大典》中每一个层次都有不同的划分原则和方法。大类的职业分类是依据工作性质的同一性，并考虑职业所需的相应的能力水平进行的。中类的职业分类是在大类的范围内，根据工作任务和分工的同一性进行的。小类的职业分类是在中类的范围内，按照工作的环境、功能及其相互关系的同一性进行的。细类的职业分类是在小类的基础上，按照工作分析的方法，根据工艺技术、对象、操作流程和方法的相似同一性进行的。

职业的细类主要根据工作分析方法得出，它是对许多不同组织进行工作分析结果的总结。因此，关于职业细类的描述对于工作分析非常重要。职业细类中对出纳（财务人员）的描述如下（表3-2）。

表3-2 职业细类示例

221.362-18 出纳（财务人员） 收进和支出资金，并保存资金的记录和财务交易中的可转让票据。 接收现金和支票并存入银行，核对数目，检查支票背书。核对签名和余额之后兑现支票。将交易的记录输入计算机，并出具计算机生成的收据。安排日常的现金供应，计算将要入账的现金。平衡现金支票，对账。开新账户，提取存款。使用打字机、复印机，准备支票和其他文件。 GOE：07.03.01　STRENGTH：L　GED：R4M3L3　SVP：5

另外，在《职业分类大典》中，对每个职业的功能按照对资料、对人、对物的关系进行标准化的编码（表3-3）。

结合《职业分类大典》，我们可以从对出纳（财务人员）的职位描述中了解到：第一行的数字表示的是职业代码。前3位数字表示分类编码；第4位到第6位表示的是对职位所从事的活动的评定，其中第4位表示与资料的关系，第5位表示与人的关系，第6位表示与物的关系。例如，在“出纳”这个职位中，与资料的关系是“汇编”，与人的关系是“交谈一示意”，与物的关系是“操作控制”。最后一行中的符号和数字，“GOE”表示按照职业兴趣、能力倾向等对职业进行的分类，“07.03.01”表示“商业细节、财务细节、支出和收进”,“STRENGTH”表示职业所需的体力程度,“L”表示轻度体力活动;“GED”表示教育水平,其中“R”表示推理能力水平,“M”表示数学能力水平,“L”表示语言能力水平,均为1～6分,6分表示最高,1分最低;“SVP”表示从事该职业所需的经验,“5”表示需要6个月到1年的经验。

表3-3 职业功能编码标度

程 度	资 料	人	物
复杂 ↑ ↓ 简单	0. 综合 1. 调整 2. 分析 3. 汇编 4. 加工 5. 复制 6. 比较 7. 服务	0. 指导 1. 谈判 2. 教育 3. 监督 4. 转换 5. 劝解 6. 交谈—示意 7. 服务 8. 接受指示,帮助	0. 创造 1. 精密加工 2. 操作控制 3. 驾驶、操作 4. 处理 5. 照料 6. 反馈—回馈 7. 掌握

在进行工作分析时,首先可以查阅《职业分类大典》,找到类似职位的描述,除非所要分析的职位是全新的职位。但一定要注意,不可照搬现有的资料,只可将现有的资料作为参考,因为《职业分类大典》中的职位描述并不是针对某个具体组织中的职位。很多情况下,在不同的组织中,名称相同的职位其具体的职责、任务、任职要求等有很大的差异。因此,应针对具体组织中的实际情况作出具体的分析。

(二)组织中的有关资料

对工作进行分析时,组织中的一些资料是非常重要的。如组织结构图,它是用来描述组织各个组成部分之间相互关系的。从组织结构图中,可以看到部门或职位之间的关系,每一个部门或职位应该向谁负责,每一个部门或职位的下属是谁,发生关联的部门和职位有哪些等。通过组织结构图,可以很清楚地了解各个职位在组织中的位置,组织结构图示例如图3-3所示。

组织结构图表示的是部门或职位之间的一种静态联系,而工作流程图则表明了部门或职位之间的动态联系。在工作流程图中,我们可以看出在一项工作活动中,某个部门或职位需要接受来自哪些部门或职位的信息或指令,需要对信息和指令做出哪些处理,需要向哪些部门或职位发出信息或指令等。通过工作流程图,我们还可以比较清楚地了解工作任务及工作中的关联等(图3-4)。

除了组织结构图和工作流程图之外,组织中部门职能说明书也是进行工作分析时非常有用的资料。部门职能说明书规定了组织中一个部门的使命和职能,而工作分析就是要将部门的职能分解到下属的职位中。仔细研究现有的部门职能说明书,可以帮助我们

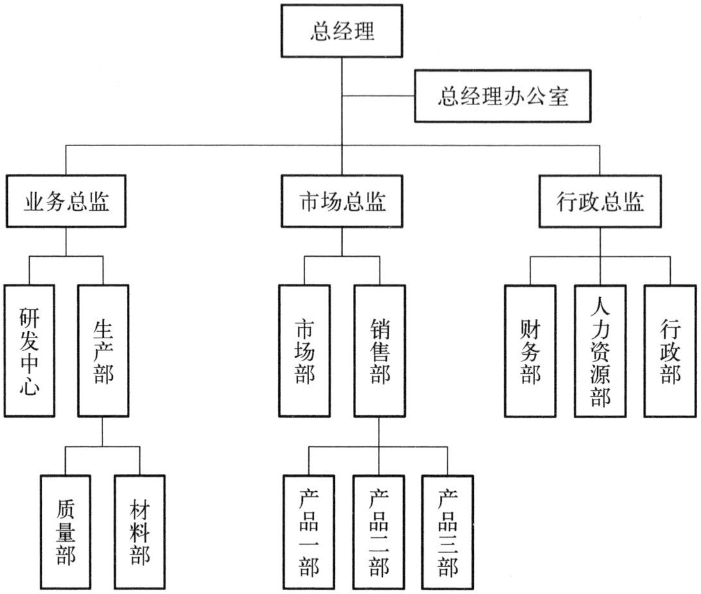

图 3-3　组织结构图示例

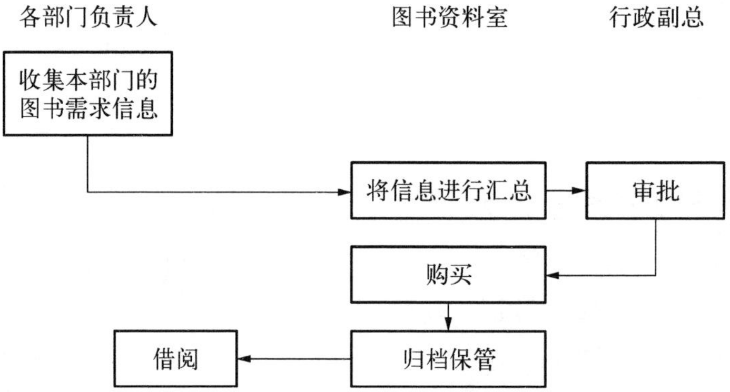

图 3-4　购买图书馆资料的工作流程图示例

将部门的职能全面、充分、有效地分解到部门内部的各个职位上。通常，部门职能说明书如表 3-4 所示(以人力资源部为例)。

表 3-4　部门职能说明书

人力资源部职能说明书					
部门名称	人力资源部	部门负责人	人力资源部经理	直接主管	行政副总
职位设置	人力资源部经理、招聘专员、培训专员、薪酬福利专员				

续 表

部门使命	人力资源部负责建立和健全人力资源开发与管理体系，并确保其得到持续、有效的实施与发展，为各部门提供人力资源管理服务和支持
部门主要职能	1. 拟订和人力资源管理规范 2. 制定人力资源规划，进行人力资源需求分析 3. 实施工作分析，编写职务说明书 4. 实施人员招募、甄选、评估工作 5. 组织实施集团的绩效考核工作 6. 建立与调整薪酬福利体系 7. 分析培训需求，拟订培训计划，组织实施培训

（三）现有的工作说明书或职位描述资料

很多组织并不是第一次进行工作分析，因此组织中一般会有一些现成的职位职责、职位描述等资料。这些现有的资料尽管可能不完善，或者由于工作的变化已经与实际状况不符，但仍会提供一些工作职位的基本信息，因此仍然具有参考价值。

六、确定要收集的信息及其收集方法

（一）确定要收集的信息

从对现有资料的分析中，我们已经得到部分准备分析的职位的基本信息，但是，对工作具有关键作用的大量的信息，往往无法从现有的资料中获得，需要从实际的调查研究中得到。正因为实际调研的作用十分重要，所以在实施工作分析调研之前，我们应该事先计划好需要收集哪些信息、怎样收集这些信息等。在信息收集时，我们可以考虑以下几点：

(1) 根据工作分析的目标和侧重点，确定要收集哪些信息；

(2) 根据对现有资料的研究，找出一些需重点调研的信息或需进一步澄清的信息；

(3) 按照 6W1H 的内容进行考虑，了解在每一方面需要收集的信息有哪些。

(4) 确定要收集的信息的层次。工作内容的信息包括以下三个层次：广泛层次、中间层次和具体层次。广泛层次是指工作的主要责任范围，即任职者在该职位上需要承担的核心职能或职责。中间层次是指完成某项职能时的具体工作任务或工作行为。具体层次是指完成一项任务所需的工作步骤或工作要素。

（二）选择收集信息的方法

1. 工作分析方法的分类

工作分析要素差异的多样性，决定了工作分析方法的丰富性与多样性。标准不同，工作分析方法的分类也不同。按照性质划分，有定量的方法和定性的方法；按照功用划分，有基本方法与非基本方法；按照分析内容划分，有结构性分析方法与非结构性分析方法；按照对象划分，有任务分析方法、人员分析方法与方法分析方法；按照基本方式划分，有观察法、写实法与调查法等。还可以根据实际运用情况分为通用工作分析方法、系统性工作分析方法和传统工业企业工作分析方法。

2. 选择信息收集方法需考虑的因素

工作分析人员选择工作分析方法时，需要考虑该方法与目的的匹配性、使用工作分析方法的成本、职位的特点及该方法的可行性和适用性等具体因素。

首先，选择收集工作信息的方法时，应该考虑的是工作分析要达到的目的，工作分析需要达到的目的不同时，使用的方法也应有所不同。例如，当工作分析用于招聘时，应选用关注任职者特征的方法；当工作分析关注薪酬体系的建立时，应选用定量的方法，以便对不同工作的价值进行比较等。

其次，选择收集工作信息的方法时，要考虑所分析的职位的不同特点。例如，有的职位的活动比较外显，如以操作机械设备等为主，那么这样的职位就可以采用现场观察的方法；有的职位的活动以内隐的脑力活动为主，不易进行观察，那么采用观察的方法对这样的职位来说就不适合，应该采取面谈或其他综合类的分析方法。再如，半开放式问卷的方法，要求被调查者具有一定的书面表达能力，文化水平较低的任职者可能就无法作答。

最后，选择收集工作信息的方法时，还应考虑实际条件的限制。有些方法虽然可以获得较多的信息，但可能由于花费的时间或财力较多而无法采用。例如，专家访谈的方法，可以较直接地从工作任职者处获得信息，而且访谈者与被访谈者之间可以进行交流，能够较深入地挖掘与工作有关的信息，但它需要花费的时间较多。而问卷的方法，虽然获得的信息有限，但可以很多人同时作答，效率较高，很适合在时间要求较紧的情况下采用。

实际上，每一种收集工作信息的方法都有其独特之处和适用的场合，也有优点及其不足之处，并不存在一种普遍适用的或最佳的方法。因此，在进行工作分析时，应该根据具体的目的和实际情况，有针对性地选择一种或几种方法，这样才能取得较好的效果。

选定了收集信息的方法之后，有的方法需要事先设计一定的程序或准备一定的文件，如访谈提纲、调查问卷、观察的记录表格等。

七、人员方面的其他准备

（一）获取高层管理者的支持

没有公司高层管理者的认同和支持，往往无法有效地完成工作分析及工作说明书的编写。然而，并不是所有企业的高层管理者都能够认识到工作分析对于获取企业竞争优势的重要性，部分高层管理者会认为工作分析的价值与效用并不如想象中的那样明显和突出。

大多数组织中，工作分析的需求首先大都是由人力资源部提出的。为了保证工作分析的顺利进行，人力资源部必须尽力得到高层管理者对工作分析的理解和支持。一旦高层管理者重视这项工作，公司上下各个层面的人员就有可能积极地投入这项工作中，从而在组织上保障了工作分析的顺利进行和开展。另外，在工作分析的实施过程中难免会出现一些意见上的分歧、时间上的冲突或者人际上的纠葛等，这时高层管理者出面和协调，将有助于这类问题的解决。

（二）直线管理者的配合

要想成功地进行工作分析，各部门的直线管理者扮演着不可或缺的角色。直线管理者需要动员和安排下属员工提供工作分析的有关信息，并在人力资源管理专业人员的指导下将这些信息整理成规范的工作说明书。他们需要对已经形成的工作说明书的内容和准确性进行审核，同时，他们也是工作说明书的重要使用者，并在使用工作说明书的过程中提供反馈信息和修订意见。

在直线管理者配合进行工作分析的过程中，很容易导致两种极端。一种是直线管理者的积极性特别高，他们往往包揽下本部门所有的工作分析工作，亲自撰写部门内所有职位的工作说明书。这种现象，往往会直接影响部门内部员工的积极参与，从而难以收集到来自工作任职者的真实信息，最终影响工作分析的质量和价值。另一种则是直线管理者认为工作分析是一件多余的事情或者对这件事的重要意义认识不足，因而对人力资源部门的相关工作敷衍了事甚至置之不理，从而影响到下属员工的参与热情，致使工作分析不能很好地落实和展开。

直线管理者在工作分析中起到承上启下的作用，他们是否能够积极配合并动员和支持下属员工完成好工作分析相关的工作，将是工作分析成功与否的一个关键因素。

综上所述，工作分析如果没有得到高层管理者的支持及直线管理者的配合，其结果往往会以失败而告终。

第三节　工作分析的实施阶段

在经过充分的准备之后，就可以进入工作分析的具体实施阶段了。在实施阶段，主要应做好以下几项工作：与有关人员进行沟通；制定具体的实施操作计划；收集工作信息；分析工作信息；培训分析人员。

一、与有关人员进行沟通

由于工作分析需要深入具体的工作职位,在进行这项工作的过程中必然要同大量的工作任职者和管理者产生联结和沟通,因此赢得他们的理解和支持是非常重要的。

在开始进行工作分析时,需要与工作分析涉及的人员进行沟通。这种沟通一般可以通过召集员工会议的形式进行,在会议上可以由工作分析小组对有关人员进行宣讲和动员,或者通过其他适当的形式来达到沟通的目的。

与参与工作分析的有关人员进行沟通的目的主要有以下三点。

(1) 让参与工作分析的有关人员了解工作分析的目的和意义,消除他们内心的顾虑,减轻他们的压力,争取在实际收集信息时获得他们的支持与配合。向他们介绍工作分析对开展工作的意义及对实施管理工作的好处,以增加他们的兴趣。另外,还要帮助其更清晰地认识工作分析。例如,要让他们认识到工作分析的目的是针对工作的,是为了分析工作的一些特性,而不是评估任职者的工作表现,以消除他们一些不必要的担心。让他们认识到工作分析的结果并不是给大家增加工作量,而是通过明确职责分工,从而提高效率,减轻大家的工作负担和压力。

(2) 让参加工作分析的有关人员了解工作分析大致需要进行多长时间,大概的时间进度是怎样的。这样,他们就会了解自己大概会在什么时候花费多少时间进行配合,便于他们事先做好工作安排,留出足够的时间来配合工作分析工作。

(3) 让参加工作分析的有关人员初步了解工作分析中可能会用到的方法,以及在各种方法中他们需要如何进行配合,如何提供信息。这样,收集信息时效率会更高。

当然,组织中实施任何一项新的管理活动,都有可能使员工的情绪产生一些波动,工作分析也不例外。员工对于工作分析的消极态度或情绪大致有以下几类:一是有抵触情绪,认为多一事不如少一事;二是不知道什么该说、什么不该说,害怕说错话会受到上级的责备;三是不清楚这项工作能为自己带来什么。

为了消除员工的恐惧心理和抵触情绪,做好事先的解释很关键。首先,应该在进行工作分析前做好充分的准备与铺垫,成立工作分析小组,向员工解释工作分析的目的及工作分析结果的用途。其次,通过培训使员工了解如何配合工作分析工作的顺利进行。最后,工作分析的组织者和实施者应努力保证员工的利益在工作分析的过程中不被侵犯。

二、制定具体的实施操作计划

在工作分析的准备阶段,已经有工作分析的实施方案。但这样的方案,往往只是提供了大致的计划,在具体实施时,还应该制定更详细的实施操作计划。

在实施操作计划中,应该列出具体的、精确的时间表,具体到在每个时间段、每个人的具体职责和任务是什么。对于接受访谈或调研的人，应事先拟定时间表，以便其安排手头的工作或事务。

这一具体的实施操作计划，在执行的过程中可能还会做出一定的调整。一旦计划发生改变，应及时通知相关人员。

三、收集工作信息

这个阶段是整个工作分析过程的核心。在这个阶段，主要按照事先确定的方法，根据既定的操作程序或计划，收集与工作有关的各种信息，并对信息进行描述、分类、整理、转换和组织，使之成为书面的文字。

（一）收集工作信息的原则

1. 科学性原则

岗位信息的调查收集应始终遵循科学性原则。首先，要采用科学的调查方法，如问卷法、访谈法、工作日志法等；其次，应遵循科学的调查程序，如问卷设计科学、检验科学、实施科学、调研资料分析科学等。只有遵循科学性调查原则，才能保证岗位调查结论的科学性与严谨性，为后续工作的顺利开展奠定科学的基础。

2. 系统性原则

组织本身是一个系统，由许多不同的子系统构成，因此，岗位调查的对象会涉及一些相关的系统因素和条件。例如，对副经理这一岗位进行调查时，除了调查了解该岗位本身之外，还需要调查了解其下属、同级、上级岗位的任务、特点及职责等情况，只有这样才能对该岗位进行全面的分析。

3. 规范性原则

规范性原则是指调查实施过程应该具有规范性、严谨性和有效性。例如，对某一岗位进行调查时，要严格按照调查的相关要求进行，包括调查程序的先后、结果的统计过程等，只有这样才能保证调查任务的有效完成。

4. 实事求是原则

岗位信息收集就是为了掌握岗位的原貌，要坚持实事求是原则，尤其是数据的收集与整理，要严格依照现实的情况进行记录和归纳，不能凭主观猜测和臆想进行收集整理。即使出现相关信息缺失的情况，也要结合岗位的实际情况和一般规律，进行科学评估和分析预测，为后续的工作分析打下坚实的基础。

（二）收集和分析工作信息的内容

根据我国的实际情况，一般来说，对工作信息的收集和分析通常包括以下内容。

1. 职位名称

对职位名称进行分析时,应注意使职位名称标准化,并符合人们一般的理解,使人们可以通过职位名称了解职位的性质和内容。命名应准确,不易产生歧义;名称应规范、简洁、通俗且具有美感,切忌粗俗。

2. 工作内容

工作内容分析是为了全面地认识、了解工作,其具体内容包括以下方面。

(1) 工作任务。明确规定某职位所要完成的工作活动或任务、完成工作的程序与方法,以及所使用的设备和材料。

(2) 工作责任与权限。以定量的方式确定工作的责任与权限,如财务审批的金额、准假的天数等。

(3) 工作关系。了解和明确工作中的关联与协作关系,如该职位会与哪些工作发生关联,会对哪些工作产生影响,受到哪些工作的制约,与谁发生协作关系,可以在哪些职位范围内晋升和轮换等。

(4) 工作量。确定工作的标准活动量,如规定劳动定额、绩效标准、工作循环周期等。

3. 工作环境

工作环境分析主要包括以下内容。

(1) 工作的物理环境。其包括环境中的温度、湿度、照明度、噪声、震动、异味、粉尘、辐射等,以及任职者与这些环境因素接触的时间。

(2) 工作的安全环境。其主要包括工作的危险性、可能发生的事故、事故的发生率和发生原因、对身体的哪些部分易造成危害及危害的程度、易患的职业病、患病率及危害程度等。

(3) 工作的社会环境。其包括工作地点的生活方便程度、环境的变化程度、环境的孤独程度、与他人交往的程度等。

4. 工作任职者的必备条件

确定工作任职者所应具备的最低资格条件,主要包括以下内容。

(1) 必备的知识。其具体包括最低学历要求,有关理论知识和技术的最低要求(如使用机器设备的操作方法、工艺流程、材料性能、安全知识、管理知识和技能等),对有关的政策、法令、规定或文件的了解和掌握程度等。

(2) 必备的经验。其包括过去从事同类工作的时间和成绩,应接受的专门训练的程度,完成有关工作活动的实际能力等。

(3) 必备的身体素质。工作任职者应具备的行走、跑步、攀登、站立、平衡、旋转、弯腰、举重、推拉、握力、耐力、手指与手臂的灵活度、手眼协调性、感觉辨别力等身体素质。

(4) 必备的操作能力。通过典型的操作来规定从事该职位的工作所需的注意力、判断力、记忆力、组织能力、创造能力、决策能力等。

(5) 必备的个性特征。工作任职者应具备的耐心、细心、沉着、诚实、主动性、支配性、情绪稳定性、责任感等方面的特点和特性。

四、分析工作信息

(一) 整理工作信息

将收集到的信息按照工作说明书的各项要求进行归类整理,检查是否有遗漏的项目,如果有的话,要继续进行调查收集;如果信息收集完备,则进行下一步工作。

(二) 审查工作信息

对工作信息进行审查是这一阶段的重中之重,需要找相关人员核实信息的正确性,如有误,则必须重新收集工作信息。工作分析提供了与工作的性质和功能有关的信息,这些信息必须与从事这些工作的任职者及其直接主管进行核对才能避免出现偏差。

由于工作任职者及其上级主管是工作分析结果的主要使用者,请他们来审查和确认这些信息,有助于他们对工作分析结果的理解和认可。另外,有些收集工作信息的人员实际上并没有从事过所分析的工作,因此对工作中的一些实际情况并不是很了解,而在这些方面,工作任职者及其上级主管更熟悉。而且让工作任职者及其上级主管共同对工作信息提出意见,也有利于他们发现对工作的一些不一致的看法,使他们有沟通的机会,以便协调一致,更好地开展工作。总之,经过这样的过程,可以修正初步收集来的信息中的不准确之处,使工作信息更为准确和完善,更能保证工作分析结果的科学性。

审查工作既有助于确定工作分析所获信息是否正确、完整,也有助于确定这些信息能否被所有与工作分析相关的人员所认同。在审查工作完成后,工作分析小组要将经审查后确定的信息送交高层管理者进行审查确认。

(三) 创造性地分析工作信息

在确定所收集的信息没有遗漏和错误后,就可以开始分析工作。要创造性地分析和发现有关工作及任职者的关键问题,归纳、总结出工作分析必需的资料和要素。通常,对工作信息进行分析包括职位名称分析、工作内容分析、工作环境分析和任职条件分析等内容。

五、培训分析人员

作为工作分析活动的实施主体,无论是外部工作分析专家还是组织内部的分析人员,在对一个组织进行工作分析的过程中都会遇到各种问题。因此,在开展具体的实施工作前,需对相关人员进行培训。根据工作分析人员的具体情况确定培训内容,因人而异。若工作人员经验不足,需要通过培训掌握工作分析方法的实施要点及技巧,同时明确工作分析内容的侧重点;如果工作人员经验丰富,也需要通过培训使其明确此次工作分析的侧重点。

第四节　工作分析的结果形成与应用修订阶段

一、工作分析的结果形成阶段

结果形成阶段是工作分析成果的输出阶段,是应用规范性的文字、图表等将工作分析结果形成人力资源管理文件的过程。工作分析的重要结果之一就是形成工作说明书。这一阶段有以下主要任务。

(一) 与有关人员共同审查和确认工作信息

通过各种方法收集到的关于工作的信息,必须同工作的任职者及其上级主管进行核对、审查和确认,才能避免偏差。

(二) 形成工作说明书

工作说明书是以标准的格式对职位的工作性质、目的、职责、任务、权限、职位关系、工作环境、任职者资格条件等信息进行规范化描述的书面文件。形成工作说明书有以下操作步骤。

(1) 根据工作分析的规范要求和经过分析处理的信息草拟工作说明书初稿,包括工作描述与工作规范。

(2) 将草拟的工作说明书初稿与实际工作进行对比。

(3) 根据对比的结果决定是否需要再次进行调查研究。

(4) 修正工作描述与工作规范。

(5) 如果需要,可重复(2)～(4)项的工作,如对特别重要的职位,其工作描述与工作规范应多次修订。

(6) 形成最终的工作描述与工作规范。

(7) 将工作描述与工作规范应用于实际工作中,并注意收集应用后的反馈信息,不断完善工作说明书。

(8) 对工作分析本身进行总结评估,注意将工作描述与工作规范归档保存,为今后的工作分析提供经验与信息基础。

二、工作分析结果的应用修订阶段

在编写好工作说明书之后，工作分析结果的应用同样非常关键。只有通过对工作分析结果的应用，才能体现出工作分析的价值；并且只有在应用的过程中，才有可能发现一些在编写工作说明书时难以发现的问题，从而在实际工作中不断地加以改进和完善，为后续的工作分析提供新的要求和标准。

（一）工作说明书的培训与使用

工作说明书一般都是由专业人员编写的，而它的使用者是从事实际工作的人员。所以对使用者的指导和培训，就显得十分必要。在进行工作说明书的使用培训时，一方面要让使用者了解工作说明书的意义与内容，了解工作说明书中各个部分的含义；另一方面要让使用者了解如何在工作中使用工作说明书。例如，如何在招聘员工时使用工作说明书，如何根据工作说明书与下属员工确定工作目的和标准，如何根据工作说明书考核员工并提出对员工培训的需求等。通常，对工作说明书使用者的培训包含以下三种形式。

(1) 面向组织全体员工的公开宣讲，宣讲的主要内容包括工作分析的目的、用途，以及工作说明书各信息板块的阅读和使用方法。

(2) 由工作分析人员对各部门内部具体职位进行培训，以明确各具体职位的工作职责、绩效标准、任职资格条件、培训目标等。

(3) 针对人力资源部管理人员的培训，主要包括工作说明书如何运用于招聘、培训、薪酬、绩效等人力资源管理功能板块。

（二）工作说明书使用后的反馈与完善

这一活动始终贯穿于组织的经营与管理活动之中。随着组织与环境的发展变化，一些原有的工作任务会消失，一些新的工作任务会产生，现有许多职位的性质、内涵和外延都会发生变化。因此，应经常对工作说明书的内容进行完善和修订。另外，工作说明书是否适应实际工作的需要，也需在使用的过程中得到反馈。可以定期采用 ESCII 式询问模式针对每一项工作活动进行工作检讨、改善或重新设计。

(1) E(eliminate)，可以删除吗？

(2) S(simplify)，可以简化吗？

(3) C(combine)，可以合并吗？

(4) I(improve)，可以改良吗？

(5) I(innovate)，可以创新吗？

通过以上 ESCII 式询问，可能会发觉现有的工作概念、内容、方法应该改进，需要部分更换，或者发现原有的一套已经完全过时，必须淘汰，应以全新的方法去代替，否则就会影响工作质量。

（三）工作分析评估

在工作分析完成之后，要对整体工作分析工作进行评估。这不仅是为了了解本次工作分析是否达到了预期目的，还有助于对本次任务执行的过程和环节进行改进和优化，为以后进行工作分析提供可借鉴的经验。工作分析评估主要可以从以下几个方面进行。

(1) 工作分析的过程：工作分析过程的总体情况如何？各阶段是否进展顺利，是否遇到了什么阻碍？员工对工作分析过程的总体感受如何，是否满意？是否影响了员工的正常工作，如何改进？工作分析方法的选择是否恰当？

(2) 工作分析的结果：工作分析是否按计划完成？实际成本是否符合预算要求？工作说明书是否符合其准确性、系统性、完备性、普遍性、逻辑性、应用性、预见性等质量标准？工作说明书是否准确、全面地反映了工作的关键信息？是否体现了岗位性质与特点，是否科学地界定了岗位的任职资格条件？

(3) 工作分析结果的应用效果：工作分析结果是否易于理解和应用、是否达到了预期目的？是否解决了组织人力资源管理中亟须解决的问题？员工是否能通过工作说明书明确自己的工作职责？各岗位之间的工作关系、流程衔接是否更加明确？从中长期来看，还可以检验工作分析对工作评价、薪酬设计、人力资源规划、招聘配置、培训开发、劳动关系、员工职业生涯规划等人力资源管理各个方面的基础作用是否发挥得当。中长期评估通常可以在工作分析结束之后半年或一年进行。

此外，还要对工作分析的合法性和接受度进行评估。合法性主要是评估工作分析过程和结果是否符合相关法律法规和政策要求，如工作分析过程中是否遵守了隐私保护，工作说明书中的任职资格条件是否符合平等就业等相关法律规定等。接受度是评估利益相关者对工作分析结果的接受程度，包括员工、管理层和其他利益相关者对分析结果的看法和反馈等。

案例分析

1. A连锁酒店集团的工作分析实施方案拟采取内部实施型组织方式，完全依靠内部团队完成工作分析的所有工作。这种形式有以下优点：① 组织完全掌握工作分析的节奏、过程和结果，自主决策权大；② 参与人员无需外聘，节约成本；③ 组织无须担心商业秘密泄露给外部机构，降低管理风险；④ 熟悉组织文化及内部情况，沟通更加顺畅。这种模式也有以下缺点：① 相较于外包形式，内部团队可能需要更长的时间来完成工作分析；② 相较于专业外部机构，组织内部团队可能在专业性和经验方面有所不足。

2. 这个工作分析实施方案内容不够完善，具体包括：缺少工作分析的目的和意义；缺少实施之前的沟通宣传环节；工作分析小组构成不够合理；由于信息采集由人力资源部员工完成，需要培训工作分析人员；工作说明书完成之后，不能仅将其存档，而是要对其使用者进行相关培训；方案中缺少时间安排；工作分析方法使用不当，没有根据工作分析的目的、实际条件、岗位特点等选择合适的工作分析方法，可能会导致时间、成本超出预期，效果不好。

可提出如下改进措施：① 与工作分析涉及的人员进行沟通；② 组建专门的工作分析小组，人员组成包括组织的高层管理者、人力资源部经理、专业咨询顾问、相关部门经理及员工等；③ 在开展具体的实施工作前，对相关人员进行培训；④ 工作说明书完成之后，对工作说明书的使用者进行指导和培训；⑤ 明确工作分析方案的时间安排；⑥ 选择合适的工作分析方法。

思考与练习

一、单项选择题

1. 2022 年新修订的《职业分类大典》将职业分为(　　)个大类。

A. 6　　B. 7　　C. 8　　D. 9

2. 收集工作信息是工作分析哪个阶段的任务？(　　)

A. 准备阶段　　B. 实施阶段

C. 完成阶段　　D. 应用阶段

3. 职业大类划分的主要依据是(　　)。

A. 工作性质的同一性

B. 工作分析方法

C. 工作任务和分工的同一性

D. 工作环境、功能及其相互关系的同一性

4. 在工作分析小组中，负责扫除工作分析实施中的障碍的人员应是(　　)。

A. 公司的高层管理者　　B. 人力资源管理部经理

C. 专业咨询顾问　　D. 相关部门经理

5. ESCII 式询问中的“C”是什么意思？(　　)

A. 删除　　B. 简化　　C. 合并　　D. 改良

二、多项选择题

1. 工作内容分析包括以下哪些方面？(　　)

A. 工作任务　　B. 工作责任与权限

C. 工作关系　　D. 工作量

E. 工作的物理环境

2. 工作分析的实施阶段包括以下哪些任务？(　　)

A. 与有关人员进行沟通　　B. 制定总体实施方案

C. 收集工作信息　　　　　　D. 形成工作说明书

E. 培训分析人员

3. 工作分析信息的来源包括(　　)。

A. 书面资料　　　　　　B. 任职者

C. 任职者的同事　　　　　　D. 直接观察

E. 客户和用户

三、简答题

1. 组织一般在哪些情况下需要进行工作分析?
2. 在工作分析的准备阶段需要做哪些工作?
3. 工作分析的基本原则有哪些?
4. 和参与工作分析的有关人员进行沟通的目的是什么?
5. 工作分析的实施方案一般包括哪些内容?

四、论述题

1. 试述工作分析的基本流程。
2. 试述工作分析实施的组织形式及其优缺点。

第四章 工作分析方法

学习目标

了解通用工作分析方法与系统性工作分析方法的种类，掌握各种工作分析方法的概念、分类、操作流程、适用条件、优缺点及其使用时的注意事项，并能综合运用以上知识，学会比较各种方法适用的工作类型和人力资源管理职能领域、使用的关注点，学会如何根据实际情况选择合适的工作分析方法。

重点概念

问卷法、访谈法、工作日志法、观察法、资料分析法、主题专家会议法、系统性工作分析方法、人员倾向性的系统工作分析方法、工作倾向性的系统工作分析方法、职位分析问卷法、管理职位描述问卷法、职能工作分析法、职业域、关键事件法、关键事件。

引导案例

该如何收集工作信息？

小林是上海某高校人力资源管理专业的应届毕业生，他到R公司上班的第二天，公司的管理顾问叶华（一名刚刚留美归国的MBA）就将他和人力资源部经理张凡召集来开会。

叶华首先说道："小林，很高兴你的加入，为了让你有机会展示自己的才能，我和张凡决定由你来系统地做一下公司每个职位的工作分析，以明确每个职位的工作职责。有什么困难可以提出，我们会尽量提供帮助。"

张凡接着说："我们公司已经通过了国家ISO 9001质量认证，你可以参照一下ISO体系文件，会有所启发。"

小林感觉事情并不简单，他思索了一下说："好吧，我先试着去做，有问题随时请求你们的帮助。"

小林接受任务后，先是翻阅了公司的ISO体系文件，其中就有工作说明书。经过仔细阅读和思考后，小林发现工作说明书存在以下几个问题：格式过于简单、内容不完整、内容描述不准确。于是，小林不再依赖原有文件，开始收集有关资料。首先，他弄清楚新的组织架构图中出现的每一个名词的含义，了解公司的定岗定编情况。然后他利用互联网，查询与每个职位有关的信息，对照自己公司的情况对信息进行取舍。

小林通过查找资料，并向人力资源部经理和管理顾问请教，完成了工作分析的资料收集工作，并在此基础上形成了各职位的工作说明书。但由于各种原因，在准备做工作分析的过程中，小林并没有请教各部门经理，也没有做过任何调查问卷。尽管小林花了大量的时间和精力来进行工作分析，但R公司各岗位职责不明的现象仍未得到很好的改观。

讨论题

1. R公司进行工作分析的目的是什么？
2. 小林采用了什么方法来收集有关工作信息？
3. 为什么小林所进行的工作分析效果不佳？

工作分析的方法多种多样，国外已开发出许多较为成熟的方法，并在实践中得到广泛应用。但现实中并不存在最佳的方法，因为工作分析的内容取决于工作分析的目的与用途，不同组织进行调查分析的侧重点会有所不同，而任何一种工作分析方法都有其自身的优点和缺点，无法适用于所有的组织管理。因此在管理实践中，要保证工作分析的效果，提高工作分析的效率，就必须在充分了解各种工作分析方法的基础上，根据组织进行工作分析的目的、职位的工作特征等具体情况，正确选择合适的工作分析方法。

根据实际运用与分析的方便，在借鉴国际通行的分类方法的基础上，可将各种工作分析方法划分为三大类，即通用工作分析方法、系统性工作分析方法和传统工业企业工作分析方法，本章将详细介绍几种通用工作分析方法和常见的系统性工作分析方法。

第一节　通用工作分析方法

通用工作分析方法是我国各类组织在工作分析过程中常用的收集工作信息的基础方法。这类方法的一般特征是，收集的工作分析信息以定性信息为主，叙述较多，因而难免带有主观判断的色彩。另外，在语言文字上的“语义”问题，也使此类信息的使用存在某些缺陷。通用工作分析方法具有灵活性强、易操作、适用范围广等显著优势，但也存在结构化程度低、稳定性差等缺点。通用工作分析方法主要有问卷法、访谈法、工作日志法、观察法、资料分析法、主题专家会议法等，本节将详细加以介绍。

一、问卷法

问卷法是通过让被调查职位的任职者、主管及其他相关人员填写调查问卷来获取所需的工作信息，从而实现工作分析目的的一种工作分析方法。常用的问卷法，即非定量问卷法，也叫一般问卷法，是工作分析中广泛运用的方法之一。问卷调查操作简单，成本较低，适用于各种类型的工作，因此大多数组织都采用这种方法来收集工作相关信息。

（一）工作分析问卷的分类

(1) 根据问卷适用的对象划分，可分为适用于各种职位的通用问卷和专门为特定工作职位设计的指定工作分析问卷。指定工作分析问卷适用于某种指定的工作，问卷内容具有特殊性，一张问卷只适用于一种工作岗位。

(2) 按照问卷的结构化程度划分，可分为结构化问卷和非结构化问卷。结构化问卷是在一定的理论模型和假设前提下，按照结构化的要求设计的相对稳定的工作分析问卷，一般采用封闭式的问题收集信息。结构化问卷具有较高的信度和效度，便于职位之间相互比较，如职位分析问卷（PAQ）和管理职位描述问卷（MPDQ）。非结构化问卷是目前国内使用较多的工作分析问卷形式，其特点在于可以全面地、完整地收集信息，适用范围广，其适应性强、灵活高效，能根据不同的组织性质、特征进行个性化的设计。但与结构化问卷相比，非结构化问卷的精度不高，随意性较强。

（二）问卷的构成

问卷一般由封面信、指导语、职位基本信息、问题与答案等内容构成。

(1) 封面信：也叫开场白，包括向被调查者介绍和说明调查者的身份、调查的内容、调查的目的和意义等内容。

(2) 指导语：用来指导被调查者填写问卷的一组说明，是对填表的方法、要求、注意事项等内容的总体解释或说明。

(3) 职位基本信息：任职者目前的基本信息，包括姓名、职位名称、所在部门、学历、工作经历、年龄、薪资水平等。

(4) 问题与答案：这是问卷的主体部分，问题所涉及的内容主要包括职位目的、工作职责、绩效标准、工作联系、组织架构、工作特征、任职资格、所需培训、职位晋升通道等。在设计问卷时首先要考虑其用途，然后根据问卷的用途选择收集适当的信息内容。

问卷的问题一般可分为开放式问题和封闭式问题两类。

开放式问题，是指不为被调查者提供具体答案，而由被调查者自由填答的问题。其优点是被调查者可充分、自由地按自己的方式表达意见，不受限制；缺点是要求被调查者具有较高的知识水平和文字表达能力，问卷填写和信息的归纳整理所花时间和精力都很多，且只能进行定性分析，难以进行定量统计的分析和处理。

封闭式问题，是指在提出问题的同时也给出若干个答案，要求被调查者进行选择回答。其优点是填写方便，对被调查者的文字表达能力没有过高的要求，易于进行定量统计分析；缺点是失去了开放式问题的丰富多样的回答内容。

因此，一般问卷法都是将这两种问题结合起来使用，以封闭式问题为主、以开放式问题为辅。

（三）问卷法的操作流程

一般问卷法的操作流程包括五个环节，依次是问卷设计、问卷试测、样本选择、问卷发放及回收、问卷处理及运用(图 4－1)。

图 4－1　一般问卷法的操作流程

1. 问卷设计

应根据工作分析的目的和用途，设计个性化的调查问卷。问卷设计主要考虑问卷包含的项目、填写难度、填写说明、填写者文字水平、阅读难度、问卷长度等内容。

问卷中问题的设计需要注意以下几个方面。

(1) 在语言及提问方式上，要注意问题的语言尽量简明，语义明确，避免歧义，问题不能带有倾向性，不要用否定形式提问，不要直接询问敏感问题，注意采用不同形式提问，以提高回答者的兴趣。

(2) 在问题的编排上，先易后难，并注意按逻辑顺序加以排列。如按时间先后顺序，或按从外部到内部、从上级到下级等顺序排列。

(3) 问题答案的设计要注意答案的穷尽性和互补性。穷尽性是指答案应包括所有可能的情况；互补性是指答案间不能相互重叠或相互包含，而应相互补充。

(4) 在能达到调查目的的前提下，问题数目越少越好。一般来说，问题回答时间应限制在一般的被调查者 30 分钟以内能顺利完成为宜。

2. 问卷试测

对于设计的问卷初稿，在正式调查前应选取局部工作进行试测，针对试测过程中出现的问题，及时对问卷加以修订和完善，避免正式调查时出现严重的结构性错误。

3. 样本选择

针对某一具体工作进行分析时，若目标工作任职者较少(3 人以下)，则全体任职者均为调查对象,若任职者较多,则应选取适当的调查样本,选取样本时要注意典型性和代表性。出于经济性和操作性的考虑,样本以 3～5 人为宜。

4. 问卷发放及回收

在对问卷填写者进行必要的工作分析辅导培训后,工作分析人员通过组织内部通信渠道或管理者发放工作分析调查问卷。在问卷填写过程中,工作分析人员应及时跟踪相关人员的填写状况,解答填写过程中出现的疑难问题,并组织问卷填写者交流填写心得,统一填写规范。问卷填写完成后,工作分析人员按计划按时回收问卷。

5. 问卷处理及运用

对于回收的问卷,工作分析人员应首先进行分析整理,剔除不合格的问卷或对其重新进行调查;然后将相同职位的问卷进行比较分析,提炼正确信息,应用于编制工作说明书。

(四) 问卷法的优缺点

1. 优点

(1) 经济实用,能在较短时间内获取相关信息。

(2) 员工容易作答,比较主动,有充分的思考时间。

(3) 适用范围广,可用于多种目的、多种用途的工作分析。

(4) 设计简洁、容易回答、清晰规范的问卷有利于事后对结果的处理和分析。

(5) 可在工作之余填写,不影响正常工作。

2. 缺点

(1) 问卷填写人必须经过培训,否则对问题的不同理解可能导致调查结果的偏差。

(2) 不适合对文字理解能力和表达能力较差的人进行问卷调查。

(3) 设计理想的问卷会花费很多时间、人力和物力,技术要求也较高,通常需要专家才能胜任。

(五) 问卷法操作的注意事项

在问卷法的操作使用中,应注意以下几个问题。

(1) 为问卷填写者提供安静的场所和充裕的时间。

(2) 向问卷填写者解释工作分析的目的,说明填写问卷的注意事项与填写规范。

(3) 注意对调查过程进行监控,工作分析人员应随时解答员工填写问卷过程中提出的问题,如果对样本员工的填写有疑问,应立即向样本员工进行提问。

(4) 回收问卷时,仔细检查是否有漏填、误填现象。

(5) 确认问卷填写准确无误后,向问卷填写者致谢。

(6) 对于规模小的组织来说,不必使用标准化的问卷,因为成本较高,可考虑使用定性分析法或开放式问卷。

二、访谈法

访谈法是工作分析常用的方法之一。它是由工作分析人员与有关工作人员本人或主管人员、专家等访谈对象直接交谈，以获得有关工作信息的工作分析方法。访谈法的适用范围很广，它适用于各层各类工作，而且是对高层管理工作进行深度工作分析效果最好的方法。

（一）访谈法的分类

(1) 根据访谈对象的不同，可分为个别员工访谈法、群体访谈法和主管人员访谈法三种。

个别员工访谈法主要适用于各个员工的工作有明显差别，工作分析时间又比较充裕的情况；群体访谈法适用于多个员工从事同样或相近工作的情况；主管人员访谈法是与一个或多个主管面谈的方法，因为他们对分管工作或下属工作非常了解，有助于减少工作分析的时间。实际工作中，通常将三种形式综合运用，以求得更准确全面的信息。

(2) 按照内容结构化程度划分，可分为结构化访谈和非结构化访谈。

结构化访谈一般是事先准备一份访谈问题清单，并将问题排好顺序，严格按访谈提纲和访谈流程与访谈者进行交流的方法。其特点是收集信息比较全面，能对所有访谈者都实行同样内容的访谈，便于分析和比较，但不利于访谈对象进行发散性思考。非结构化访谈则事先无须太多准备，没有固定模式，没有统一的评判标准，可以根据实际情况灵活收集工作信息，所谈问题可以因人而异，往往就一些开放式问题加以讨论。其特点是灵活性强，可以根据实际情况灵活收集工作信息，但在收集信息的完备性方面存在缺陷。在实际运用中，往往将两者相结合，以结构化访谈提纲作为访谈的一般性指导，访谈过程中根据实际情况就某些关键问题进行深入访谈。

（二）访谈的内容

访谈的内容可以是工作分析中所需收集的任何信息。其主要包括工作目标、工作内容、工作性质和范围、工作责任、绩效标准、工作背景、任职资格、工作中遇到的问题、任职者对薪酬与考核等制度的意见和建议等。以下是一份工作分析访谈提纲示例(表 4 - 1)。

表 4 - 1　工作分析访谈提纲示例

1. 请问您目前正在从事什么工作，岗位名称是什么？__________
   您隶属于哪一个部门？__________
   在本部门从事相同工作的岗位共有__________个？
   您的直接上级主管的岗位名称是__________
   您是否有直接的下属(有/无)？如果有，有__________个，它们分别是______________________
   ____

2. 请您用一句话来概括一下您目前的工作在公司中所起到的作用？________________________
____

3. 请您详细地描述一下您工作岗位的各项职责和为完成职责所进行的各项工作活动，包括您所采取的方法、使用的辅助工具或设备等，以及您认为的工作标准（请您尽可能按照活动发生的时间顺序或活动的重要性程度来详细描述）。

主要工作职责	为完成职责所进行的工作活动或任务及时间比例	工作设备或辅助工具	工作标准

4. 为了有效地完成上述工作，在公司内部，您要在哪些方面接受谁的指示？受谁的直接监督？

接受指示或命令的方面	来自谁

5. 您在哪些方面或领域监督别人的工作或对别人发出指示？

发出指示或命令的方面	向 谁

6. 您的日常工作中哪些方面需要与公司内外部发生哪些联系？

联系方面		与 谁
内部		
外部		

续 表

7. 为了完成岗位的工作,您拥有哪些权限?

工作内容	权　限

8. 您的日常工作都是被安排在什么时间内进行的?(正常班/夜班)
工作是否有加班?(是/否)
如果有,加班发生在什么时间? ________所占比例如何? ________
工作是否忙闲不均?(是/否)
如果是,最忙时发生在哪段时间? ________
若有出差,出差时间为________

9. 您是否日常都在(办公室/车间)内工作?
如果不是,那您的工作场所都在什么地方?在这些场所工作的时间大概占多少比例?环境如何(噪声、温度、湿度、照明、污染、辐射、视疲劳、颈疲劳、粉尘、空调、有危险)?有造成职业病的可能吗?
____

10. 您认为承担这项工作需要具备哪些方面的知识?
(1) 专业知识(对工作相关知识、法规、制度的掌握和了解):________________
(2) 基础知识(外语、计算机等):________________

11. 您认为具备哪些能力的人可以承担这项工作?
(1) 心智要求________________
(2) 特殊能力(如领导能力、激励能力、计划能力、人际关系、协调能力、公共关系、分析能力、决策能力、书面表达、口头表达、谈判、演讲、与人沟通与交往、判断、接受指令等)________________
(3) 个人素质(非智力因素,如细心、耐心、有责任感、忠诚等)________________

12. 岗位工作有哪些身体素质和生理方面的要求?有无特殊性别要求?有无特殊年龄要求?
____

13. 岗位工作有哪些学历、资历或经验要求?
(1) 学历　[无　　高中及以下(含中专)　　大专　　本科　　研究生以上]
(2) 专业的特殊要求________________
(3) 资历或经验要求________________
(4) 相关证书或执照________________

14. 您对我们上面所谈的内容还有哪些补充?
____

(三) 访谈法的操作流程

完整的访谈法一般包括五个阶段,即准备阶段、开始阶段、主体阶段、结束阶段和整理阶段(图 4-2)。

图 4-2　工作分析访谈法流程

1. 准备阶段

在准备阶段，需要完成以下工作。

（1）制定访谈计划。访谈计划要明确以下内容：访谈目标、访谈对象、访谈方法（如访谈的结构化程度及访谈的形式）、访谈的时间和地点（时间安排以不打扰任职者正常的工作为宜，地点应选择安静整洁的场所）、访谈所需的材料和设备。

（2）培训访谈人员。需要对访谈人员做以下方面的培训：访谈原则和技巧、访谈计划、访谈的目的和意义、目标职位的相关背景信息的收集。

（3）编制访谈提纲。访谈者应根据访谈目的和现有的资料，编制访谈提纲，以防止在访谈过程中出现严重的信息缺失，确保访谈过程的连贯性。

2. 开始阶段

此阶段的重点任务是帮助被访谈者保持信任的心态。

首先，访谈者可以通过以下途径营造轻松舒适的访谈氛围：采取轻松、随意的方式让被访谈者进行自我介绍；尝试发现被访谈者喜好的话题，从这些话题出发开展访谈；在话题开始时，通过鼓掌和适度赞扬等方式表达对被访谈者的欢迎。

其次，向被访谈者介绍本次访谈的流程和时限，以及对被访谈者的要求，如果在访谈过程中需要使用录音和录像等手段，应向被访谈者事先说明。

再次，重点强调本次工作分析的目的、预期目标、所收集信息的用途，以及本次工作分析相关技术问题的处理方法（尤其是关于标杆岗位和被访谈者的抽取方式）。

最后，向被访谈者说明本次访谈已经征得其上级的同意，并且参与访谈的全部人员将保证访谈内容除了作为工作分析的基础外，将对其他无关人员完全保密。

3. 主体阶段

访谈主体阶段的任务包括以下方面。

（1）寻找访谈切入点。访谈的切入点通常可以是被访谈者所在部门与组织中其他部门的关系、目标工作与部门外的联系或工作环境等。随着访谈的逐步深入，访谈内容应趋于具体和详细，主要询问被访谈者各项工作任务的投入、行动及产出。

（2）询问工作任务。询问被访谈者的工作任务时，先由被访谈者尽可能多地通过描述提供与工作有关的信息。可以采用以下问题启发被访谈者：通常，你每天工作时要做的第一件事是什么？接下来你会做什么？然后呢？你的工作主要由哪些板块构成？各板块分别包含哪些任务及职责？当被访谈者表示无法提供更多信息或所提供信息已经完备时，可以向其提供事先准备的任务清单，与被访谈者就任务清单中所列而前期描述未提及的项目逐条讨论与核对，进一步补充岗位工作任务信息。

（3）询问任务细节。可以运用流程分析的思路，从投入、行动及产出三个角度询问工作任务的细节。

4. 结束阶段

访谈者应该根据访谈计划把握访谈进程，若需要超过计划时间，应及时与被访谈者及其上司沟通，征得其同意。

在访谈结束阶段，访谈者应该就如下问题与被访谈者再次沟通：

(1) 允许被访谈者提问；

(2) 追问细节，并与被访谈者确认信息的真实性和完整性；

(3) 重申工作分析的目的与访谈收集信息的用途；

(4) 如果以后需要继续访谈，应告知下次访谈的内容；

(5) 感谢被访谈者的合作与帮助。

5. 整理阶段

访谈结束后，访谈者应及时整理访谈记录，为下一步信息分析提供条理清晰的信息记录。

（四）访谈法的优缺点

1. 优点

(1) 可以对员工的工作态度与工作动机等较深层次的内容有比较详细的了解。

(2) 有助于与员工进行沟通，能了解员工的各种需求及满意度，缓解工作压力，还可以发现管理中存在的一些隐性问题。

(3) 工作分析人员能对所提出的问题进行及时的解释和引导，避免因双方对书面语言理解的差异而导致信息在传递过程中失真。

(4) 工作分析人员能及时对所获得的信息与员工进行沟通和确认，极大地提高了工作分析的效率。

2. 缺点

(1) 比较费时，会占用员工的正常工作时间。

(2) 员工在面谈中有故意夸大其工作任务和重要性的可能，导致所收集的信息失真或存在偏差。

(3) 有效的访谈需要专门的技巧，需要由受过专门训练的工作分析人员来进行。

（五）访谈法操作的注意事项

为了保证访谈的信度和效度，访谈常常依据一张结构合理、较标准化的访谈提纲来进行。通常，工作分析人员都熟练掌握访谈技巧或者都在访谈前受过全面、深入、有计划的访谈技巧训练，掌握访谈准则。访谈法很少作为单独使用的工作分析方法，它往往与问卷法结合起来使用。一般来说，运用访谈法进行工作分析要注意以下事项。

(1) 事先征求被访谈者直接上级的意见，以得到他们的支持。

(2) 向被访谈者说明此次工作分析的意义，消除他们的疑虑。

(3) 工作分析人员按照访谈提纲的顺序，由浅入深地进行提问，重要的问题先问，次要的问题后问。敏感的问题最好不要一见面就问，应让对方有充足的时间考虑以从容回答，最后还可请对方对问题进行补充。

(4) 工作分析人员要善于控制整个谈话局面，可以适当倾听被访谈者的烦恼(包括对工作与主管的抱怨)，不要与被访谈者争论，更不要偏离访谈的中心内容，应尽量避免发表个人观点和看法。

(5) 鼓励被访谈者真实客观地回答问题，并在不影响被访谈者谈话的前提下做好访谈记录。

(6) 工作分析人员的语言表达要清楚，含义要准确，所提问题需清晰、明了，不能太含蓄，并且应避免使用生僻的专业词汇。

(7) 在访谈结束时，让被访谈者查看访谈记录，并确认信息准确无误。

(8) 将所获信息交由被访谈者的直接上级核对，收到其反馈后进行修改和补充。

三、工作日志法

工作日志法，也称工作日记法，是让任职者在一段时间内以工作日记或工作笔记的形式，将其日常工作中从事的每一项活动按照时间顺序记录下来，以此收集工作分析所需信息的方法。工作日志法主要适用于收集有关工作职责、工作内容、工作关系及劳动强度等方面的原始工作信息，为其他工作分析方法提供信息支持，特别是在缺乏工作文献时，工作日志法的优势会显得尤为突出。但它的使用范围较小，对于分析周期较短、工作状态稳定的工作比较经济有效。

(一) 工作日志的设计

一份工作日志通常包括工作日志基本信息、工作日志填写说明和工作日志填写表格三个部分。

1. 工作日志基本信息

工作日志基本信息主要包括任职者的姓名、岗位名称、所属部门、从事本工作的工龄、联系方式等。

2. 工作日志填写说明

在填写工作日志表格之前，通过适当的方式对填写者进行培训，规范工作日志填写方法，将会大大提高工作日志法收集信息的质量。因此，在填写工作日志表格前，再次明确工作日志填写说明，会达到增加信息规范程度、减少分析阶段工作量的目的，从某种意义上来说，还可以打消填写者对工作分析的疑虑。因此，工作日志填写说明一般包括两部分内容：一是解释并再次强调通过工作日志收集信息的目的；二是明确填写的时间、方法、注意事项、填写样本等。

3. 工作日志填写表格

工作日志填写表格主要包括以下内容。

(1) 编号：记录工作活动的顺序。

(2) 活动名称：工作活动的高度概括，通常为2～4字。

(3) 活动内容：活动方式和活动对象。活动方式是采用动词，准确地描述如何完成该活动；活动对象是工作活动的客体，即活动加工的对象。

(4) 活动结果：工作活动带来的直接成果。

(5) 频次：在此段时间内重复出现的次数。

(6) 活动时间：工作活动发生的起止时间或持续时间。

(7) 活动地点：工作活动发生的地点及地点转移。

(8) 工作联系：与部门其他人员、其他部门人员、外部人员发生的工作联系的内容及对方的身份(组织、部门、职位)。

(9) 性质：常规性或临时性，区分常规工作活动与临时性、偶尔发生的工作活动。

(10) 重要性程度：可以采用3等级尺度，依次为很重要、重要、一般。

表4-2是一份工作日志示例。

表4-2　工作日志示例

工作日志

首先，感谢您在繁忙的工作中抽出时间配合本次工作分析，本次工作分析的主要目的是确定此岗位任职者的培训需求。您填写的工作日志将有助于我们全面界定所在岗位的主要职责。

在接下来的一个月里，请您如实、及时并全面地填写工作信息，在填写过程中，请您注意以下几点。

(1) 请在每天工作开始前将工作日志放在手边，按工作活动发生的顺序及时填写，切忌在一天工作结束后一并填写。

(2) 要严格按照表格要求进行填写，不要遗漏那些细小的工作活动，以保证信息的完整性。

(3) 请提供真实的信息，以免损害您的利益。

(4) 请注意保留，防止遗失。

(5) 请于________年____月____日前将填写的工作日志交至公司人力资源部×××。

当您在填写过程中遇到困难或问题时，请及时与我们联系，电话××××××××。

再次感谢您的真诚合作！

××公司工作分析项目组

一、工作日志基本信息

姓名：

年龄：

岗位名称：

所属部门：

直接上级：

本岗位任职工龄：

填写日期：自________月________日至________月________日

二、工作日志填写表

________年____月____日

工作开始时间：________

工作结束时间：________

续 表

序号	工作活动名称	工作活动内容	工作活动结果	工作活动起止时间	工作地点	工作联系	工作性质	备注
1								
2								
3								
……								

填表人签字：______________

审　核　人：______________

（二）工作日志法操作流程

采用工作日志法进行工作分析方便简捷，易于操作。其操作流程可分为三个阶段。

1. 准备阶段

(1) 由工作分析人员设计出详细的工作日志表。

(2) 确定工作日志的填写对象。如果目标职位任职者较多，应选择其中工作认真、配合度高的员工作为填写对象。

(3) 培训相关人员。在选定填写对象以后，应该对其进行相关培训，向他们说明工作分析的目的、操作流程、工作日志填写方法、注意事项，以及最终的影响等，以消除其抵制心理。

(4) 确定工作日志填写的时间范围。工作日志填写的时间跨度可为一周、十天或一个月，记录时间的长短取决于职位特点和所需信息。对于能划分完整工作周期的职位，在可能的情况下，可选取其一个工作周期作为填写工作日志的总体时间跨度。

2. 工作日志填写阶段

在这一阶段，将工作日志发放给任职者，让他们按照要求认真填写工作内容与工作过程信息，并通过中期讲解、阶段成果分析、工作分析交流会等方式进行过程监控，督促被调查对象保质保量地填写工作日志。表 4－3 是一份工作日志填写示例。

3. 信息分析整理阶段

收回工作日志，由任职者的直接主管检查、修正记录，再由工作分析专家对信息进行分析与整理。通过工作日志法收集到的信息量是相当大的，在分析整理阶段需要专业的工作分析人员对这些信息进行统计、分类和提炼，以形成较为完整的工作框架。工作分析日志信息整理应包括以下内容。

(1) 提炼工作活动。这是整理工作日志的首要任务。根据各项活动不同的完成方式，采用标准的动词形式，将其划分为大致的活动板块，如起草文件、办理手续、编制报表等，然后按照各板块内部工作客体的不同对工作任务加以细化归类，形成对各项活动的大致描述。

表 4-3 工作日志填写示例

×××公司工作日志填写表

填写日期________年____月____日　　星期________　　时间 8:00—12:00

所在部门______________　　岗位名称 财务主管

任职者姓名______________

编号	工作名称	活动内容	对　象	数量	活动时间	活动地点	工作联系	性质
1	借款	办理借出业务费手续	市场部××人	1次	8:00～8:15	办公室	市场部	常规
2	电话	洽谈××公司结算事宜	××公司	1次	8:20～8:25	办公室	××公司	常规
3	报表	审阅会计报表		1页	8:30～9:10	办公室		常规
4	报表	编制集体费用执行报表		1页	9:10～9:30	办公室		常规
5	讨论	预算(工资、福利费、业绩奖)	部门内部人员	3次	9:30～9:50	办公室	本部门	常规
……								
14	讨论	讨论培训费用问题	人力资源部培训专员	1次	10:35～11:10	办公室	人力资源部	临时
15	传真	发布召开信用委员会会议通知	信用委员会成员	1次	11:15～11:25	办公室	信用委员会	临时
16	撰文	驻外汽车驾驶员工资规定		1次	11:25～12:00	办公室		常规

(2) 工作职责描述。在确定工作活动后，根据工作日志内容尤其是工作活动中的“动词”确定目标职位在工作活动中扮演的角色，结合工作对象、工作结果、重要性评价形成任职者在各项工作活动的职责。

(3) 工作任务性质描述。区分工作活动的常规性和临时性，对于临时性的工作活动应在工作描述中加以说明。

(4) 工作联系。将相同的工作联系客体归类，按照联系频率和重要性加以区分，在工作说明书的相应项目下填写。

(5) 工作地点描述。对工作地点进行统计分类，按照出现频率进行排列，对于特殊工作地点应详细说明。

(6) 工作时间描述。可采用相应的统计制图软件，做出目标职位“时间-任务”序列图表，确定工作时间的性质。

表 4-4 是工作日志信息统计汇总示例。

表 4-4　工作日志信息统计汇总示例

工作内容	工　作　职　责	临时频率	常规频率
1. 办理结款	处理各个分公司申请结款事宜		6
2. 整理制作	汇总分公司报表，填写报表，汇总资料，归整、分类、存档(非数据)财务材料等		8
3. 确定薪酬	确定本科室员工的工资		2
4. 结算	与各分公司结算业务费		6
5. 处理费用	处理在职、离职人员费用及其他各类费用		7
6. 起草文件	起草并修订公司财务方面的各类文件	2	6
……			
18. 监督审核	监督审核分公司业务、总公司资金往来		6

注：本表是某公司财务主管 3 天内工作日志的统计结果。

（三）工作日志法的优缺点

1. 优点

(1) 获取信息的可靠性比较高，适用于确定有关工作职责、工作内容、劳动强度等方面的信息，所需费用也比较低。

(2) 能在较长时间内记录和收集工作的相关信息，如果员工认真配合，能收集到较为全面的工作信息，不容易遗漏工作细节。

2. 缺点

(1) 将注意力集中于活动过程，而忽视了结果。

(2) 适用范围小，不适用于工作循环周期长、技术含量高的专业性工作。

(3) 信息处理量大，归纳工作较烦琐。

(4) 工作执行者在填写时，出于某种目的和原因可能会夸大或隐藏某些活动和行为，也会由于不认真而遗漏很多工作内容，甚至是编造工作活动。

(5) 在一定程度上会影响和干扰员工的正常工作。

（四）工作日志法操作的注意事项

工作日志法在使用过程中应注意以下问题。

(1) 工作日志法获取的信息单向来源于任职者，这就容易造成信息缺失、理解误差等问题，因此在实际操作过程中，工作分析人员应采取措施加强与任职者的沟通与交流，以削弱信息交流的单向性，如事前培训、过程指导、中期辅导等，还可通过任职者的上级主管来进行必要的检查和校正。

(2) 为减少后期分析的难度，应按照后期分析整理信息的要求，设计结构化程度较高的表格，以减少任职者填写过程中可能出现的偏差和不规范之处。

(3) 在工作分析中，工作日志法常与其他方法相结合使用，较少作为唯一的信息收集方法。在实际工作中，许多工作分析专家以组织既有的工作日志作为拟订问卷、计划访谈的参考资料来源。

四、观察法

观察法是指工作分析人员直接到工作现场运用感觉器官或其他工具，观察员工的实际工作情况，用文字或图表形式记录，以收集工作信息的一种工作分析方法。观察法是一种传统的工作分析方法，多用于了解工作活动所需的外在行为表现、体力要求、工作条件、工作的危险性或所使用的工具及设备等方面信息。此外，由于许多工作职位的职责不容易被观察到或没有完整的工作周期，单独使用观察法难以获得全面的信息，因此，观察法主要适用于大量的、周期性、重复性较强的工作。如果用于复杂性较强的工作，则最好与其他的方法结合使用。

（一）观察法的分类

(1) 根据观察时间是否具有连贯性，观察法可分为连续性观察法和非连续性观察法。

连续性观察法是在某段时间内不间断地观察，以获取岗位信息的方法。非连续性观察法一般是定期或阶段性观察的方法。

(2) 根据对观察对象控制性强弱或观察提纲的详细程度，观察法可分为结构性观察法和非结构性观察法。

结构性观察法，需要在现有理论模型和对与职位相关的资料进行分析整理的基础上，针对目标职位的特点开发个性化的观察分析提纲，详细规范和严密掌控观察分析的全过程。结构化观察法具有规范、连贯、可信度高的优点，但也存在着僵化、信息缺失等缺点。非结构化观察法，只需根据观察的目标定位所要收集的信息进行观察，方式灵活。其优点是灵活、信息收集面广，缺点是指导性差、分析整理难度大。在实际操作过程中，经常综合使用两种方法，在两者之间寻找恰当的平衡点，既避免观察的盲目性又保证观察的灵活性。

(3) 根据观察的目的，观察法可分为描述性观察法和验证性观察法。

描述性观察法的目的是对任职者的个体或群体工作活动、行为和环境等进行客观描述，因此需要收集全面完整的信息，为后续编制调查问卷、访谈提纲、工作说明书提供信息支撑,必须针对个体、小组、团队、组织四个层面展开全面的观察。验证性观察法仅是通过观察来验证通过其他方法所收集信息的真伪,对信息进行加工修订,因此只对需要验证信息所涉及的客体进行观察即可。

(二) 观察法的操作流程

观察法的操作流程一般包括以下五个阶段。

1. 准备阶段

本阶段主要有以下任务。

(1) 收集现有文件资料(组织结构图、员工手册、原有的工作说明书等),对工作形成总体的概念(工作目标、工作任务、工作流程等)。

(2) 根据工作分析的目的,拟订观察提纲,作为观察的依据(示例见表 4-5)。对于事先所得的模糊但很重要的信息,应在观察提纲中做好注释,以备正式观察时特别注意。

表 4-5　工作分析观察提纲(部分)

被观察者姓名:	被观察者职位:
观察者姓名:	观察时间:
工作类型:	直接主管:
观察内容:	
1. 什么时候开始正式工作?	
2. 上午工作多少小时?	
3. 上午休息几次?	
4. 第一次休息时间从几时几分到几时几分?	
5. 第二次休息时间从几时几分到几时几分?	
6. 上午完成多少件产品?	
7. 平均多长时间完成一件产品?	
8. 与同事交谈约多长时间?	
9. 每次交谈约多长时间?	
10. 室内温度多少摄氏度?	
11. 上午是否有抽烟? 如果有,抽了几支香烟?	
12. 上午喝了几次水?	
13. 午休从几时几分到几时几分?	
14. 产出多少次品?	
15. 搬了多少次原材料?	
16. 工作地的噪声是多少分贝?	

(3) 选择具有代表性的观察对象并进行相应培训。根据观察法的目的,我们应从目标职位任职者中选择合适的观察对象,并对其进行相关的培训,向他们说明工作分析的目的、操作流程,以及最终的影响等,消除其戒备心理。

(4) 选择合适的观察方法。根据观察的目的,决定采用描述性观察法还是验证性观察法、结构化观察法还是非结构化观察法。

(5) 确定观察时间与地点。为保证观察所得信息的真实性,工作分析人员应选择典型、常规的工作时间和地点进行观察。如需获得全面准确的岗位信息，应选择不同的员工在不同的时间内进行观察，还需结合工作周期来选择观察时间。

(6) 准备设备工具。为便于信息的记录和整理，观察前需准备一些辅助观察设备，如录音笔、摄像机等。在对观察对象进行录音、录像之前，应事先告知其观察目的和方式，避免产生各种负面影响。

2. 观察阶段

这个阶段是整个工作流程中的一个重要环节，它直接影响工作信息收集的准确性与全面性，必须获得相关部门主管的协助和支持。主要应做好以下几个方面的工作。

(1) 相互沟通，建立信任关系。为了增加任职者的安全感，使其积极主动地配合观察工作，观察人员应作出尊重隐私权、保证匿名性的承诺，同时给予拒绝参与权和结果知情权，切忌进行"暗中观察"。否则会降低组织成员对组织的信任感，可能会导致工作分析的失败。

(2) 正式观察前应简要、适度地介绍观察的目的，减少任职者的顾虑。

(3) 进入现场进行设备安装应避开任职者，以免对其造成压力。

(4) 认真观察，防止边看边问。观察者要严格遵守观察的流程要求，本着认真严肃的态度，完成对目标职位每个环节的观察，不要边看边问，以免影响任职者正常的工作状态。注意做到距离适中、适时交流、及时反馈。

(5) 以标准格式记录所观察到的结果(重要的工作内容与形式等)。

3. 面谈阶段

由于观察法自身的局限性，一般情况下，为确保所收集的工作信息的准确性，都会在观察结束后再进行简要的面谈。首先要请任职者对观察所获信息进行确认或补充，然后再与该任职者的直接主管面谈，以了解工作的整体情况。

4. 合并信息阶段

在观察和面谈的基础上，汇总工作信息。这个阶段有以下主要任务。

(1) 结合所列提纲，明确任务，保证每一项都已得到回答或确认。

(2) 合并从各个方面获得的信息，形成一个综合的工作描述。

(3) 工作分析人员应注意根据情况变化随时补充资料。

5. 反馈核实阶段

这一阶段有以下主要任务。

(1) 工作分析人员认真检查整个工作描述，并在遗漏或含糊的地方做标记。

(2) 把所得的工作描述分发给任职者及其主管，以小组形式进行对信息进行检查核实并反馈。

(3) 根据反馈意见修改工作描述，并召集所有参与对象，共同核定工作描述相关信息，以使其完整、准确。

（三）观察法的优缺点

1. 优点

(1) 采用观察法可以更为直接、全面地了解工作过程，还可以获得一些隐含的信息，所获得的信息比较客观和准确，能够为工作分析提供可靠的依据。

(2) 适用于体力劳动者和事务性工作者的工作，如搬运工、操作员、文秘、银行的柜台操作人员等。

2. 缺点

(1) 工作分析人员的旁观可能给任职者造成压力，影响其正常的工作程序和工作方法。

(2) 不易观察到一些突发事件。

(3) 不适用于工作周期长或主要是脑力劳动的工作岗位（如设计师、律师、管理者），也不适用于处理紧急情况的间歇性工作（如急救病房待命的护士）。

(4) 难以得到有关任职者资格要求的信息。

(5) 如果想通过观察法获得完整的工作信息，则需要进行至少一个工作周期的观察，因此所需时间较长。

（四）观察法操作的注意事项

观察法主要依赖工作分析者的观察，因此或多或少会带有一些主观判断。为使观察法所收集的工作信息准确、全面，在操作时应注意以下事项。

(1) 作为观察者的工作分析人员要有足够的实际操作经验。

(2) 观察前要对观察的工作大量了解，并事先准备好详细的观察提纲和行为标准，以便随时填写观察记录。

(3) 要避免机械记录，应反映工作相关内容，并对所获信息进行比较和提炼。

(4) 观察的工作应相对静止，即在一段时间内，工作内容、工作程序、对工作人员的要求不会发生明显的变化。

(5) 适用于标准化的、周期短的、以体力活动为主的工作，不适用于以智力活动为主的工作。

(6) 观察人员尽可能不要引起任职者的注意，至少不应干扰任职者的工作。

(7) 要尽量多观察几名任职者，并要注意工作行为样本的代表性。

(8) 要与其他工作分析方法结合使用。

五、资料分析法

资料分析法是一种经济有效的信息收集方法。它是指通过查阅、参考、系统分析现存的与工作相关的文献资料来获取工作信息的一种工作分析方法。为了降低工作分析的成本,应当尽量利用现有的资料,但这种方法是对现有资料的分析提炼和总结加工,无法弥补原有资料的缺失,也无法验证原有描述的真伪,因此,资料分析法一般用于收集工作的原始信息,编制任务清单初稿,通常由资料分析法所得的信息都需通过其他方法进一步验证。

(一) 资料分析法的操作流程

(1) 确定工作分析对象,即要针对什么样的职位进行分析。

(2) 选择可获得资料的渠道,可来自组织,也可来自个人,如员工、部门主管、企业高层领导等。

(3) 收集组织内部和外部的可利用的原始资料。来自组织内部的资料包括组织结构图、岗位责任制文本文件、现有的工作说明书、业务流程图、员工手册、组织管理制度等。另外,还可通过作业统计,如对每个生产工人出勤、产量、质量、消耗情况的统计,对工人的工作内容、负荷有更深的了解,它是建立工作标准的重要依据。来自组织外部的资料一般是通过对外部类似组织相关工作分析结果或原始信息分析提炼所得,也可以是《职业大辞典》之类的工具书。通过这些资料,对每个工作的任务、责任、权力、任职资格等有一个大致的了解。

(4) 从所获资料中筛选出与所分析工作相关的信息,并对这些相关信息进行整理分析。进行文献资料的整理分析时,主要需收集并分析如下内容:① 各项工作活动、任务及其工作细节,重点是各项活动、任务的主动词,对于动作出现的先后可用序号加以区分;② 资料分析中遇到的问题;③ 引用的其他需要查阅的文献资料;④ 知识、技能、能力要求;⑤ 特殊环境要求(如工作危险、警告等);⑥ 工作中使用的设备;⑦ 绩效标准;⑧ 工作成果。

(5) 描述这些信息,作为下一步工作分析的参考。

(二) 资料分析法的优缺点

1. 优点

(1) 分析成本低,工作效率较高。

(2) 能够为进一步工作分析提供基础资料和基本信息。

2. 缺点

(1) 一般收集到的信息不够全面,尤其是对于小型企业或管理落后的企业,往往无法收集到有效、及时、全面的信息。

(2) 一般不能单独采用,而是要与其他工作分析方法结合使用。

(三) 资料分析法操作的注意事项

(1) 对于用资料分析法所获取的信息应采取批判吸收的态度,切忌先入为主,要对所获信息进行核实验证。

(2) 研究资料时,应按既定的标准记录信息,切忌走马观花,流于形式。

(3) 适度运用文献资料中获得的信息,不能不加核实、不加分析地全盘照搬,使其中错误的、多余的信息影响工作分析的结果。

六、主题专家会议法

主题专家会议法是指将组织内部和外部的熟悉目标职位的人员召集起来,就目标职位的相关信息展开讨论,以收集、验证信息或确认工作分析结果的一种工作分析方法。主题专家(subject matter experts, SMEs)的成员可以是组织内部成员,包括任职者、直接上级、曾任职者、内部客户、其他熟悉目标职位的人;也可以是组织外部成员,包括咨询专家、外部客户和其他组织标杆职位任职者。

主题专家会议法是当前在国内运用较广泛有效的工作分析方法之一,它在工作分析中主要用于建立培训开发规划、评价工作描述、讨论任职者的绩效水平、分析工作任务,以及进行工作设计等。

(一) 主题专家会议法的流程

主题专家会议法主要包括会议筹备和会议实施两个阶段。主题专家会议的目的不同,实施的具体操作流程和内容安排就不同。因此,这里仅介绍会议筹备阶段需做好的几项主要工作。

1. 确定会议主持人

选择一名称职的会议主持人对于保证会议的顺利进行有着重要的意义。主题专家会议的主持人应具有较强的表达能力、协调能力及控制整个会议进程的能力。在主题专家会议中,如果会议主持人的参与程度较低,仅承担后勤工作,则不必具备相关职位的知识;而如果会议主持人的参与程度较高,则应充分了解职位的相关信息,同时对会议将要使用的各种资料理解透彻,以便更好地推动会议的进程,达到预期效果。这种情况下,会议主持人最好是组织中与目标职位相关的中层主管人员,当然人力资源部的工作分析专业人士还需对其进行专业指导和培训。会议主持人的主要职责包括:召集会议、调节进程、提出议题、决议、提供资料、调研复核和反馈。

2. 选择主题专家

为了保证在充分收集信息的前提下,提高会议效率,会议的规模一般控制在5~8人为宜。通常根据会议的主要目的确定与会专家,如果进行会议的主要目的是工作设计,则参加会议的主题专家主要应为目标职位的上级、咨询专家、外部客户、其他组织标杆职位的任职者等;如果进行会议的主要目的是确定任职资格,则与会专家主要是其上级、任职者、外部专家等。

3. 准备会议相关材料和设施

为了使会议更加具有针对性,提高会议效率,会议主持人应事先准备好相关书面材料或其他媒体材料,如需要确认的工作分析初稿、问卷、访谈提纲等。

4. 会议组织与安排

这一阶段的主要工作是进行会场安排布置及做好与会议相关的后勤准备工作,提前通知与会者,并协助其准备好会议所需的相关文件资料。

(二) 主题专家会议法的优缺点

1. 优点

(1) 具备多方沟通协调的功能,有利于工作分析结果最大限度地得到组织的认同及后期的推广运用,可以运用于工作分析的各个环节。

(2) 操作简单,适合各类组织应用,尤其是对于发展变化较快或工作职责还未定型的组织,其优势更为突出。

2. 缺点

(1) 结构化程度低,缺乏客观性。

(2) 受到与会专家的知识水平及其相关工作背景的制约。

(三) 主题专家会议法操作的注意事项

(1) 主题专家会议法的首要特点就是集思广益,因此会议主持人要注意营造会场平等、互信的气氛。

(2) 主题专家会议的组织者应在会议之前进行周密的计划安排,提供相关信息,协调与会人员的时间,做好会议后勤保障工作。

(3) 主题专家会议应有专人记录,以备查询。

(4) 对于主题专家会议未形成决议的事项,应在会后由专人负责办理,然后将结果反馈给与会人员。

第二节　系统性工作分析方法

一、系统性工作分析方法的种类

运用通用工作分析方法所得的信息以叙述性的居多,容易产生主观性偏差。相比之下,系统性工作分析方法更为客观。系统性工作分析方法是指从实施、问卷量表使用、结果表达运用等方面都体现高度结构化的特征,通过量化的方式刻画工作性质、工作特征的工作分析方法。根据工作分析所侧重的对象,系统性工作分析方法又可分为人员倾向性的系统工作分析方法和工作倾向性的系统工作分析方法。

人员倾向性的系统工作分析方法是从任职者行为的角度描述工作,侧重于任职者在履行工作职责时所需的知识、技术、能力及其他行为特征的工作分析系统方法。在实践中运用较多的人员倾向性的系统工作分析方法主要有工作元素分析法(job element analysis)、职位分析问卷法(position analysis questionnaire, PAQ)、能力需求量表法(ability requirement scales)、基础特质分析系统(threshold traits analysis)、工作诊断调查法(job diagnostic survey)、工作分析清单法(job components inventory)。

工作倾向性的系统工作分析方法是指从工作角度出发,侧重描述完成其组成元素,即工作任务所需的活动、绩效标准及相关任职条件等的工作分析系统方法,该方法的关注点是准确详尽地描述履行工作任务的前期投入、中期过程和后期产出。在实践中主要有以下几种工作倾向性的系统工作分析方法:职能工作分析法(functional job analysis, FJA)、关键事件法(critical incident technique, CIT)、管理职位描述问卷法(management position description questionnaire, MPDQ)、工作-任务清单法(job-task inventory analysis)、管理及专业职位功能清单法(managerial and professional job function inventory)。

本节将介绍职位分析问卷法、管理职位描述问卷法、职能工作分析法和关键事件法。

二、职位分析问卷法

PAQ是一种通过标准化、结构化的问卷形式来收集工作信息的基于计算机的、以人为中心的、定量化的工作分析方法。它是美国普渡大学(Pudue University)的麦克米克等花费10年时间于1972年开发出来的,经过多年实践的验证和修正,PAQ已成为使用较为广泛并有相当信度的工作分析方法。PAQ可以应用到人力资源管理的多个领域,但在不同领域中表现出不同的价值和效果。实践证明,PAQ在确定任职资格、人员甄选和工作评价三方面的应用效果最为突出。

(一)职位分析问卷的构成

PAQ的问卷包括194个项目,其中187项被用来分析完成工作过程中员工活动的特征(工作元素),另外7项涉及薪资问题。这些问题代表了从各种不同的工作中概括出来的各种工作行为、工作条件及工作本身的特点。由于这些工作元素具有普遍性,因此PAQ的问卷可以用于分析商业、工业企业及公共部门中的各类岗位。

PAQ的问卷的工作元素与问题共分为六个类别:信息输入、思考过程、工作产出、人际关系、工作环境、其他特征(表4-6)。

表 4-6 PAQ 的问卷的工作元素与问题分类

类 别	内 容	举 例	工作元素数目
信息输入	员工在工作中从何得到信息？如何得到？	使用各种已有的信息来源	35
思考过程	工作中如何推理、决策？信息如何处理？	解决问题的推理难度	14
工作产出	工作需要哪些体能活动？需要哪些工具、仪器、设备？	使用键盘式仪器、装配线	49
人际关系	工作中与哪些人员有联系？	指导他人或与公众、顾客接触	36
工作环境	工作中物理环境与社会环境是什么？	是否在高温环境或与内部其他人员冲突的环境下工作	19
其他特征	与工作相关的其他的活动、条件或特征是什么？	工作时间安排、报酬方法、职务要求	41

（二）职位分析问卷法的操作流程

PAQ 的操作流程包含以下七个步骤。

1. 明确工作分析的目的

工作分析本身并不是目的，应用工作分析结果更好地实现某些人力资源管理职能才是工作分析的最终目的。工作分析的目的可以是建立甄选或晋升标准、确定培训需求、确定绩效评价标准或职业生涯规划等，也可以是同时达到以上多种目的。

2. 获取组织支持

首先要明确组织文化，针对不同的文化选择不同的信息收集方式。其次要确定工作分析的开展方式，明确是从高级职位往下开展还是从低级职位往上推进。最后要制定具体方案并交管理者审阅，获得管理层的重视与支持。

3. 确定信息收集的范围与方式

工作分析信息收集的范围与方式主要有以下两种典型的方式。

(1) 工作分析专业人员填写职位分析问卷、任职人员或直接主管提供工作信息的方式。

(2) 任职人员直接填写职位分析问卷的方式。

实践中可以根据组织的实际情况选择相应的信息收集范围和方式，不同的方式在很大程度上直接决定了获取信息的具体方法，也决定了所需接受的培训程度不同。

4. 培训工作分析人员

工作分析人员培训的内容包括：熟悉工作分析本身(目的、意义、方法)，掌握职位分析问卷的内容、操作步骤，以及收集数据的技巧。

5. 与员工进行项目沟通

需要传递给员工的基本信息包括：工作分析的目的、时间计划及数据收集方式等。

6. 收集信息并编码

在确定信息策略、培训工作分析人员，以及与员工进行必要的沟通之后，便进入了实际的信息收集阶段。收集信息的具体方法主要有访谈法、观察法和直接填写问卷法。如果采用工作分析专业人员填写职位分析问卷、任职人员或直接主管提供工作信息的方式，那么收集方法可以是访谈法或观察法，也可以将两者相结合。实施访谈法时一般由工作分析小组根据职位分析问卷的结构及被分析工作的实际情况等设计访谈表格，利用表格实施结构化访谈，然后按照讨论决定的标准将访谈结果直接对应到职位分析问卷的各项目中。采用观察法时，工作分析员可以直接观察工作场所，以及任职人员执行一项或者多项工作任务的过程。如果由工作任职人员直接填写职位分析问卷，则必须对任职人员进行专门的培训后再实施。

7. 分析工作分析结果

在所有被分析岗位的职位分析问卷填写完毕后，不但可以明确各工作对人员的任职资格要求，而且可以根据需要进行其他分析。对此，由于 PAQ 所收集的是经验性资料，所以一系列广泛的分析都是可以实现的，包括从简单的制表到更复杂的分析。例如，几项研究表明，PAQ 测定了 32 项具体的、13 项总体的工作维度，可以对任何一项工作进行评分。经过评分，工作内容的概况就可以建立起来并用于描述所分析职位的特征。因此，PAQ 使得通过应用工作维度评分定量化地描述某一职位成为可能。这些维度评分能够用于对职位所需的员工任职资格进行直接评估，甚至开发和挑选出用于评价这些重要员工任职资格的测试和其他甄选技术。

（三）职位分析问卷法的应用

1. 对各项工作元素进行评分

在应用 PAQ 时，工作分析人员要依据以下 6 个计分标准对每项工作要素进行衡量，给出主观评分。

(1) 使用程度(U)——员工使用该项目的程度。

(2) 重要程度(I)——问题所细分出来的活动对于执行工作的重要性。

(3) 所需时间(T)——做事情所需要花费的时间比例。

(4) 适用性(A)——某个项目是否可应用于该职位。

(5) 发生的概率(P)——工作中身体遭受伤害的可能性程度。

(6) 特殊计分(S)——用于职位分析问卷中特别项目的专用等级量表。

在职位分析问卷中，每个职位因素前都标有代码，表示相应的衡量标准。核查每项因素时，都应对照这一因素细分的各项要求，按照职位分析问卷给出的计分标准，确定该职位在职位要素上的得分。如表 4 - 7 所示，以书面资料为例，工作分析人员认为书面资料在该工作中扮演了较重要的角色，因此确定该项得分为 4。

表 4-7　职位分析问卷使用示例(部分)

使用程度：N——不使用;1——极少;2——较少;3——中等;4——较重要;5——极重要 1. 信息输入 1.1. 工作信息来源(请根据任职者使用的程度,审核下列项目中各种来源的资料) 1.1.1 工作信息的可见来源 1. _4_ 书面资料(书籍、报告、文章、说明书等); 2. _2_ 量化资料(所有涉及数量或金额的资源,如账目、规格、数字表格等); 3. _1_ 图片资源(图片或类似图片的、可作为信息源的资源,如草图、蓝图、图表、地图、描绘图、照片、X光照片、电视画面等); 4. _1_ 模式/相关的工具(如模板、钢板、模型等); 5. _2_ 陈列物(计量表、速度计、钟表、划线工具等); 6. _5_ 测量器具(尺、天平、温度计、量杯等); 7. _4_ 机械器具(工具、机械、设备等); 8. _3_ 使用中的物料(工作中、修理中和使用中的零件、材料和物体等); 9. _4_ 尚未使用的物料(未经过处理的零件、材料和物体等); 10. _3_ 大自然特色(风景、田野、地质样品、植物等); 11. _2_ 人为环境特色(建筑物、水库、公路、桥梁、船坞、铁道及其他人工或刻意改造的室内外设施,但不包括第7项所述的设备和机械)。

2. 结果处理与应用

将对各个工作元素的评价结果输入计算机程序,形成一份报告,得出某种工作在各个维度上的得分情况。职位分析问卷能用5个维度去衡量各项工作的等级,这5个基本维度包括：① 决策、沟通能力;② 执行技术性工作的能力;③ 身体灵活性与体力活动;④ 操作设备与器具的能力;⑤ 处理资料的能力及相关的条件。

在计算各项工作元素得分的平均值或中位数的基础上,工作分析人员可以根据这5个基本维度得出该项工作的量化分值。如表4-7所示,以工作信息的可见来源为例,该岗位得分较高(≥4)的工作元素有书面资料、测量器具、机械器具、尚未使用的物料,这表明使用或处理器具、资料等而获得信息的能力对于该岗位而言较重要或很重要,分析人员据此可将其作为该岗位的任职资格之一,并确定该岗位在处理资料能力方面的量化分值。

通过确定各项工作在以上5个维度上的量化分值,不仅可以为确定各岗位的任职资格条件和员工甄选标准提供参考,而且可以实现工作与工作之间的相互比较,以及划分工作的等级,也就是说,职位分析问卷可以利用这5个维度对每一项工作进行分析并得出量化的分数,以体现工作难度的差异。于是管理者就可以运用职位分析问卷所给出的结果对工作进行对比,以确定哪一种工作更富有挑战性,然后依据这一信息来确定每一种工作的奖金或工资等级。

(四) 职位分析问卷法的优缺点

1. 优点

(1) 同时考虑了员工与工作两个变量因素,并将各种工作所需要的基础技能与基础行为以标准化的方式罗列出来,从而为人事调查、薪酬标准制定等提供依据。

(2) 大多数工作皆可从5个基本维度加以衡量描绘,因此职位分析问卷法可将工作分为不同的等级。

(3) 由于职位分析问卷法可得出每一种(或每一类)工作的技能数值与等级,因此它还可以用来进行工作评估及人员甄选。

(4) 职位分析问卷不需要修改就可用于不同组织、不同工作,使得比较各组织间的工作更加容易,也使得工作分析更加准确与合理。

2. 缺点

(1) 需要时间成本很高,也非常烦琐。

(2) 职位分析问卷填写难度较大,一般需要具备较高文化水平且受过专业训练的人才能清楚理解和有效填写。

(3) 通用化或标准化的格式导致了工作特征的抽象化,所以不能描述实际工作中特定的、具体的任务活动。

(4) 对工作描述与工作再设计,PAQ不是理想的工具。

三、管理职位描述问卷法

(一) 管理职位描述问卷法概述

管理职位描述问卷法是一种结构化的、以工作为中心、以管理职位为分析对象的工作分析问卷法。它是由美国著名工作分析专家亨普希尔(Hemphill)、托纳(Tornow)和平托(Pinto)等开发的。管理职位描述问卷法主要收集和评价与管理职位相关的活动、联系、决策、人际交往、能力要求等方面的信息数据,通过特定的计算机程序加以分析,有针对性地制作各种与工作相关的个性化信息报告,为人力资源管理职能板块提供信息支持。

管理职位描述问卷法形式上与职位分析问卷法相似,都是高度结构化的问卷,但管理职位描述问卷是专门针对管理人员设计的工作分析系统,针对性强。管理职位描述问卷区别对待组织内部的不同职能的管理工作,区别处理组织内不同层次的管理工作,为不同组织、不同职能间的管理职位分析和比较提供依据。而职位分析问卷的设计力求适合所有类型职位的工作分析。

(二) 管理职位描述问卷的结构

管理职位描述问卷法作为一套系统的工作分析方法,主要包含三个板块:信息输入板块、信息分析板块和信息输出板块。

1. 信息输入板块

管理职位描述问卷包含15个部分、274项工作行为,由管理职位任职者填写,主要用于收集该职位的相关信息(表4-8)。

表 4-8　管理职位描述问卷的内容

序号	主要部分	项　目　释　义	题　数
1	一般信息	描述性信息，如工作代码、预算权限、主要职责等	16
2	结构图	职位在组织架构中的位置，如上级、平级、下属等	5
3	决策	决策活动描述和决策的复杂程度	22
4	计划组织	战略性规划和短期操作性计划、组织活动	27
5	行政事务	写作、归档、记录、申请等活动	21
6	控制	跟踪、控制和分析项目、预算、生产、服务等	17
7	监督	监督下属的工作	24
8	咨询创新	为下属或其他工作提供专业性、技术性的咨询指导	20
9	工作联系	内外部工作联系，包括联系对象与目的	16
10	协调	在内部联系中从事的协调性活动	18
11	表达	在推销产品、谈判、内部激励等工作中的表达行为	21
12	商业指标监控	对财务、市场、生产经营，以及政策等指标的监控与调节	19
13	知识、技能和能力	工作对任职者知识、技术和能力的要求，以及所需要的培训活动	31
14	自我评价	上述 10 项管理功能的时间和相对重要性评价，其中"计划组织"功能分为战略规划和短期规划两个方面	10
15	反馈	任职者对本问卷的反馈意见以及相关补充说明	7
总　计			274

在管理职位描述问卷中，15 个部分又分别由若干题目构成，对这些项目进行评价的尺度主要有三种：重要性、决策权限和综合评定。其中重要性、决策权限的评价都是 5 级评定，综合评定所用的尺度为 6 个等级。这里以"控制"维度为例进行说明，如表 4-9 所示。

表 4-9　管理职位描述问卷示例(部分)

指导语： 第一步——评定重要性 请指出每项活动对你职位的重要性程度，然后按 0～4 记分(标准如下)，写在每个项目后面的空白处。请记住，在评定时需要考虑的是该活动和其他职位活动相比的重要性程度和发生次数的多少。 0——该活动与本工作完全无关；

1——该活动只占本工作的一小部分且重要程度不高； 2——该活动属于本工作的一般重要部分； 3——该活动是本工作的重要组成部分； 4——该活动是本工作的关键部分或者至关重要的部分。 维度：控制 1. 审阅提交计划，以与组织的目标和策略保持一致。 2. 追踪并调整工作活动的进度，以保证按时完成目标或合同。 3. 为项目、计划和工作活动制定阶段目标、最后期限，并将职责分派到人。 4. 监督产品的质量或者服务效率。 5. 对部门的发展和效率设计评估标准。 6. 在计划、项目结束后，评估其效果并记录在案。 7. 至少每个月分析一次工作成效。 8. 分析工作报告。 9. 控制产品生产或服务的质量。 10. 监督下属完成部门目标的工作进程。 11. 监督在不同地区的部门的工作进程，并调整它们的活动以达到完成组织目标的要求。 12. 解释并执行组织的安全条例。 第二步——评论 在下面的空白处写下你认为在该维度中还应包括的其他工作：

2. 信息分析板块

管理职位描述问卷法针对人力资源管理各职能板块的要求，提供了三种管理要素体系（表4-10）。

表4-10 管理职位描述问卷法的三种管理要素体系

管理要素体系	要 素	释 义	服务的人力资源管理功能
管理工作要素体系	决策	评价、筛选信息；形成合理的决策；做出决策对组织产生实质性的影响	工作描述、人员配置、工作设计等
	计划组织	制定长期战略性规划；制定短期生产、销售、服务、财务等计划	
	行政事务	记录或存档；监控及采取行动确保政策法规的连贯一致；获取、传递信息	
	控制	调节控制人、财、物的配置；获得材料、装备或服务；控制财务收入	
	咨询创新	协助解决特殊问题；为决策者提供信息支持；开发新技术、新产品、新市场	

续 表

管理要素体系	要 素	释 义	服务的人力资源管理功能
管理工作要素体系	协调	与其他成员协调以达到组织目标;整合指导非直接下属;处理冲突或矛盾	工作描述、人员配置、工作设计等
	表达	与客户、政府、社区代表、股东等沟通交流;销售产品和服务;合同谈判	
	指标控制	监控商业指标,如净利润、销售额、国际经济走向、竞争者的产品和服务	
管理绩效要素体系	管理工作	管理生产流程和资源;监控信息;确保产品/项目及时完成	绩效考核
	商业计划	制定有效的战略和短期计划,并推广执行	
	问题处理	分析商业性或技术性问题和需求;确认合适的解决办法和创新	
	沟通交流	进行有效、彻底、精确的沟通;恰当地分享或交换信息	
	客户/公共关系	代表组织处理与客户、潜在客户、一般公众的关系	
	人力资源开发	通过有效的授权、引导、培训和绩效评价,开发员工的潜能	
	人力资源管理	监督、管理员工;提供指导和领导	
	组织支持	与其他管理人员有效互动、协作,以支撑个体、群体发展和组织目标实现	
	工作知识	拥有达到组织绩效要求的技术和管理知识	
管理评价要素体系	决策	决策权力等级、决策重要性、决策复杂性、决策自主性	工作评价、培训开发
	解决问题	分析性或创造性思维水平、对问题的洞察力、解决方法的创造性	
	组织影响	对组织影响的显著性程度,包括该职位对于实现组织目标、开发产品和服务、制定战略或商业规划、获取收益利润以及其他绩效目标的贡献程度	

续 表

管理要素体系	要　素	释　义	服务的人力资源管理功能
管理评价要素体系	人力资源职责	人员督导职责，包括督导指导的下属人数、级别、复杂性程度	工作评价、培训开发
	知识技能	该职位所需的知识和专业技术水平	
	联系	组织内部、外部联系的深度、广度、等级及频率	

(1) 管理工作要素体系：包含以工作为基础的 8 个描述性要素，根据工作内容的异同性对管理职位进行描述。

(2) 管理绩效要素体系：包含对管理绩效有显著影响的 9 个评价要素，重点强调高绩效水平和低绩效水平的外在和内在差异。

(3) 管理评价要素体系：包含 6 个可以明显区分管理工作内在价值差异的评价要素。

3. 信息输出板块

管理职位描述问卷法通过特殊的计算机处理程序，针对不同的人力资源管理功能板块编制 8 类分析报告(表 4－11)。

表 4－11　管理职位描述问卷法的各类分析报告简介

分析报告名称	主 要 内 容	信息来源	主 要 用 途
管理职位描述	对管理职位的细节性、描述性的总结归纳：财务人事职责权限；工作活动重要性排序；工作联系；决策情景特征；知识技术能力要求	管理职位描述问卷的“一般信息部分”	服务求职者的工作描述； 上岗指引； 面试基础信息； 工作设计； 薪酬结构
管理工作描述	类似于管理工作描述报告，主要针对一组管理职位工作内容的综合性和平均水平的描述，用于构建管理职位描述模板		
群体比较报告	6 组对照群体工作内容的主要异同点的对比分析表，区分共有活动和特有活动，按照出现频率进行排序，然后针对各种活动进行重要性评价	MPDQ 问卷中涉及的工作活动	工作分类； 工作评价，同工同酬； 工作设计； 培训开发设计
个体职位剖析	从管理工作要素的 9 个评价维度上将目标职位与所选同职等的职位进行比较分析；该职位在管理评价要素上的得分以及加权得分	管理工作要素＋管理评价管理	确定工作价值； 确定职位等级； 薪酬设计； 制定培训开发计划

续 表

分析报告名称	主 要 内 容	信息来源	主 要 用 途
群体职位剖析	类似于个体职位剖析,主要对相同的一组管理职位在管理工作要素和管理评价要素中的平均水平进行比较分析		
多维度群体绩效剖析	管理绩效要素各维度对于所选一组管理人员的平均重要性程度的综合报告,由此确定各评价要素的权重;MPDQ 中的知识、能力平均要求水平	管理绩效要素 + MPDQ 的知识、能力部分	确定绩效评价要素权重; 知识、能力用于人员甄选录用; 通过与个体绩效对比,确定培训开发计划
多维度个体绩效剖析	类似于多维度群体绩效剖析,主要对个人管理绩效要素的重要性评价进行分析,以及对个体的知识、能力水平进行分析,通过与群体水平的对比,为绩效改进和培训开发提供指导		
职位绩效评价表	适用于特定管理职位的绩效评价体系和雇员开发计划,对管理绩效 9 个要素进行深度定义剖析,加以操作,并附加若干代表性的绩效活动示例	管理绩效要素+多维度群体绩效剖析	绩效评价; 人员开发

(三) 管理职位描述问卷法的优缺点

管理职位描述问卷法从职位分析问卷法发展而来,用于弥补职位分析问卷未能涉及的但又在组织中非常重要且较复杂的管理类职位。与其他工作分析方法一样,它既有优点也有不足。

1. 优点

(1) 通过计算机程序,管理职位描述问卷法在某种程度上降低了主观因素的影响,同时其最终报告大量以图表的形式出现,信息充足,简单易懂,提高了组织人力资源管理的效率。

(2) 适用于不同组织内管理层级以上的职位的分析,具有很强的针对性。

(3) 为管理人员的培训提供依据,也为正确评估管理工作提供了依据。

(4) 为管理工作的分类和管理职业发展路径的确定提供了依据,也为工作族的建立奠定了基础。

(5) 为管理人员的薪酬设计、选拔程序及提炼绩效考核指标奠定了基础。

2. 缺点

(1) 由于管理职位描述问卷是结构化的,而管理工作内容多样且变化大,在使用中灵活性受到限制。

(2) 由于管理工作的复杂性,有时耗时长,工作效率低,成本较高,投入较大。

(3) 管理职位描述问卷法的各个维度是在对国外管理人员的实证研究的基础上形成的,应用于我国时,需有一个“本土化”的修订过程。

四、职能工作分析法

职能工作分析法又称为功能性工作分析法,是一种以工作为中心的系统性工作分析方法。职能工作分析法主要针对工作的每项任务要求,分析完整意义上的工作者在完成这一任务的过程中应当承担的职责,以获取与通用技能、特定工作技能和适应性技能三种技能相关的信息。它的核心是通过总结员工在工作时对数据、人员、事物的处理方式进行工作职能的分析,并在此基础上归纳出任职说明、绩效标准、培训需求等。

(一) 职能工作分析法的构成

1. 职能工作分析法的依据理论

职能工作分析的理念基础是人与工作关系理论,即所有工作都涉及工作执行者与数据、人员、事物三者的关系。员工运用智力资源处理信息和想法,运用人际资源处理客户、顾客和同事的关系,运用物质资源处理事务,在通过工作执行者与数据、人员、事物发生关系时的工作行为,可以反映工作特征、工作目的和人员职能。

2. 职能工作分析法的职能等级

作为一种工作分析系统,职能工作分析的核心是分析工作的职能。它对职能的分析是通过分析任职者在执行工作任务时与数据、人员、事物的关系进行的。行为的难度越大,所需的能力越高,也就说明了工作者的职能等级越高。下面是职能工作分析法的职能等级表,每项职能描述了一种广泛的行为,概括了与数据(信息)、人员、事物发生关系时任职者的工作行为(表 4 - 12)。

表 4 - 12　职能工作分析法的职能等级表

等级	数据(信息)		人　员		事　物	
	号码	描述	号码	描　述	号码	描　述
高	6	综合	7	顾问	4A	精确工作
	5A	创新	6	谈判	4B	安装
	5B	协调	5	监督		
中	4	分析	4A	咨询	3A	操作、控制
	3A	计算	4B	指导	3B	开动、操作
	3B	编辑	4C	纠正		

续 表

等级	数据(信息)		人 员		事 物	
	号码	描述	号码	描 述	号码	描 述
中			3A	教导		
			3B	劝说		
			3C	牵制/转变		
低	2	复制	2	信息转换	2A	照管
	1	比较	1A	接受指导和帮助	2B	熟练操作
			1B	服务	1A	处理
					1B	装卸

这些职能按照从复杂到简单的顺序排列。如最简单的数据职能是比较数据,最复杂的数据职能是综合数据。如何有效地将实际工作信息同职能工作分析法中的职能等级表联系起来,是职能工作分析法中的关键一环。以下是对各职能等级的具体描述(表 4-13)。

表 4-13 职能工作分析及其标度

	编号	职 能	具 体 描 述
数据职能标度	1	比较	选择、分类或排列数据、人员和事物,判断其已具备的功能、结构或特性与原定的标准是类似还是不同
	2	复制	按纲要和计划召集会议或处理事务,使用各种工具来抄写、编录、邮寄资料
	3A	计算	进行数学运算,写报告,进行有关的预订和筹划工作
	3B	编辑	遵照某一方案或系统去收集、比较、划分资料、人员、事物;在该过程中有一定的决定权
			……
人员职能标度	1A	接受指导和帮助	注意管理者对工作的分配、指令或命令。除非需要指令明确化,一般不必与被管理者直接交谈
	1B	服务	注意人的要求和需要,或注意人们表示的或暗示的希望,有时需要直接做出反应
	2	信息转换	通过讲述、谈论和示意,使人们得到信息,在既定的程序范围内做出任务分配明细表
			……

续 表

	编号	职　能	具　体　描　述
事物职能标度	1A	处理	当工作对象、材料、工具等在数量上只有一个或很少，工人又经常使用的时候，其对精确度的要求是比较低的，包括使用小轮车、手推车等类似工具
	1B	装卸	从自动或工人控制、操作的机器或设备处，放置、扔掉、倒掉或移走物料；具有明确的要求，大部分要求来自工作本身所需的控制
	2A	照管	开、关和照看由其他工人启动的机器、设备时，机器的精确运转需要工人在几个控制台按说明去调节并对机器信号做出反应，包括所有不带有明显结构变化的机器。在这里几乎不存在运转周期短、非标准的工作，而且调节是预先指定的
			……
	4B	安装	（安装机器设备）插入工具，选择工装、固定件和附件；修理机器或按工作设计和蓝本说明恢复其功能，包括主要的精度要求，可以涉及其他工人操作或工人自己负责操作的一台或数台机器

3. 句法分析技术

在职能工作分析法中，这是一种用文字精确描述职位的方法。使用句法分析技术时，多用一个句子来提供有关职位工作内容的信息，即一个工作人员做什么(使用一个动词和一个直接宾语)，他为什么要做这项工作或他已经做了什么，以及最终结果是什么。

也就是说，在进行职能工作分析之前，工作分析者必须从根本上区分要完成什么工作和为了完成该工作应该做些什么。如果工作分析者对某项特定工作应完成什么与做什么这两个概念区分得并不是很清楚，就会造成工作行为和工作结果这两个方面被混淆，并直接导致任职者实际的工作行为和需要他们完成的工作行为被混淆。在职能工作分析中，每项任务描述必须以能描述任职者行为的特定动词开始，如打印、誊写、阅读等，以“目的是”或“为了”等对工作结果描述的词为任务描述的结尾。只有同时具备工作行为和工作结果，任务描述才算完整。

4. 职业域

职业域是对该领域各职业共同的工作任务、方法、程序等的总结，说明该领域内职业的共同特征。研究职业域对工作分析很有必要，它把工作分析放在一个宽泛的框架内，以便了解职务的基础特征。

5. 人员指导等级

人员指导等级反映了工作者在执行工作时需要得到指导的程度。根据人员指导程度，工作任务大体有两类：一类是指定的，另一类是可自由决定的。对指定的任务，工作人员无法选择要干什么、如何干，这类任务一般是例行的、程序化的。可自由决定的任务是指人员期望的，在执行过程中需要自行判断、计划、决策的任务。这类任务的等级越高，说明工作的自由度越高。一般而言，管理层人员的工作自由度高，不确定性强，而执行操作层人员的任务一般是例行的、确定的。

6. 人员特性

职能工作分析法列出了执行工作人员所需的几种特性，分别是培训时间(包括普通教育时间和专业技术培训时间)、性格、气质、兴趣、体能需要等。每项因素又细分为几个元素，每个元素均有定义和相应的等级。

(二) 职能工作分析法的操作流程

为了建立职能工作分析的任务库，需要按照一些基本的步骤操作才能覆盖任职者必须完成的95%以上的工作内容。

1. 回顾现有的工作信息

工作分析者必须首先熟悉主题专家组的语言。每一份工作都有其独特的语言，因为其处在特定的组织文化和技术环境中，必然带有特殊的印记。现有的工作信息，包括工作描述、培训材料、组织目标陈述等，应该都能使工作分析者深入了解工作语言、工作层次、固定的操作程序及组织的产出。工作分析者应该尽可能准备一些在职能工作分析格式下可得的信息，如果不能准备所有信息的话，也可以达到两个目的：其一是说明在哪些方面需要补充信息；其二可以将这些得到的部分信息向主题专家组演示。这个步骤通常会花费1～3天的时间，这主要取决于可得的信息量及时间的压力。在此花费的精力会减少小组会谈的时间和精力。

2. 安排同主题专家组进行的小组会谈

同主题专家组进行的小组会谈通常要持续1～2天时间，选择的主题专家组从范围上要尽可能广泛地代表工作任职者。会议室要配备必要的设备，包括投影仪、活动挂图、修正带等，会议室的选址要远离工作地点，尽可能减少对工作的影响。

3. 分发欢迎信

自我介绍后，工作分析者应当向与会者分发一封欢迎信，解释小组会谈的目的，尤其要点明参与者是会议的主体，要完成大部分工作，而工作分析者只是作为获取信息的向导或作为促进者的角色存在。

4. 确定任务陈述的格式与标准

花费20～30分钟向主题专家组展示或提供任务陈述的格式和标准。工作分析者应该事先准备好至少三张演示图。第一张是任务陈述图，显示任务的结构；第二张图显示工作者职能的水平等级和取向；第三张图是一个难度、复杂程序中等的任务的例子。实际上在步骤1时我们就可以做相应的准备。

5. 列出工作结果

请主题专家组将工作的结果列出来。工作分析人员通常会问专家们这样一些问题：

"你认为被雇用的任职者应该提供什么产品或服务？工作的主要结果是什么？"一般说来，大概需要15分钟，小组就能以他们自己的语言将工作结果列出来。工作结果可能是物(各种类型的实物)、数据(报告、建议书、信件、统计报表、决议等)、服务(对人或者动物)。通常工作结果很少超过10条，多数的情况是5～6条。我们将这些工作结果整理好列入活动挂图，挂在墙上。

6. 列出任务

让主题专家组从任何一个工作结果着手，请他们开始描述通过完成哪些任务才能得到这个工作结果。可能起初大家的技能还不太熟练，会存在一个逐渐适应的过程。工作分析者应该不断进行鼓励，为大家创造一个好的开端。工作分析者可以用这样的问题来启发大家的思维："工作是以工作说明或指示开始的吗？工作是日常例行的不需要特殊指导的吗？工作者个人需要主动干些什么？首先干什么？你是怎么知道该这样干的？"很快，在完成了几个任务之后，大家会很快掌握工作的精髓和诀窍，接下来工作进程会大大加快。

这项工作一直要持续到小组达成一致意见，所列出的工作任务应能覆盖日常工作的95%以上，并要确信没有遗漏重要的任务项。当然中间可以灵活安排几次休息时间，保持良好的工作节奏。

每项任务列出后工作分析者可将其写在活动挂图上。因为这个过程有多人参与，很可能还要进行字句上的斟酌和替换。开始时，大家往往直接给出工作最终的结果，并将其作为过程的工作行为。这就需要工作分析者进行指导，帮助小组将过程行为从最终结果中挑选出来。例如，主题专家组通常会以"决定"或"推荐"这样的词语开始描述任务。实际上，"决定"一般是分析和协调行为的最终结果，同样，"推荐"也是数据处理和咨询行为的结果。工作分析者在强调"目的"或"结果"的同时应该询问：是什么导致"决定"和"推荐"行为？

例如，最初的任务描述为"决定雇员填补空职必须具备的资格"。可修改为"分析工作说明书中的任职资格条件，目的是决定雇员填补空职所必须具备的资格"。

7. 修改任务库

一方面，每一项工作结果对应的任务都被写出来之后，我们会发现一些任务在几项工作结果中反复出现，如"沟通"。在某些情形下，同样的任务会在信息来源或最终结果上有细微差别。另一方面，主题专家应说明有多少任务会以相同的行为开始。这能使工作小组对自己的工作有一个全面深刻的认识，不仅可以认识到不同工作之间的相似之处，还可以认识到哪些任务是琐碎的，应该作为其他任务的一部分而存在，哪些任务是可以拆分为多个部分的。

8. 产生绩效标准

主题专家组完成任务库后，下一步就要让他们列出为了圆满地完成任务任职者所需具备的素质。工作分析者可以使用下面的问题来引导小组进行分析："大家可能注意到，我们只是整理和分析了工作行为、最终结果、信息来源、指导及工作设备，而没有分析任职者需要具备什么素质才能做好工作。我们可以设想自己是某个工作的管理者，需要为这个工作找一个合适的雇员，你将以什么标准来甄选？请大家在考虑雇员素质和特点的时候,尽量将任务及其所对应的行为联系起来。”

我们可能会得到很多一般性的东西,这就有必要进一步分析,最好能让大家举出例子,可用以下方式引导:“这些素质特征以什么方式能在何处体现出来?”

通常很多任务都需要相同的素质特征,我们应该请主题专家组进一步说明其中哪些素质特征比较重要,哪些是最为关键的,在分析这些素质特征赖以成长的经验时亦是如此。完成这些工作后,小组会议就可以结束了。

9. 编辑任务库

工作分析者将活动挂图上的信息收集起来,在此基础上用前文所述的格式进行任务库的编辑。我们要对这些信息进行整理,疏通语句,斟酌用词,特别是动词的使用。数据库即将完成之时,应该抄录一份给主题专家组做最后的修正。

(三) 职能工作分析的结果表达

职能工作分析法作为一个工作分析系统,从职能等级、职业域、句法分析技术、人员指导等级和人员特性五个方面对职位进行了系统分析和描述。通过这五个方面定量和定性的说明,可以了解一项工作的职能层次、任职人员的特点、工作任务的内容和类型等。这些工作信息通过汇总、加工,以一定形式把结果表达出来。这种表达一般采用表格形式,也有文字说明(表 4-14)。

表 4-14 职能工作分析结果表达示例

职能工作分析结果表

1. 所分析工作的名称:面粉搅拌工
2. 所属行业:烘烤制品业
3. 标准产业分类代码及名称:2051 面包及其他烘烤制品
4. 工作简述:

根据操作程序的要求,操纵搅拌机将各种成分搅拌成现成的、松软的(含酵母的)生面团。指导其他工人发酵面团,并用刀具将其切成一个个小块。

5. 对所执行工作的等级评估:

工人功能

D	P	T
信息	人员	事物
5	6	2

工作范围:烘烤、食品准备

6. 对工作能力要求评估(由工作分析人员填写):

- 要求的培训时间:
- 能力:
- 个性:
- 兴趣:
- 身体要求:
- 环境条件:

（四）职能工作分析法的应用

职能工作分析的结果可以应用到其他人力资源管理职能中，如培训和绩效评估等。下面以某公司打印员的打印任务为例(表 4－15)，来说明职能工作分析法在培训和绩效评估两方面的应用。

表 4－15　某公司打印员的打印任务陈述表

行为/动作	打印/誊写
动作的目的	形成信件
信息来源	通过记录提供
指导的性质	标准的信件形式； 特定的信息； 按照现有的操作规范操作，但为了文字的清楚和通顺可以调整标准格式
机器设备	电脑、打印机和相关的桌面设备
工作结果	待寄的信件

根据表 4－15，我们可以将打印任务表述如下：打印/誊写标准格式的信件，信息来源于记录所提供的特定信息，依据形成信件的标准程序操作，但为了文字的清楚和通顺可以调整标准格式，工作目的是准备待寄的信件。对打印任务进行清晰陈述后，还需要进一步确定工作者完成该任务应当承担的职能的对应等级，这些职能包括数据职能、人员职能和事物职能等，任务分析及对应的等级如表 4－16 所示。

表 4－16　任务分析及对应的等级

工作职能水平			工作职能取向			指导	能力水平		
数据	人员	事物	数据	人员	事物		理解能力	数学能力	语言能力
3B	1A	2B	70%	5%	25%	2	3	1	4
任务：打印/誊写标准格式的信件，信息来源于记录所提供的特定信息，依据形成信件的标准程序操作，但为了文字的清楚和通顺可以调整标准格式，目的是准备待寄的信件									

根据以上职能工作分析对工作任务的描述，可以提炼出该任务的绩效标准和培训要求，如表 4－17 所示。

表 4-17 职能工作分析结果的应用

绩效标准
描述性标准： 以合理的速度和准确性打印 信件的格式正确 调整方式正确 **数据性标准：** 在________时间内完成信件 每封信件均无打印、机械或调整的错误 每封信件低于________个信息遗漏错误
培训内容
职能性培训： 怎样打印信件 怎样誊写材料，纠正机械错误 怎样把两份书面信息整理成一份 **特定培训：** 如何获得记录，并从中寻找信息 依据标准信件格式的现行标准操作程序的相关知识 信件所需信息的知识 如何使用提供的打印机工作

以上关于职能工作分析在绩效标准和培训中的应用所举的只是个很简单的例子，对于比较复杂和难度比较大的工作而言，同样可以适用于这种分析结构。当工作任务用这种方式表达出来时，我们就能够直接得到该项工作任务的绩效标准、培训内容和产生满意绩效所必需的通用和特定技能，而不必进行推断。

（五）职能工作分析法的优缺点

1. 优点

职能工作分析法为工作内容提供了一种非常彻底的描述，对培训和绩效评估极其有用。

2. 缺点

(1) 职能工作分析法对每项任务都要求做详细分析，因而撰写起来相当费力和费时。

(2) 职能工作分析法并不记录有关工作背景的信息。

五、关键事件法

关键事件法又称"关键事件技术"，源自第二次世界大战时由军队开发的关键事件技术，由美国学者弗莱内根(J. C. Flanagan)在 1954 年首先提出。这种技术在当时是识别各种军事环境下导致不同人力绩效的关键性因素的手段。

在工作分析中，关键事件是指导致工作成功或失败的关键行为特征或事件。关键事件法要求分析人员、管理人员、本岗位员工将工作过程中导致工作成功或失败的关键行为特征或事件详细加以记录，在大量收集信息后，对岗位的特征和要求进行分析研究。

关键事件法主要用于工作周期长、员工工作行为对组织任务的完成具有重要影响的工作。与其他工作分析方法相比，关键事件法的特殊性表现在它是基于特定的关键行为与任务信息来描述具体工作活动的一种方法，并不对工作构成一种完整的描述，无法描述工作职责、工作任务、工作背景和最低任职资格等情况。因此，在工作分析中，关键事件法通常需结合其他方法一起使用。

关键事件法是一种常用的行为定向法，它能有效地提供任务行为的范例，适用于外显性的工作。除了用于工作分析外，它还常常被应用于培训需求分析和绩效评估中。

（一）关键事件

1. 关键事件的种类

关键事件按其导致的结果不同，可分为正向关键事件和负向关键事件。

正向关键事件是指对个人绩效或组织绩效产生积极影响的关键事件。如导致超出个人绩效承诺目标或一般要求的工作绩效的行为或事件；对提高组织绩效有重大贡献的行为或事件；提出合理化建议并取得重要或重大成果等。负向关键事件是指对个人绩效或组织绩效产生消极或负面影响的关键事件。其主要包括重大或重要的工作失误、重大的违纪行为、导致工作效率低下的行为或事件等。

2. 关键事件的记录

关键事件是由员工个人或团队的关键行为产生的，对个人或团队绩效产生决定性影响的行为结果。它能够反映个人的行为特征，能够表现出关键行为对工作本身、工作团队或其他部门产生的较大作用，对工作的发展有较深远的影响。记录关键事件应包括以下内容：

(1) 导致事件发生的原因和背景；

(2) 员工特别有效或无效的行为；

(3) 关键行为的影响及后果；

(4) 员工自己能否支配或控制上述结果，即上述结果是否真的是由员工的行为引发的。

（二）关键事件法的操作步骤

运用关键事件法的重点是识别关键事件并进行正确的描述。运用关键事件法既能获得有关工作的静态信息，又可了解其动态特点。

在工作分析中，关键事件法的具体操作步骤如下。

(1) 确定某项工作任务的总体目标。这一总体目标应当是这一领域的专家提出的一份简要陈述，陈述中所表达的目标应得到大多数人的认可。

(2) 确定收集与此项工作活动有关的事件的计划。要确定采用何种方式来收集有关的工作行为事件，并做好相应的准备工作。

(3) 收集关键事件。事件的来源可以是管理者、在职员工，也可以是其他对所分析工作的事件比较熟悉或者有机会观察到具体情境的人。

(4) 编辑关键事件。在收集关键事件之后，必须对其进行编辑加工，为下一步应用关键事件做好准备。除了纠正一些拼写和语法错误之外，还要做以下工作：首先，按照上文所述的记录要求，检查每个事例内容是否完整，前后格式是否统一；其次，要考虑事例的长度，事例必须保持合适的长度才能保证提供必需的信息，如果太长则易给阅读人带来困难，必须在两者间找到平衡点；最后，要考虑他人的认同感，技术语言、职业行话、俗语应适当保留，其中的细微差别能使使用者感同身受。

(5) 总结该工作职位的关键特征和具体的行为要求。

（三）收集关键事件的几种方法

1. 工作会议

(1) 工作会议是确定关键事件的一种通用方法。一般由6～12名工作分析人员参加，并由熟悉关键事件的专家来主持会议。工作分析人员需要对所分析的职位非常熟悉，并且有充分的机会去观察完成职位工作时的典型的、各种水平的行为表现。因此，参加会议的人员大多选择那些有工作经验的管理者，或有足够经验和观察力的任职者。

(2) 会议主持人首先应向大家介绍待分析的工作是什么，为什么要编写关键事件，如何编写，以及最终如何应用。然后给出几个编写较好的和编写较差的关键事件的例子，让大家充分讨论，以便对关键事件的标准达成共识。

(3) 选择记录关键事件的方法。在工作会议中可以用结构化和非结构化两种方法来记录关键事件。结构化的方法，就是事先设计好规范化的表格，让大家按照要求填写(表4-18)。非结构化的方法，就是事先准备好一份简要而全面的说明书，包括每一件关键事件所包括信息的轮廓。当然会议主持人可以引导大家就行为规范进行讨论，把大家的发言记录下来，然后按照要求整理成文字。

表4-18　关键事件记录示例

请结合您多年的工作经验，回忆工作者在工作中有哪些显著、典型的行为，能够反映出不同水平的工作绩效：非常有效(好)、非常无效(差)、适中。 1. 引起这个行为范例的环境是什么？ 2. 请详细描述那些能够反映不同水平的工作绩效的显著的行为。 3. 这些行为的后果是什么？ 4. 行为与结果的因果关系如何？ 5. 请提供以下信息。 a. 工作名称： b. 工作绩效范围： c. 绩效等级划分：1　2　3　4　5　6　7　8　9 差　　　　适中　　　好

2. 访谈法

除了访谈者要做文字工作这点不同之外,访谈过程与工作会议非常相似。一般来说,如果信息来源的口头表达能力比书面表达能力强的话,使用访谈法较为适宜。

关键事件的访谈可以是个体访谈,也可以是群体访谈,其形式一般是结构化访谈与非结构化访谈相结合。用访谈法同样需要收集以下信息:导致工作行为发生的一系列事件,对行为明确而详细的描述和行为结果。访谈者在被访谈者描述行为发生的环境、反应和结果时,应该进行详细的记录,必要时可以询问一些探索性的问题来获取补充的信息。运用访谈法收集关键事件的形式示例如表 4-19 所示。

表 4-19　运用访谈法收集关键事件的形式示例

"请你回想一下你下属最近的行为,谈谈其中对你们的产品产量有重要影响的一件事。"(停顿,直至他表示他心目中确定有这么一件事)"他们这一行动的结果使得产品在×月增加了百分之一,是吗?" (如果回答"不",则说)"你回忆一下,是否最近一次你的员工××做了某件事,使得产量提高了这么多。"(当他表示他心中确定想起这么一件事时,说)"当时是在什么情况下发生这件事的?" "为什么这件事对你们的工作影响这么大?" "这件事是什么时候、什么情况下发生的?" "这个人的具体工作是什么?" "他做这种工作有多长时间了?" "他的年龄多大?"

利用访谈法来获取关键事件信息与其他大多数情况下两个人之间的交流是一样的,需要在一定的环境下才能有效地运行。必要的环境要求是私密、不被打断、方便访谈者。

访谈法能让工作分析人员同访谈对象有更多的接触和交流,获取的信息会更加全面、深入,特别是一些访谈对象不愿意写下来的东西。但这种方法的最大的不足之处在于要花费工作分析人员大量的时间和精力。

3. 问卷法

这种方法对工作分析人员的精力和时间占用最少,但是对调查对象有较高的要求。他们要有较强的书面表达能力和语言组织能力,能够组织高度结构化的语言,而且要对这项活动有责任感。通常,这种方法适用于律师、经纪人等专业人士。

4. 观察法

除以上三种方法外,还可以用观察法来收集并确定关键事件。如采用观察法,则需要给观察者提供一份详细的说明,同时要有用于评定和区分所观察到行为的标准。工作分析人员通过观察,从任职者那里收集一系列工作行为的事件,然后对所收集的事件进行分类,通过分析找出其中的关键事件。

表 4-20 提供了一个关键事件法示例。

表 4-20 关键事件法示例

涉及核能操作工的不负责任行为的关键事件
某公司核能相关部门正处于困难时期,因为该部门的许多工人缺乏责任感和专业度,很可能由于操作工的操作失误导致严重事故发生。该部门试图通过识别那些不负责任的行为,采取管理行动,以防止危险情况发生。可采用关键事件法来识别这些雇员的行为。以下列出的是有关发现。
1. 不负责任行为的定义
不负责任行为涉及不严肃认真地对待工作、拒绝遵守规程以及显然缺乏对后果的考虑而妄动。
2. 例子
(1) 在不加思考的情况下采取行动
(2) 在瞬间的刺激下做出错误的判断
(3) 经常搞恶作剧
(4) 经常迟到或缺勤
(5) 否认错误
(6) 操作设备不仔细
(7) 经常漫不经心地工作或不能完成工作
(8) 忽视时间限制或程序
(9) 在对工作感到厌烦时寻求刺激
(10) 存在偷窃或故意毁坏财产、说谎或欺骗别人的行为
(11) 在受到询问时提供不准确的信息

(四) 关键事件法的优缺点

在实际应用关键事件法时,应充分了解关键事件法的特点,包括其优点和不足,遵循必要的应用原则,以有效发挥关键事件法的作用。

1. 优点

(1) 由于直接描述任职者在工作中的具体活动,因此可以揭示工作的动态信息。

(2) 有助于规范员工今后的工作行为及明确任务要求。

(3) 有助于确定选拔和使用的标准及开发培训方案的主要内容。

(4) 由于所收集的都是典型实例,包括正面与负面的,因此,采用关键事件法所收集的信息用于工作描述,对防范工作事故、提高工作效率能起到更大的作用。

2. 缺点

(1) 收集归纳关键事件并进行分析需投入大量时间。

(2) 缺乏完整性。由于所描述的都是具有代表性的工作行为,因此,可能会遗漏一些不明显的工作行为或其他方面,难以较完整地把握整个工作情况。它不能对工作提供一种完整的描述,例如,无法从多方面描述工作职责、工作任务、工作背景和最低任职资格等信息。

(3) 受到记忆的制约。人们往往对最近发生的事件容易回忆,如果最近没有发生什么关键事件,则有可能遗忘或忽略在一段时间之前发生的关键事件。

(4) 在收集信息、归类和判断什么是"关键事件"的过程中,难免带有主观性。

此外，关键事件法关注的是工作绩效极好或极差的事件，难以涉及中等绩效的员工，会遗漏平均的绩效水平。为了弥补这种缺陷，近年来提出了“扩展的关键事件法”，即工作分析人员要求任职者描述出能反映三种不同绩效水平(优秀、一般、不及格)的典型事例或情况概要。使用扩展的关键事件法能从任职者那里获得更多的工作信息。

（五）运用关键事件法应注意的问题

(1) 调查的期限不宜过短。

(2) 关键事件的数量应足以说明问题，事件数目不能太少。为了有效识别关键工作行为，需要在一定数量的事件中分析和探究影响工作绩效的关键行为。一般不得少于4～6件，这些事件必须尽可能描述得详细、完整。

(3) 正反两方面的事件都要兼顾，不得偏顾一方。在关键事件的收集中，被调查者往往愿意提供正面的典型事例，甚至过分夸大一些正面小故事的难度或危险性，而对于一些失败的事件则不愿提及或想不起来。因此，工作分析人员在收集关键事件时要注意两方面的事件都要收集。

第三节　工作分析方法的比较与选择

工作分析方法的多样性一方面为工作分析人员提供了多种方法选择，另一方面也增加了他们选择工作分析方法的难度。人们常常难以判断哪种方法的效率更高、更适用、更能有效地帮助解决组织内的特定问题。每种工作分析方法在实际应用中都各有侧重，任何一种工作分析方法都不是最好的。因此，工作分析人员在实践中通常并不仅仅使用一种方法，而是将多种方法结合起来使用，以达到更好的效果。例如，在分析事务性工作和管理工作时，工作分析人员可能会采用问卷法，并辅以访谈法和适当的观察法。在分析生产性工作时，可能采用访谈法和广泛的观察法来获得必要的信息。

充分、完整的工作分析需要投入大量的时间、精力和资金，所以必须对分析方法进行选择。如果选择时能根据需要和自身特点综合考虑，比较其利弊，则会使时间、精力和资金得到最有效的利用。

一、工作分析方法的比较

前文介绍的10种工作分析方法在分析导向、信息收集方法、分析方法上存在较大差异，因此在选择工作分析方法时，要关注各种不同的工作分析方法对不同类型的工作、不同的人力资源管理领域方面特殊的适用性，以及各种工作分析方法内在的性质所决定的其在使用过程中应有各自不同的关注点。

（一）工作分析方法适用的工作类型比较

工作类型的内在与外在差异决定了必须从不同的角度入手，最大限度地了解和界定工作的内涵与外延。为了达到这一目的，必须根据各种工作分析方法的特点、属性加以适当选择。因此鉴别和掌握各种工作分析方法的适用范围，是合格的工作分析人员专业知识架构中不可或缺的部分。

不同工作类型适用的工作分析方法比较如表 4－21 所示。

表 4－21　不同工作类型适用的工作分析方法比较

工作分析方法	适用的工作类型
访谈法	各类工作
观察法	工作简单、标准化、重复性强的操作类工人与基层文员
工作日志法	除工作循环周期长，技术含量高的专业性工作以外的各类工作
问卷法	各类工作，但对文字阅读、理解、表达能力较差的人不适用
资料分析法	各类工作
主题专家会议法	中高层管理职位及体现组织核心竞争力的关键核心岗位
职位分析问卷法	操作工人与基层管理职位
管理职位描述问卷法	管理职位
关键事件法	员工工作行为对组织任务的完成具有重要影响的工作
职能工作分析法	各类工作

（二）适用的人力资源管理职能领域比较

工作分析是组织管理中的一项基础性工作，它的分析结果可以应用到人力资源管理的各个领域。但是，任何一种工作分析方法都不可能在所有的应用范围中表现出良好的效果，因此在选择工作分析方法时要考虑与人力资源管理的功能领域的对应性，以充分发挥其效能。不同的工作分析方法适用的人力资源管理领域比较如表 4－22 所示。

表 4-22　不同的工作分析方法适用的人力资源职能领域比较

		观察法	资料分析法	访谈法	问卷法	工作日志法	主题专家会议法	关键事件法	职位分析问卷法	职能工作分析法	管理职位描述问卷法
人力资源职能领域	工作描述			√	√	√	√			√	
	工作分类			√					√	√	
	工作评价				√		√		√	√	√
	工作设计					√	√			√	
	工作规范			√	√		√		√	√	√
	绩效评估						√	√		√	
	培训开发			√	√		√	√		√	√
	人员流动						√		√	√	
	人力资源规划				√		√		√	√	

（三）工作分析方法的使用关注点比较

工作分析方法的使用受到外部许多因素的影响和制约，在选择工作分析方法时要考虑这些起影响和制约作用的因素，以保证所选用的工作分析方法具有可行性，这些因素被称为工作分析方法使用的关注点。关注点主要有职位多样性、样本规模、标准化、成本、时间和信度等。例如，出于对控制工作分析成本的考虑，大规模的访谈就受到局限，因为工作分析访谈需要消耗大量的人力、物力。

工作分析方法使用的关注点比较如表 4-23 所示。

表 4-23　工作分析方法使用的关注点比较

		观察法	资料分析法	访谈法	问卷法	工作日志法	主题专家会议法	关键事件法	职位分析问卷法	职能工作分析法	管理职位描述问卷法
关注点	职位多样性			√	√				√	√	
	样本规模				√				√	√	√
	标准化					√			√		√

续 表

		观察法	资料分析法	访谈法	问卷法	工作日志法	主题专家会议法	关键事件法	职位分析问卷法	职能工作分析法	管理职位描述问卷法
关注点	成本	√			√				√		√
	时间	√		√	√				√		√
	信度					√	√	√	√		√

二、工作分析方法的选择

选择工作分析方法时,应综合考虑以下几个方面的因素。

(1) 方法与目的的匹配性。要考虑所选择的工作分析方法是否有利于工作分析目的的实现。具体可参见表 4-22。

(2) 成本的可行性。考虑成本的可行性,就是要结合组织自身的实力,考虑与使用该方法所花费的成本相比,是否能够获得较高的利益或价值。这里所指的成本包括材料费用、培训费用、咨询费用、人工成本等。使用不同的方法,会涉及不同的成本,如一般问卷法的成本较低,而主题专家会议法的成本则较高。

(3) 方法的适用性。要考虑所选择的方法对涉及的工作和任职者是否适用,具体可参见表 4-21。

(4) 方法使用的便利性。考虑使用该工作分析方法是否方便,是否有什么因素限制了它的使用等。

(5) 时间因素。工作分析不可能无时间限制地进行下去,因此要充分考虑到时间方面的限制,即从开始实施一直到工作分析结束,要事先规定一个期限。除非有特殊情况,一般不要超出规定时间,以免影响后续工作的开展。例如,一般问卷法所需时间较短,而关键事件法则很耗时。

(6) 信度与效度方面。信度是指不同的工作分析人员对同一工作的分析所得到的结果的一致性和同一工作分析人员在不同的时间对同一个工作分析所获得的结果的一致性。效度是指该方法对职责的重要性,完成职责所需的技术和能力的描述的准确性。工作分析方法的使用会直接影响工作分析的进程与质量,对于使用方法一定要进行认真的评估,并加以改进,这对下一次的工作分析也具有非常重要的指导意义和参考价值。

(7) 培训需求。这是指在使用这种方法时需要进行培训的等级,即工作分析人员需要经过多长时间的培训才能独立操作该工作分析系统。

(8) 标准化。这是指该方法制定的标准能否应用在不同时间和不同来源的工作分析资料中。

案例分析

本案例中，R公司是为了明确岗位职责而决定做系统的工作分析。在整个工作分析过程中，小林用了资料分析法和访谈法来收集工作有关信息，但是访谈的对象仅限于人力资源部经理和管理顾问，既没有对各岗位的任职者进行调查，也没有对各部门经理进行访谈，可以说小林的工作说明书完全是凭他自己的理解做的，这样就很难保证其内容的准确性。此外，R公司的整个工作分析基本上都是由小林一人完成的，这就难以避免由于其主观性导致的分析偏差，工作分析的质量难以保证，使其达不到预期的目的。

思考与练习

一、单项选择题

1. 下列工作分析方法中，哪一种的时间成本较低？（　　）

A. 关键事件法　　B. 职能工作分析法

C. 访谈法　　D. 问卷法

2. 不适用于以脑力劳动为主的工作岗位的工作分析方法是（　　）。

A. 观察法　　B. 问卷法　　C. 访谈法　　D. 主题专家会议法

3. 适用于各层各类工作，尤其是对高层管理工作进行深度工作分析效果最好的方法是（　　）。

A. 关键事件法　　B. 问卷法　　C. 访谈法　　D. 观察法

4. 职位分析问卷法中，所有的项目被划分为几个类别？（　　）

A. 5　　B. 6　　C. 7　　D. 15

5. 一般用于收集工作的原始信息，编制任务清单初稿，且所得信息都需通过其他方法进一步验证的工作分析方法是（　　）。

A. 资料分析法　　B. 工作日志法　　C. 问卷法　　D. 访谈法

二、多项选择题

1. 在下列工作分析方法中，适用于各类工作的有（　　）。

A. 观察法　　B. 访谈法

C. 资料分析法　　D. 职能工作分析法

E. 工作日志法

2. 以下对一般调查问卷的叙述中，正确的有（　　）。

A. 一般调查问卷的设计以开放式问题为主，以封闭式问题为辅

B. 一般调查问卷的设计以封闭式问题为主,以开放式问题为辅

C. 一般调查问卷在问题的编排上应先易后难

D. 为了采集更为全面的信息,一般调查问卷的问题数目应越多越好

E. 对于小企业来说,最好是设计使用标准化的调查问卷

3. 下列属于系统性工作分析方法的有(　　)。

A. 工作日志法　　B. 主题专家会议法

C. 关键事件法　　D. 职能工作分析法

E. 管理职位描述问卷法

三、简答题

1. 使用一般问卷法应注意哪些问题?

2. 访谈法的优缺点是什么?

3. 观察法的优缺点是什么? 在使用中应注意哪些事项?

4. 职位分析问卷法的操作流程是怎样的?

5. 职能工作分析法的操作流程是怎样的?

四、论述题

1. 试述关键事件法的操作步骤。

2. 试述如何选择工作分析方法。

第五章 工作说明书

学习目标

掌握工作描述和工作规范的基本内容、编写要求，掌握工作规范的构建方法，了解工作说明书编制的质量标准与形式，掌握工作说明书的内容安排，了解编写过程中的常见问题，掌握工作说明书的编制要求及注意事项等。

重点概念

工作说明书、工作描述、工作规范、工作标识、工作名称、工作概要、工作职责、工作权限、绩效标准、知识要求、性格、气质、工作说明书的编制。

引导案例

小王为何要辞职？

小王来到公司的人力资源部，"张经理，"小王说，"我可能无法适应目前的工作，我希望在这个月末试用期结束时离开公司。"张经理听了很惊讶。小王是两个月前到公司销售部担任销售部经理助理的。在这段时间的工作中，人力资源部通过销售部经理及销售部其他同事了解小王试用期的工作情况，大家的反映都很好，想不到小王会主动提出辞职。

三个月前，销售部经理提出了增加经理助理职位的需求，由于销售部将加强与国外厂商的业务联系，急需能够熟练使用英语口语和处理英语书面文件的员工，并希望新增加的员工具有一定的计算机水平，同时可兼顾公司对外网站的管理工作。人力资源部就所需增加的工作岗位进行分析，经过与销售部经理协商，编写了该岗位的工作说明书。其中对岗位职责的描述如下：

(1) 协助经理处理国外业务的联系及英文书面文件、合同；

(2) 在需要的情况下可担任英文翻译；

(3) 整理销售部内部业务文档；

(4) 负责在网站上发布有关公司的业务信息，并进行公司网页的更新、调整。

根据工作岗位对语言能力方面的要求，公司认为应聘人员最好是英语专业的毕业生或在国外生活过的人员；而计算机网站管理又对应聘人员的计算机水平提出了较高的要求，希望其能制作网页和进行数据库处理，应聘人员最好是具备计算机专业学历的人员。

看到这样的任职资格要求，人力资源部感到这个岗位的招聘工作难度较大。当招聘信息在人才招聘渠道发布后，应聘者并不多。小王是华南地区某商学院毕业的学生。毕业后在广告公司做业务，后来到英国留学，在国外所学的专业是计算机应用，留学回国才一个月，各方面的条件完全符合招聘岗位的要求。经过两次面试后，销售部和人力资源部都觉得小王是这个岗位的最佳人选，于是通知小王来公司报到上班。

"为什么你会觉得自己不能适应这项工作呢?"张经理问小王。小王说："工作中我对于业务文件处理、与客户的业务联系都没问题，内部文档我也能按要求管理好，但是我不了解我们公司生产产品的技术参数和生产能力，在与客户联系的过程中，需要根据客户的需要为客户量身定制产品的技术参数并在合同中注明交货期限。销售部要求我向客户提供技术方案和我们能为客户量身定制的产品的规格、型号，有时还要决定我们什么时候能给客户供应哪些类型的产品。这些工作需要较多技术方面的知识，何况我不是销售部经理，我也无法决定。目前我承担的工作与应聘时对我提出的工作要求完全不一样。"

讨论题

1. 为什么小王会辞职呢?
2. 销售经理助理这一职位的工作说明书存在什么问题? 有何影响?
3. 如果你是人力资源部经理，你需要做什么?

从上面的案例中我们不难发现，工作说明书在人力资源管理中有十分重要的作用，如果作为工作分析结果的工作说明书编写得不科学，将会直接影响人力资源管理其他职能模块的效果，甚至是导致相关职能工作的失败。那么工作说明书应包括哪些内容? 应如何编写一份合格的工作说明书呢?

工作说明书也叫职位说明书，是工作分析的直接结果，是以规范格式对职位的工作情况及其任职资格条件进行描述的陈述性文件。完整的工作说明书包括工作描述和工作规范两部分。

第一节　工作描述

一、工作描述概述

工作描述是指用书面形式对组织中各类岗位(职位)的工作性质、工作任务、工作职责、工作关系与工作环境等工作特性方面的信息加以规范和描述的文件。一份合格的工作描述应该清晰地反映该项工作区别于其他工作的信息,说明岗位任职者应做什么、为什么做、如何做和在什么样的条件下履行其职责等。其主要功能是让员工了解工作概要,建立工作程序与工作标准,阐明工作任务、责任与职权,有助于员工的聘用、考核和培训等。

工作描述对员工与管理者均有价值。从员工的角度来说,工作描述可以帮助他们了解工作职责,并且时刻提醒他们组织对其的期望值。从管理者的角度来说,书面的工作描述可以尽可能地减少在工作要求上与员工的冲突。当工作描述中所包含的职责义务员工没有做到时,管理者就有了采取纠正行动的依据。

二、工作描述的基本内容及其编写

不同的工作分析目的和不同的工作描述的使用者,对工作描述的内容有不同的要求。一般来说,工作描述的内容通常分为两部分,一部分为核心内容,即任何一份工作描述都必须包含的部分,这些内容一旦缺失,就会导致人们无法将本工作与其他工作加以区分。这部分内容包括工作标识、工作概要、工作关系、工作职责。另一部分为可选择性内容。这些内容并非任何一份工作描述所必需的,它可以由工作分析专家根据预先确定的工作分析的具体目标或工作类别有选择地加以描述。这部分内容包括工作权限、职责的量化信息、工作环境与工作条件、工作负荷等。

(一) 工作标识

工作标识又称工作识别、工作认定,是识别某一工作的基本要素,即某一工作区别于其他工作的基本标志。其主要包括以下信息。

1. 工作名称

工作名称是指一组在重要职责上相同的职位总称。好的工作名称往往能准确地反映工作内容,并能把一项工作与其他工作区别开来(如销售经理、招聘专员)。在确定职位的工作名称时,要遵循准确、通行、讲求艺术的原则。

(1) 工作名称应该较准确地反映其主要工作职责。如“培训专员”“电子发配员”“设备管理员”,这样的名称明确指出了这些工作的职责。

(2) 工作名称应该明确指出其在组织中的相关等级位置。如“初级工程师”就比“高级工程师”的等级低。表示等级名称的还有如“质检员”“质检主管”“质检部经理”“人力资源助理员”“人力资源管理员”“人力资源主管”“人力资源经理”“人力资源总监”,这些工作名称都表示了工作性质相同的职位的不同等级。

(3) 工作名称应尽量按照社会上通行的做法来拟定,这样既便于人们理解,也便于工作在薪资调查时进行比较。

(4) 在能准确反映工作内容的前提下,工作名称的拟定还应讲求艺术性。如“家政服务员”就比“保姆”更合适。工作名称的艺术处理和美化不仅会提高工作的社会声望,也可以提高员工对工作的认可度和满意度。

2. 工作身份

工作身份又称工作地位,一般在工作名称之后。它包括以下几个方面的内容。

(1) 所属的工作部门。这是指岗位所在的部门名称,如“招聘主管”隶属于“人力资源部”。

(2) 直接上级、直接下级岗位。遵循命令统一的原则,一个工作岗位只能有一个直接上级;直接下级是指直接受该工作岗位领导的那些岗位。

(3) 工作等级。这是指在组织中存在工作等级分类的情况下,该工作处于哪一等级。例如,一家公司将秘书分为一级秘书、二级秘书等。

(4) 工作代码或编号。为了便于职位管理,能快速查找所有的职位,通常会为每个工作职位标上工作代码。工作代码的设置没有固定模式,一般按工作评价与分析的结果对工作职位进行编码。组织可根据自己的实际情况设定应包含的信息,目的在于使组织中的每一种工作都应当有一个代码,这些代码代表了工作职位的一些重要特征。例如,在某企业中,有一个职位的代码为“HR-04-05”,其中“HR”代表人力资源部,“04”表示员级,“05”表示人力资源部员工的顺序编号。一般来说,工作代码的编制应符合唯一性、方便性、可扩性和可用性的要求。

(5) 薪资范围。薪资范围是根据工作评价所确定的该岗位在组织中的相对价值大小确定的,反映了这一工作职位在组织内部的相对重要性,是确定这一职位基本工资的基础。

(6) 所辖人数。这是指该职位直接管理或监督的员工数量。

(7) 定员人数。这是指该职位的人员编制。同一职位所聘用工作人员的数目应予以明确。如果聘用人员数目经常变动,其变动范围应予以说明,或者所聘人员是轮班使用,也应分别说明,由此可以了解工作的负荷量及人力配置情况。

(8) 工作地点。这是指工作的地理位置。

了解这些资料的目的,是把这项工作与其他相似的工作区别开来。以上工作身份包含的信息可以根据不同的分析目的,有选择性地列出。除了以上信息之外,还常常列出工作分析的时间、工作分析人员、有效期、批准人等内容。某公司工作说明书工作标识示例如表 5－1 所示。

表 5－1　某公司工作说明书工作标识示例

一、基本信息					
职位名称	人力资源总监	职位编号	××××	所属部门	人力资源部
直接上级	执行总裁	直接下级		职等职级	
定员人数	1 人	所辖人数	×人	薪资水平	
职位性质		编制时间		批准人	

（二）工作概要

工作概要又称工作目的，是指用简练的语言概括工作的总体性质、中心任务和要达到的工作目标。工作概要一般以主动动词开头描述最主要、最关键的工作任务，而不必细述工作的每项具体任务和活动。其规范写法为“工作行为＋工作对象＋工作目的”或“工作依据＋工作行为＋工作对象＋工作目的”。例如，对于市场策划主管来说，其工作概要为“负责市场信息的收集、整理、分析，提交市场调查报告，为市场战略提供决策支持”。再如，薪酬福利专员的工作概要为“根据公司的发展规划，协助人力资源部部长制定相关薪酬福利政策，负责薪酬福利管理、社会保险手续办理、员工绩效考核等工作，为公司的正常运行提供人力资源保证”。

（三）工作关系

工作关系描述包括以下两部分。

(1) 该工作职位在组织中的位置。这是工作描述必备的核心内容，它反映该职位在组织中的关系，可以用职位关系图来表示(图 5－1)，也可以用“直接上级”“直接下级”“同级”等文字形式表达。文字可以放在工作身份栏中列出。

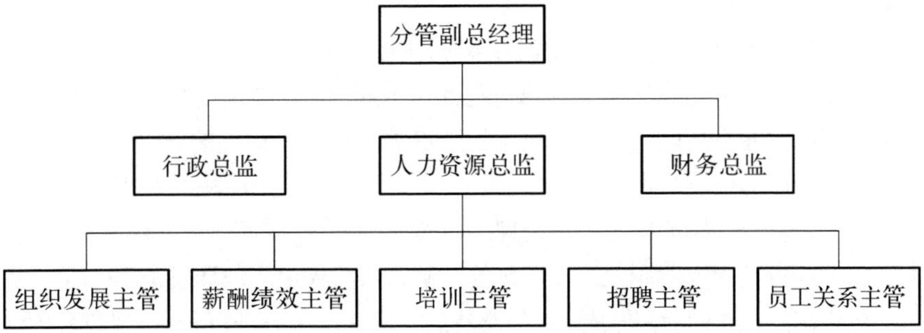

图 5－1　某公司人力资源总监在组织中的位置示例

(2) 任职者与组织内外其他部门或人员之间所发生的联系。这部分内容可以根据组织需要选择是否描述,具体包括：此工作受谁监督,此工作监督谁,此工作可直接晋升的职位、可相互轮换的职位、可晋升至此的职位及可降级的职位,与组织内外哪些部门或职位发生联系等。还要列举工作联系的频繁程度、接触的目的和重要性。编写工作联系要遵循经常性原则和重要性原则,一方面要选择那些经常发生的工作联系,另一方面,有些虽然发生频率不高但是很重要的工作联系也应体现出来。在工作分析的实际操作中,主要关注的是工作联系的对象和内容。这些内容有的在工作描述中以专栏的形式列出,有的则反映在对工作职责的具体描述中。某公司企业管理部战略专员的工作关系示例如表 5－2 所示。

表 5－2　某公司企业管理部战略专员的工作关系示例

<table>
<tr><td rowspan="8">工作关系</td><td colspan="2" rowspan="4">职位升迁</td><td>可直接晋升的职位</td><td>企业管理部部长</td></tr>
<tr><td>可相互轮换的职位</td><td>企划专员等其他专员</td></tr>
<tr><td>可晋升至此的职位</td><td>其他部门战略制定人员</td></tr>
<tr><td>可降级的职位</td><td>企业管理部文员</td></tr>
<tr><td rowspan="4">工作联系</td><td rowspan="3">内部关系</td><td>所受监督</td><td>受企业管理部部长的管理和监督</td></tr>
<tr><td>所施监督</td><td>对企业战略制定和相关信息收集人员的监督</td></tr>
<tr><td>合作关系</td><td>与部门内其他成员及其他相关部门之间的联系和合作</td></tr>
<tr><td>外部关系</td><td colspan="2">同政府部门、合作伙伴、其他社会团体的业务关系</td></tr>
</table>

(四) 工作职责

工作职责是指任职者所从事的工作在组织中承担的责任、所需要完成的工作内容及其要求。工作职责描述,是工作描述的主体,是在工作标识与工作概要的基础上,进一步对职位的内容加以细化的部分。

对工作职责的界定要做到准确、清晰、系统,不能出现职责的交叉、重叠或遗漏。这就要求在形成工作描述前对收集到的信息进行深入分析,使工作职责的界定建立在对业务流程和部门职能全面把握的基础上。对工作职责进行分析和梳理的方法主要有两种：一种是基于对组织职能层层分解的职责梳理,另一种是基于工作流程的职责分析。以招聘为例,图 5－2 是基于工作流程的职责梳理。在实践中,往往将两种方法结合起来使用,互为补充。部门职责是界定各职位工作职责的基础,因此,界定工作职责的第一步是界定部门职责。界定部门职责时,可根据组织职能及部门的工作任务进行分析,规范各项任务的工作流程,找出部门之间交叉的工作,明确各部门的职责权限。然后,将部门职责分解到部门的各个职位,明确各职位之间的分工关系。对于有明确工作流程的工作任务,可按照其业务流程将工作任务分配到不同的职位;对于没有明确流程关系的工作任务,可通过对部门职责的层层分解将各项职责落实到不同的职位。

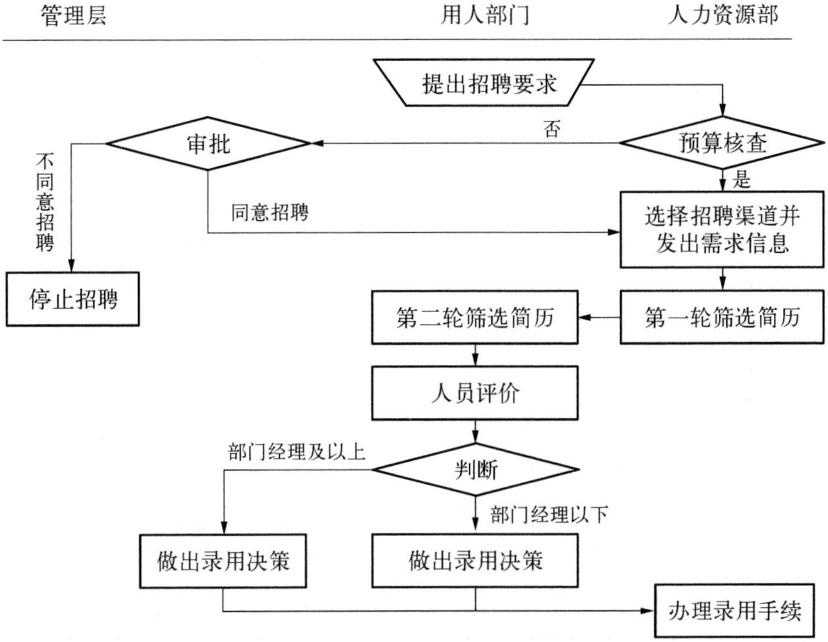

图 5-2 基于工作流程的职责梳理

按照工作职责描述方式的不同,可将工作职责描述分为以下两大类。

1. 工作职责的定性描述

职责是对每项职能执行过程的具体描述,需要体现职能中重要的、常规的职责,并要对每项职责进行权限界定,同时对于一些具体的、零散的工作活动,应以概括性的语言进行总结式的描述。工作职责的描述要注意以下几点。

(1) 为了强化工作职责描述的规范性,避免语义含混和模糊,常采用“动作行为(动词)+具体对象(宾语)+职责目标”的表达方式来描述工作职责。动词的选择可参照表 5-3 和表 5-4;宾语表示该项任务的对象,即工作任务的内容;职责目标表示通过此项工作的完成要实现的目标,常用“确保”“保证”“争取”“推动”“促进”等词语连接。例如,人力资源部部长负责人力资源战略工作可描述为“负责组织制定人力资源战略和人力资源规划,保证为公司的发展战略提供有效的人力资源支撑”。对职责目标的表述也可不加连接词,例如,对某公司车间主任的“成本核算”这一职责的描述为“组织开展车间成本核算,审核原材料、动力、能源消耗,不断降低生产成本,提高经济效益”。还可在此结构之前再加上动作依据,采用“动作依据+动作行为(动词)+具体对象(宾语)+职责目标”的表达方式。例如,对某公司行政总监的"计划管理"这一职责可描述为"根据公司的阶段性目标和年度计划,制定所属部门目标、计划、措施,保障公司业务正常运作"。

表 5-3 根据作用对象分类的职责常用动词

动词作用的对象	相应的动词
针对计划、制度、方案、文件等	编制、制定、拟定、起草、审定、审核、审查、转呈、转交、提交、呈报、下达、备案、存档、提出意见
针对信息、资料	调查、研究、收集、分析、归纳、总结、提供、汇报、反馈、转达、通知、发布、维护管理
某项工作(上级)	主持、组织、指导、安排、协调、指示、监督、分配、控制、牵头负责、审批、审定、签发、批准、评估
直接行动	组织、实行、执行、指导、带领、控制、监管、采用、生产、参加、阐明、解释
上级行为	许可、批准、定义、确定、指导、确立、规划、监督、决定
下级行为	检查、核对、收集、获得、提交、制作
其他	维持、保持、建立、开发、处理、执行、接待、安排、监控、汇报、经营、确认、概念化、合作、协作、获得、核对、检查、联络、设计、测试、建造、修改、执笔、起草、引导、传递、翻译、操作、报纸、预防、解决、介绍、支付、计算、修订、承担、谈判、商议、面谈、拒绝、否决、监视、预测、比较、删除、运用

表 5-4 根据职责主体及性质归类的工作职责常用动词

	管理职责	业务职责
决策层	主持、制定、筹划、指导、督管、协调、委派、考核、交办	审核、审批、批准、签署、核转
管理层	组织、拟定、提交、制定、安排、督促、布置、提出	编制、开展、考查、分析、综合、研究、处理、解决、推广
执行层	策划、设计、提出、参与、协助、代理	编制、收集、整理、调查、统计、记录、维护、遵守、维修、办理、呈报、接待、保管、核算、登记、送达

(2) 用以描述工作职责的动词要具体、准确、有针对性,要尽量避免采用模糊性的动词。要准确描述工作职责,就必须正确地选用动词。

(3) 避免工作职责的交叉、重叠或遗漏。

(4) 尽量避免使用模糊性的数量词,如"许多""一些"等。如果任务描述涉及定量的内容,就应该以定量的词准确描述。例如,推动装有货物的卡车,则可描述为:"推动装有

500 磅钢板的卡车”。

(5) 尽可能使用职位任职者所熟悉的语言。要尽量避免使用管理学专业的生僻术语,如确定有采用相关术语的必要,则应在工作说明书的附件中予以解释。

(6) 应采用主动句式来描述工作职责,避免使用被动语态。如“及时签署日常行政、业务文件”这一职责,不应表述为“日常行政、业务文件要被及时签署”。

(7) 语言表达清楚确切,避免产生歧义。

2. 工作职责定量化信息的表达

除了对职责的定性描述之外,在有些情况下,还需要对工作职责进行定量描述。在工作分析实践中,常用的对职责进行定量描述的方法主要有三种:一是说明各项职责所花费时间的百分比(表 5-5);二是按重要性大小的顺序逐项列出工作职责;三是说明各项职责的复杂程度。

表 5-5　工作职责的定量化表达示例——时间百分比

职　　责	占总工作时间的百分比
根据年度工作需要,参考上级年度工作计划,起草公司年度审计工作计划,为公司审计工作的开展提供指导与依据	5%
根据公司年度审计工作计划,参与、组织、指导审计处对公司各独立核算单位进行常规审计,对其日常经营与管理过程进行监控	20%
根据公司年度审计工作计划,参与、组织、指导审计处开展公司及下属经济单位的债权债务审计、违规违纪审计、剩余物资和账外物资审计,为公司的业务活动提供有效的预警	25%
根据公司年度审计工作计划,参与、组织、指导项目经理经济责任审计,为综合、如实地反映项目经理的业绩提供保障	25%
根据不同的审计类别,撰写重要的审计报告,针对被审计单位的问题,提出建设性的改进建议,为公司经营管理提供增值服务	10%
根据上级机关的要求与审计处年度工作需要,组织公司审计人员培训,提升审计人员的业务知识与技能	10%
制定部门内部组织与人员管理方案及制度,培养、考核、激励部门下属人员,确保部门工作高效开展	5%

对工作职责的描述关注的是该职位“主要做什么”“为什么要做”,这是工作描述的必备内容。但有时,也需要关注“如何做”的问题,即工作职责的履行程序。它是针对每项工作职责如何具体完成的过程性描述,是对工作职责描述的进一步拓展和细化,但并非工作职责描述的必要内容,主要应用于绩效标准的提取和新员工的上岗指导,同时对职业规范

的建立也具有十分重要的作用。

（五）工作权限

工作权限是指根据该职位的工作目标和工作职责，组织赋予该职位的权限范围、层级与控制力度。在制定了一个职位的职责后，如果没有规定其权限范围，职责的完成程度就会不同。职责与权力要同时配置到相应的职位，使权责对等。有责无权会使责任人无法对结果负责，有权无责会导致权力的滥用，使组织变得无序。工作权限的描述主要应用于管理人员的工作描述与工作评价，以确定职位“对组织的影响大小”和“过失损害程度”。此外，通过在工作说明书中对该职位拥有的工作权限的明确表述，可以进一步提升组织的规范程度和任职者的职业化意识，并有助于其职业化能力的培养。

工作权限的划分一方面要本着责权统一的原则进行，另一方面又不能完全通过工作职责分析来完成，必须依靠系统性的组织安排，在纵向上考虑职能定位与管理人员的职业化水平，在横向上考虑组织业务流程的分解，同时根据组织内部的信息沟通、资源共享、风险分散、责任分担等若干因素进行系统性的分权，形成分层分类的“分权手册”。

工作权限按其种类划分，可分为业务决定权限、财务管理权限、人事管理权限、经营管理权限。在不同内容的权限中，又可按授权的程度来划分。例如，财务管理权限中有提议权、审核权和审批权；人事管理权限中有提议权、拟定/办理权、初审权、审核权、审批权；经营管理权限中有审批权、审核权、执行权、建议权、修改权、会审权等。根据工作职责的作用对象不同，其权限界定也不同。例如，对于制度、方案、计划、报告等，可用审批、审核、主持草拟/设计、分担草拟/设计、协助草拟/设计来区分界定；对于业务活动，可用主持、督导、组织执行、分担人、协助执行来区分界定。表 5－6 是某公司原料采购部经理工作权限示例。

表 5－6　某公司原料采购部经理工作权限示例

权限项目	主　要　内　容
选择权	对原料供应商的选择具有决定权
申请审批权	对原料采购经费有审批权，有原料采购费用预算的申请权
监察权	对所属下级有任用、解聘调配权，奖惩权，奖惩建议权，对管理水平、工作水平和业绩有考核权
财务权	公司财务管理制度规定的相应财务权力

（六）绩效标准

绩效标准是在明确界定工作职责的基础上，对如何衡量每项职责完成情况的规定。

这部分内容说明组织希望工作人员在执行每一项工作任务时所要达到的标准。对于以考核为目标的工作分析，绩效标准是工作描述中所必须包含的关键部分。绩效标准最好可以定量化。例如，工作任务是完成每日生产计划，其绩效标准包括：生产群体每个工作日所生产的产品不低于426个单位；在下一工作程序被退回的产品不超过2%；每周延时完成工作的时间平均不超过5%等。绩效标准有正向和反向两种指标。正向的绩效标准，是从正面的角度考查该项职责是否完成，以及完成的效果，如目标达成率、销售额、市场占有率、工作完成的及时性等。反向的绩效标准，是从反面的角度考查职责的完成效果，如差错率、失误率、事故率、客户投诉率、次品率等。反向的绩效标准适用于那些正向绩效标准不易提取，或者不具有可操作性的工作职责。

确定绩效标准需遵守SMART原则。

(1) S代表具体(specific)，是指绩效考核要切中特定的工作指标，不能笼统。

(2) M代表可度量(measurable)，是指绩效指标是数量化或者行为化的，验证这些绩效指标的数据或者信息是可以获得的。

(3) A代表可实现(atainable)，是指绩效指标在付出努力的情况下可以实现，避免设立过高或过低的目标。

(4) R代表相关性(relevant)，是指绩效指标是与本职工作相关联的。

(5) T代表有时限(time bound)，是指注重完成绩效指标的特定期限。

表5-7是某公司设计项目组设计师绩效标准示例。

表5-7　某公司设计项目组设计师绩效标准示例

职　责　范　围	建议考核内容	占用时间
现场调研：认真、及时完成设计项目的勘测、调研工作；收集有关资料，制定设计方案，为设计工作奠定基础	勘测数据准确无误，出错率为0	25%
工程设计：严格执行国家有关勘察、设计项目的法规、规范；按时、按质完成上级领导下达的各项设计任务	设计产品的合格率为100%，优良品率为80%以上；项目实施进度履约率达到100%	55%
现场服务：配合客户做好施工现场的服务工作，并在完工后进行回访	客户满意度综合评价在4分以上	20%

（七）工作时间

工作时间包含工作时间长度和工作轮班制两个方面。工作时间长度有周标准工时、月标准工时和年标准工时。工作时间制度有三种类型，即标准工作时间制度、非标准工作时间制度和不固定工作时间制度。从工作时间制度的形式来看，主要有标准计时制、累计计时制和弹性计时制等形式。常见的工作轮制有单班制、两班制、三班制、四班三运转制等多种形式。

（八）工作环境与工作压力

工作环境界定的是经常性工作场所的自然环境、安全环境(工作危险性)和社会环境。例如,工作可能在户外进行(如建筑工人),可能在低温中进行(如冰库中);工作也许长时间持续(如银行出纳员),或有强烈的气味、噪声(如钻压操作员)、压力(如急救室护士)等。工作环境的具体因素如图 5-3 所示。

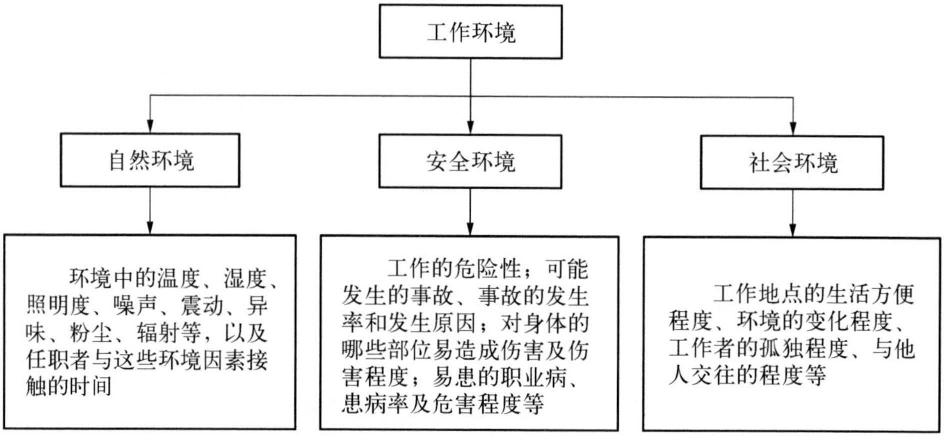

图 5-3　工作环境的具体因素

与工作环境密切相关的因素还有工作压力,它是指由于工作本身或工作环境的特点给任职者带来压力和不适的因素。在众多的工作压力因素中,主要关注工作时间的波动性、出差时间所占的比重、工作负荷情况。在界定工作压力时,可以分等级描述(表 5-8),从而为工作评价直接提供信息。

表 5-8　工作压力有关因素的等级描述示例

维　度	具　体　界　定
工作时间的波动性	定时制：一个工作周期内(管理人员一般为一个月,或者更长),工作量基本没有太大的变化,如出纳员
	适度波动：一个工作周期内,出现以天计的工作忙闲不均的情况。如负责工资发放的主管,在月末比较忙,而平时工作比较轻松
	周期性：在长期的工作过程中,出现强烈的反差,如市场人员,在投标前期工作极其紧张,但是交给工程部门以后则相对轻松

维　度	具 体 界 定
出差时间所占的比重	经常出差，占总时间的 40%以上
	出差较为频繁，占总时间的 20%～40%
	出差时间不多，占总时间的 10%～20%
	很少出差，占总时间的 6%～10%
	偶尔出差，占总时间的 0%～5%
工作负荷情况	轻松：工作的节奏、时间自己可以掌握，没有紧迫感
	正常：大部门时间的工作节奏、时间可以自己掌握，有时比较紧张，但持续时间不长，一般没有加班情况
	满负荷：工作的节奏、时间自己无法控制，明显感到紧张，出现少量加班
	超负荷：完成每日工作须加快工作节奏，持续保持注意力的高度集中，经常感到疲劳，有经常的加班现象

为了提高员工工作的积极性，工作描述除了包括以上必备内容和常见的可选内容外，有时还列出该工作职位的工资结构、工资支付办法、福利待遇、晋升的机会、休假制度及进修的机会等内容，这些内容往往是直接影响员工工作态度和工作积极性的因素。

总之，工作描述作为工作说明书的一个重要组成部分，既是工作规范的基础，又与工作规范共同服务于人力资源管理及其他组织管理活动。

三、工作描述编写示例

表 5－9 为某公司秘书岗位的工作描述示例。

表 5－9　某公司秘书岗位的工作描述示例

岗位名称	秘书	岗位编号	0410	所属部门	行政部
直属上级	行政经理	直接下属	无	工资标准	____～____元
分析员		填写日期		核准人	
职责概述	负责信息的收集、整理、加工，文件撰稿，接待来宾，会议组织等工作				

续 表

岗位职责	1. 负责办公室的日常管理事务	
	2. 负责企业会议的安排、会议记录及会议纪要的整理	
	3. 负责文件的起草及公文的整理工作，协助行政经理处理日常事务	
	4. 负责公文请示报告、工作计划、工作总结、通知等文件的起草打印及分发工作	
	5. 电话的接听、邮件的收发处理	
工作权限	1. 了解企业整体的生产经营情况，保管相关重要文件	
	2. 有权参加或列席公司内部的各项会议	
工作关系	企业内部	向各部门经理传达企业的相关决议、通知
	企业外部	协助行政经理进行企业的外部公关事宜
工作环境	办公室内工作，较舒适的环境	
	正常的上下班时间：9:00～17:00	
使用设备	电话、计算机、打印机、复印机、传真机	

第二节　工作规范

一、工作规范概述

工作规范又称岗位规范或任职资格，是指任职者要胜任该项工作必须具备的最低资格与条件。工作规范可说明一项工作对任职者在受教育程度、工作经验、知识、技能、体能和个性特征等方面的最低要求，而不是最理想的任职者的形象。工作规范常常是工作说明书的重要组成部分，它与工作描述不同，关注的是完成工作任务所需的人的特质。例如，秘书的工作说明书中，所需要的条件是数据录入速度每分钟不少于100个字，并且要精通英语语法、标点、拼写和词的用法。这类信息对人员招聘、甄选、调动与配置，以及对员工进行绩效管理都非常有价值。

二、工作规范的基本内容

一般来说，通过对工作描述的每一项工作任务、职责进行分析，对完成每一项工作任务、职责所需的资格和条件做出回答，并加以综合整理，即可得出工作规范的总体内容。其具体内容主要包括以下几个方面。

（一）身体素质要求

身体素质要求是指从事体力或脑力劳动所需要的身体条件，包括身高、体型、耐力、力量及身体健康状况等。

（二）受教育程度要求

衡量受教育程度一般有以下两种方法。

1. 用完成正规教育的学历与专业来加以界定

学历要求是指胜任该工作职位所需要的最低学历条件。专业要求是指任职者需要具备何种专业背景才能承担该职位工作。例如，某公司生产部安全管理员的受教育程度要求为大专以上，机械制造或相关专业。用这种“学历＋专业”的方法来衡量受教育程度比较简洁，易于理解和测度，因而应用范围很广，但它也存在较大的缺陷。因为具备同等学力的人，其实际的认知能力可能存在很大差异，而且往往容易将一些自学成才的人拒之门外。

2. 以任职者实际所达到的教育水平与职业培训来确定

国外的许多工作分析系统开发了测量实际教育水平的量表，其中，应用最为广泛的是美国劳工部的“普通教育水平量表(GED)”(表 5－10)。该量表根据工作对推理能力、数学能力和语言能力三个维度的要求，来界定工作任职者所需具备的实际教育水平，并根据这三个维度将教育水平划分为 6 个等级，每个等级又与一定的教育年限相对应。评定量表的等级越高，代表对普通教育水平的要求越高。该量表的使用，主要根据实际工作职位与《职业大辞典》中的对应职位的相似性，来具体确定该职位在 GED 上的位置，即根据某一职位的工作标识以及该职位的主要工作内容在《职业大辞典》中找到与之相近的职位，用后者的教育水平等级来表示前者的教育水平要求(表 5－10)。例如，《职业大辞典》将出纳员的 GED 定位为 R4M3L3，这表示要达到出纳员职位的工作绩效要求需要具备 4 级的推理能力、3 级的数学能力和 3 级的语言能力。

表 5－10　普通教育水平量表

	推理能力	数学能力	语言能力
高教育水平 低教育水平	6＝使用抽象概念、符号(诸如用公式表示)以及科学原理 …… 1＝简单按规则处理问题	6＝使用微积分或统计学等高等数学方法 …… 1＝通过加、减运算进行兑换或衡量	6＝撰写文学或者技术性报告，或者监督、指导负责撰写的人 …… 1＝2 500 字篇幅的文章，写出简单的句子，或者按照正常规范的顺序表述

资料来源：罗伯特 · D. 盖特伍德，休伯特 · S. 菲尔德. 人力资源甄选[M]. 薛在兴，张林，崔秀明，译. 5 版. 北京：清华大学出版社，2005.

（三）资格证书要求

资格证书要求是指国家或行业规定的任职者必须持有的执业资格证书。例如，从事教师职业应持有相关专业教师资格证，担任驾驶员应持有相应的车辆驾驶证等。

（四）知识要求

知识要求是指任职者胜任某项工作应具有的知识结构和知识水平，一般可采用六级表示法进行评定，即精通、通晓、掌握、具有、懂得、了解。知识要求包括以下五个方面。

(1) 基础理论知识。这是指与工作相关的基础性理论知识，一般为一级学科或二级学科有关知识。如人力资源经理需要掌握的基础理论知识有心理学、经济学、管理学、法学等。

(2) 专业知识。这是指胜任某项工作要求具备的专业理论知识，是充分体现该职位独立于其他职位、在短期内不能被其他职位所替代的专业知识。如掌握某台机器的工作原理、性能、构造和技术操作要点。

(3) 政策法规知识。这是指胜任本职位所应具备的政策、法律、法规、规章或条例方面的知识。

(4) 管理知识。这是指应具备的业务管理知识。

(5) 相关知识。这是指除了要精通本专业的知识外，还应懂得、了解的其他相关知识。

（五）工作技能要求

工作技能是指对与工作相关的工具、技术和方法的运用。不同工作所要求的工作技能是不同的，主要包括通用技能和各工作职位的专业技术技能。通用技能一般包括计算机使用技能、外语运用技能和公文写作技能。通用技能要求示例如表 5－11 所示。专业技术技能是指某一特定领域所需的、履行岗位工作职责时必备的技能。

表 5－11　通用技能要求示例

通用技能	具　体　描　述
计算机使用技能	能运用网络和办公软件，顺利完成各项文件的编制、管理，进行工作相关信息的收集整理、邮件收发等
外语运用技能	能借助字典阅读相关工作资料，进行简单的沟通
公文写作技能	能准确有效地完成工作计划、总结，以及相关文件的编制、修改

（六）能力要求

能力是指人们能够从事某种工作或完成某项任务的主观条件，它是知识具体运用的表现形式。这种主观条件主要受两个方面因素的影响：一是先天遗传因素，二是后天的学习和实践因素。能力总是和人完成一定的活动相联系的，它直接影响工作效率。如沟通能力、理解力、判断力、分析能力、综合能力、记忆力、观察力、想象力等。

能力可分为基本能力和应用能力。基本能力是指一个人具有的知识、技能和体力。应用能力包括 12 种能力，具体划分为以下 4 组。

(1) 解决问题的能力，包括解决问题的三个步骤，即理解力、判断力和决断力。

(2) 创造事物的能力，即创造力、计划力和开发力。

(3) 在解决问题过程中，对外进行交涉、对内进行协调的能力，即表现力、调解力和涉外力。

(4) 人的领导能力，即指导力、管理力和统率力。

描述能力要求，可以按照职位族分类描述。例如，经营类工作要求任职者应具备的能力一般为公关能力、市场开拓能力、市场调研能力、信息收集能力、分析判断能力、协作能力、学习能力、解决问题能力、应变能力、谈判能力、预测能力、成本控制能力等。技术类工作要求任职者应当具备的能力一般为分析判断能力、解决问题能力、执行能力、协作能力、演绎能力、归纳能力、学习能力等。管理类工作主要应具备的能力为理解判断能力、开拓能力、决策能力、组织协调能力、社会活动能力、语言文字能力、解决问题能力等。

（七）个性特质要求

个性特质主要是指个人的性格、气质、兴趣、价值观和态度等。性格是人对现实的态度和行为方式中比较稳定的心理特征的总和。例如：正直、诚恳、谦虚、热忱等。霍兰德提出了六种基本的人格性向，即实际型、研究型、艺术型、社会型、企业型、传统型，每一种人格性向具有不同的性格特点。气质是人的心理活动的动力特征，是指人的典型的、稳定的心理特征，主要表现为情绪体验的快慢、强弱，以及动作的灵敏或迟钝等。兴趣是使个体积极探索某种事物的认知倾向。

常用的个性特质主要包括：社会使命感、责任感、亲和力、情绪稳定性、心理承受力、忠诚、全局意识、人际敏感性、原则性、成就动机、魄力等。例如，销售人员需要有较强的心理承受能力；飞行员需要有很强的情绪稳定性；高层管理人员需要有魄力。

（八）经历要求

经历要求主要涉及社会工作经验、专业工作经验及管理工作经验三方面。社会工作经验是指参加工作后的所有工作经历；专业工作经验是指从事相同职位、相似职位的工作经验；管理工作经验是指从事管理职位的工作经验。不同的工作对任职者的经历要求也大不相同，有些技术性强的工作对工作年限、相关经验的要求比较高，而一些高级管理职位通常都要求具有一定的管理经验。某房地产开发公司市场部经理的经历要求示例如表 5-12 所示。

表 5-12 某房地产开发公司市场部经理的经历要求示例

经历要求	具 体 要 求
社会工作经验	10 年以上社会工作经验
专业工作经验	6 年以上房地产开发公司或 8 年以上建筑公司工作经验;4 年以上房地产市场策划或 5 年以上房地产销售工作经验
管理工作经验	3 年以上担任中等规模企业部门副职的工作经验

(九) 道德要求

任职者除了应具备上述的能力要求外,还必须具有良好的职业道德,这是做好工作的重要前提和保证。通过对职业道德水平的分析,任职者至少应具备诚信、敬业、相互尊重等优秀品质。例如,医生要有医德,救死扶伤;教师要有师德,教书育人;商人要有信誉,诚信第一。

总的来说,工作规范一般涉及以上几个方面的内容。但在实际工作中不能照搬照抄,应该结合具体情况进行选择。

三、构建工作规范的方法

工作规范的构建方法和技术有多种,目前工作规范的构建有以下三种常用方法。

(一) 基于逻辑推导的工作规范构建

基于逻辑推导构建工作规范的方法成本较低,具有普遍的适用性,但其准确性相对也较低。此法包括以工作为导向的工作规范推导方法和以人员为导向的工作规范推导方法。

以工作为导向的工作规范推导方法,是从工作本身的职责和任务出发,分析为了完成这样的工作职责与任务,需要任职者具备的资格条件。这种方法依赖准确的工作描述。

以人员为导向的工作规范推导方法,是从任职者获得成功的关键行为或高频率、花费大量时间的工作行为出发,分析任职者要从事这样的行为,需要具备的资格条件。这种方法依赖详细的行为描述和关键行为识别。

(二) 基于统计数据验证的工作规范构建

基于统计数据验证构建工作规范的方法包括基于组织实证数据确定任职资格的方法和基于公共数据资源确定任职资格的方法。

基于组织实证数据确定任职资格的方法，目的在于通过建立工作规范中的各项要素与任职者的实际工作绩效的关系，对任职资格要素进行筛选。该方法通过统计手段，保证了任职资格与工作绩效的高度相关，是一种高度精确且有效的方法。但是，由于进行任职资格要素与工作绩效的相关分析需要大量样本，因此该方法无法针对某一职位单独采用，但可以针对组织全体员工进行实测，用于建立组织各职位所共同需要的任职资格要素及某一职位族所需要的任职资格要素。这种方法依赖统计数据与样本容量，准确性强，但成本也较高，仅用于通用要素。

基于公共数据资源确定任职资格的方法，是借助现有管理学、组织行为学、人力资源管理实证研究中的成熟结论来判断某职位的任职资格。这种方法依赖公共数据及职位本身的通用性，准确性较强，成本较低，但仅用于通用要素。

（三）基于定量化工作分析方法的工作规范构建

基于定量化工作分析方法的工作规范构建，是一种介于逻辑推导与严格的统计验证方法之间的一种技术。它并不对所测职位的工作绩效与素质要求的相关性进行数据分析，而是依赖定量化问卷所测得的该职位的工作维度得分，根据已经建立的各维度与素质之间的相关性，判断该职位需要具备的素质。

这种方法依赖量化的工作分析问卷，准确性较强，具有普遍的适用性，但成本较高。

以上三大类别的五种建立任职资格的方法各有其优缺点(表 5－13)。

表 5－13　构建工作规范的不同方法的比较

	基于逻辑推导的工作规范构建		基于统计数据验证的工作规范构建		基于定量化工作分析方法的工作规范构建
	以工作为导向的工作规范推导方法	以人员为导向的工作规范推导方法	基于组织实证数据确定任职资格的方法	基于公共数据资源确定任职资格的方法	
依据	依赖准确的工作描述	依赖详细的行为描述与关键行为识别	依赖统计数据与样本容量	依赖公共数据以及工作本身的通用性	依赖量化的工作分析问卷
准确性	相对较弱	相对较弱	强	较强	较强
成本	较低	较低	高	低	较高
适用性	普遍适用	普遍适用	仅用于通用要素	仅用于通用要素	普遍适用

四、工作规范编写示例

某软件公司培训部讲师工作规范示例如表 5－14 所示。

表 5-14　某软件公司培训部讲师工作规范示例

<table>
<tr><td colspan="2">岗位名称</td><td>讲　师</td></tr>
<tr><td colspan="2">所在部门</td><td>培训部</td></tr>
<tr><td colspan="2">基本要求</td><td>性别不限,年龄不限,身体健康,形象好,气质佳</td></tr>
<tr><td rowspan="3">教育状况</td><td>学历专业</td><td>大学本科学历,计算机相关专业</td></tr>
<tr><td>知识要求</td><td>精通 Linux 系统管理、Linux 服务管理、Linux 安全管理等</td></tr>
<tr><td>工作经验</td><td>有从事过 Linux 讲师相关培训经验者、具有 Linux 认证讲师证者优先</td></tr>
<tr><td colspan="2">能力要求</td><td>良好的语言表达能力
快速分析问题和解决问题的能力
良好的沟通能力
快速引导学生完成相关技能学习的能力</td></tr>
<tr><td colspan="2">个性品质</td><td>工作严谨认真
能够承受工作压力
富有主动性,热爱教学工作
有亲和力,诚恳耐心
具有强烈的责任心</td></tr>
</table>

第三节　工作说明书的编制

工作说明书的编制就是对工作描述和工作规范的内容加以整合,从而形成具有组织法规效果的正式文本的过程。一般来说,工作说明书一旦正式形成,组织中各项人力资源管理活动都必须以此为依据。

一、工作说明书编制的质量标准

工作分析应该是一项比较有难度的工作,持续时间长且繁杂琐碎,它并非人力资源部门可以单独完成的,往往需要企业每个部门,甚至是每个员工的协助,有时还会不可避免地影响员工的正常工作。然而,不少组织在经过大量的工作分析后得到的工作说明书却因达不到质量标准而无法发挥其应有的作用,致使工作分析功亏一篑。因此在形成工作说明书之前,首先要明确工作说明书的质量标准。

一份合格、规范的工作说明书必须达到以下标准。

(1) 准确性。工作说明书要准确地说明某项工作的具体特征和任职者的资格条件。这里的准确性有两个方面的含义：其一，它所说明的工作特征及任职者资格条件应是正确的，能真实反映该工作的基本情况和主要特征；其二，工作说明书的语言表达应是明确的，即要表达清楚，不能含糊其词、模棱两可。有了准确性，工作说明书才能为人力资源管理中的其他工作提供切实的依据。

(2) 系统性。系统性是指工作说明书对各职位工作任务的描述应涵盖组织的所有职能和工作任务，既不能有遗漏，也不能交叉重叠。

(3) 完备性。为了更好地反映某一工作的具体要求和主要特征，一份好的工作说明书应对该项工作的基本概要、工作职责及任职资格条件等必备内容做一个全面完整的描述，不能有遗漏或省略的内容。

(4) 普遍性。工作说明书的每一项内容最好是被分析的各种工作所共有的，这样，不同的工作之间才可以相互参照比较，从而有利于确定各种工作的相对价值，为薪酬体系的建立、考核等提供参考依据。

(5) 实用性。工作说明书是进行人力资源管理活动的基本依据，其中的招聘、薪酬、考核等都要依据工作说明书的要求来进行。所以，工作说明书在形式及内容的选择和编排上都要具有实用性，使其在实际运用时便于操作。

(6) 预见性。工作是在不断地变化和发展的，工作说明书中也应体现出这一变化特点。它既要严格真实地反映工作的现实特征，又要具备一定的柔性和弹性，以便预见未来的变化趋势。

(7) 逻辑性。编写工作说明书要符合逻辑顺序，尤其是体现在对工作职责的描述上。一般来说，应按重要程度和所花费的时间长短来排列各项工作职责，并注意将相近的职责排列在一起，这样有助于人们对工作说明书的理解和使用。

(8) 简约性。简约性一方面表现在工作说明书的措辞上，应尽量使用简洁的语言；另一方面体现在内容上，要求表达精练、严谨、合理，如对主要职责的叙述不交叉、不矛盾、条理清晰。

(9) 统一性。工作说明书的文件格式要求统一，注意整体的协调与美观。

二、工作说明书的内容与形式

(一) 工作说明书的内容安排

一般来说，一份完整的工作说明书包括工作描述和工作规范两大方面的内容，从具体项目来看，又有工作说明书必备的核心项目与可选项目之分。由于工作分析是员工招聘、培训、绩效考核、薪酬设计等各项人力资源管理活动的基础，因此，在时间、成本等各方面条件允许的前提下,应该编写出尽可能详尽、完备的工作说明书。否则,在工作说明书的实际运用中,每有一次需要就必须开展一次工作分析,这样不仅耗费时间、人力和财力,也给管理带来很大的不便。但如果受到时间、财力、物力等条件的限制,仅以满足当前的要求为目标,对工作说明书的内容则应有所选择和取舍。一般来说,工作标识、工作概要、工作职责、工作关系是工作描述中必备的核心内容,而其他内容则可以根据工作分析的不同目标来进行选择。例如,以组织优化为目标的工作说明书,则需要包括工作标识、工作概要、工作职责、工作关系、工作权限、责任细分、职责的量化信息等内容,而其他的内容(如任职资格、业绩标准等)则可以不包括在其中。工作分析的直接目标与工作说明书内容的对应关系如表 5-15 所示。

表 5-15　工作分析的直接目标与工作说明书内容的对应关系

	组织优化	招聘甄选	培训与开发	绩效考核	薪酬管理
工作标识	●	●	●	●	●
工作概要	●	●	●	●	●
工作职责	●	●	●	●	●
工作关系(职位在组织中的位置)	●	●	●	●	●
工作权限	●				
责任细分(履行程序)	●				
工作范围					●
职责的量化信息	●		●		
业绩标准				●	
工作条件					●
工作压力因素					●
工作特点与领域		●			
任职资格		●	●		●

注:"●"为有对应。

(二)工作说明书的形式

在实践中,由于各职位的特点不同,工作说明书的编写并无固定模式,需根据工作特点、目的与要求来选择具体表达形式。一般来说,工作说明书有三种形式:叙述式、表格式和复合式。复合式即工作说明书中部分内容为文字叙述式，部分内容为表格式。目前，企业中大多采用的是表格式工作说明书。

三、工作说明书编写的常见问题

规范的工作说明书中需要明确工作的职责权限、任职资格、工作特点、工作目标等重要因素，能为组织进行工作评价、人员招聘、绩效考核、人员培训、薪酬管理提供依据，但是很多组织却发现在进行了工作分析、完成了工作说明书的编制后，却发挥不了其应有的作用，达不到预期效果。究其原因，主要存在以下问题。

（一）职责界定缺乏系统性

运用各种工作分析方法收集有关工作的相关信息后，并不能直接形成工作说明书，而是要对所收集的信息进行整理、归纳、综合与分析，在对工作进行系统理解的基础上完成工作说明书的编制。我国企业目前普遍存在着岗位职责不清、任务指派随意性较大、出现问题互相推诿等管理混乱的现象。不少组织尽管进行了工作分析，但所形成的工作说明书对工作职责的界定缺乏系统性，往往出现任务交叉、重叠或遗漏的情况，致使达不到工作分析预期的目的。因此，工作说明书不应是简单地对目前职位工作任务的要求和描述，而应在认真分析和调查的基础上使之具有系统性、准确性，这样才能通过工作说明书的撰写达到明确各职位的职责权限、规范工作流程、实现科学管理的目的。

（二）工作描述表达方式不规范，用语不准确

工作说明书应能准确、清晰、真实地界定岗位承担的责任、所具有的权限和工作必须达到的目标。然而不少企业在撰写工作说明书时，没有采用规范的表达方式，混淆工作任务和工作结果；在关键词的使用上，用语不准确，导致岗位职责的描述流于一般化、普遍化，出现“千岗一面”的现象，或者使岗位职责描述过小或过大。例如，在对工作职责进行描述时，往往笼统地使用“负责”“管理”等词语，致使责任不清、任务不明。

（三）工作说明书的编制缺乏实用性

在一些组织中，设计和编写工作说明书的人员并未掌握相应的专业理论和知识，撰写工作说明书之前也并未经过系统的工作分析，只是凭经验或自己的理解来完成这一任务。因此，编写的工作说明书没有充分考虑所属行业的特点及本组织的实际情况，有的甚至将其他组织的工作说明书照抄照搬，致使工作说明书流于形式，缺乏实用性。

（四）宣传不到位，员工不理解

工作说明书涉及对各职位的描述与规范，目的是使员工明确自己的工作责任、本职位

在组织中的作用及组织对本职位的要求，因此，在编制过程中必须得到全体员工的支持和参与。然而，一些组织的部门主管只是草草完成此事，没有借此机会与员工进行充分的交流，甚至在完成工作说明书之后，员工也并不知道工作说明书的作用，有的员工还认为工作说明书是对他们工作的限制，可能会出现员工不理解、不使用、不执行的情况，使工作说明书成为可有可无的摆设。

此外，对任职资格的界定，会使一部分员工感到恐慌或者失望。在有的企业中，若是按照行业通行的标准对岗位任职资格进行界定，很多老员工的学历或者技能达不到企业的要求，他们就会认为工作说明书是人力资源部在给他们设置障碍，会担心未来的职业发展。而另一种情况是企业为了培养和锻炼人才，往往会将一些重点培养对象放到基层工作一段时间，这些人才的素质和技能都远高于职位的要求，他们的心理就会失衡，若不及时引导，将会导致优秀人才的流失，给组织造成重大损失。因此，在编写工作说明书时，应做好充分的准备工作，并给员工宣讲制定工作说明书的意义和说明书中各项内容的含义。对现行人员配置达不到或者远超出企业要求的现象，组织应及时向员工解释其原因，打消他们的思想疑虑，以保证组织的稳定发展。

（五）工作规范与工作描述之间缺乏内在联系

工作规范与工作描述并非简单地排列在一起，而是工作说明书中有机联系的两个部分。工作规范的拟订应以工作描述为依据。但事实上，不少组织的工作说明书的工作规范与工作描述之间缺乏内在联系，对于任职资格的描述并非基于对工作职责、工作设备、工作环境等的认真分析，而是凭经验或主观想象，有的还常常受到现有任职者个人情况的影响，因而缺乏科学性和客观性，进一步影响了工作说明书的使用效果。例如，目前一些企业在招聘时盲目追求高学历，这就是没有根据工作职责等合理拟订工作规范所造成的。

四、工作说明书编制的注意事项

编写一份合格有效的工作说明书，一般需要注意以下几点。

（一）一致认同工作分析的结果

工作说明书的编制是在工作分析基础上进行的。工作说明书是工作分析的结果，是对工作分析所获得的各种资料加以整理、分析、判断，并将其所得结论以书面形式表达出来的一种文件。因此，在编制工作说明书之前，必须认真地进行工作分析和调查，可灵活选择问卷法、访谈法、工作日志法、观察法等方法，了解每一个职位的工作任务、工作目标、工作条件、上下级关系、任职资格等情况。

工作分析小组成员应对调查所得结果进行总体统计、审核、分析与评估，尤其是在对同一职位的调查出现较大差异时，应对有关项目进行商议，直到统一意见。

（二）格式统一，用语准确，内容得当

在工作说明书编写的过程中，应统一基本格式，按照工作描述、工作规范两个主要部分确定适合组织实际情况的格式和模块，要注意编写格式整体的协调性，力求美观大方。

在语言的使用上，应做到简明、直接，表述精确，让员工一目了然，不能含糊其词，更不能有歧义。在内容安排上，要注意实用性、条理性和逻辑性。

（三）编制工作描述的具体注意事项

1. 责、权、利一致

在编制工作说明书时，要充分考虑各职位的责、权、利一致的问题。也就是说，某个职位在承担一定职责的同时，应当享有与其相应的权益。切不可规定的责任非常重，而所享有的权益却很小，这样势必影响工作的顺利开展，也会挫伤员工的积极性。例如，在一些情况下，部门主管需要在部门内进行工作安排和布置，但对部门员工却无考核、奖励、惩罚等权力。显然，这种责权不一造成的结果将会是员工即使不接受部门主管的工作分派也不会得到相应的惩罚，而圆满完成了分派的工作任务亦不会得到适当的奖励。这样，部门主管不能行使正常的工作委派管理权力，因而无法保证工作职责的履行。

2. 与组织结构设计、职能分解和职位设置保持一致

工作描述、组织结构设计、职能分解和职位设置是人力资源管理的几个密切相关的环节。在编制工作说明书时，要特别注意与组织结构设计、职能分解、职位设置的一致性和衔接性。

（1）工作描述是根据组织结构设计、职能分解和职位设置而进行的。

（2）各个职位的职责应与本部门或单位的职能分解相一致。职位的职责不应该超越部门或单位职能分解表中所规定的职责。

（3）部门或单位里各个职位的职责总和应与其职能分解表中所规定的职责相吻合。

（4）工作描述里的职位名称应和职位设置表中的名称相一致。

3. 职责范围清晰

编制工作说明书时，要将每个职位的职责划分清晰，各个职位的职责既不能重叠或交叉，也不能留有空白。为了便于清晰地划分职责，可按以下方式操作。

（1）部门或单位负责人的职责原则上和本部门或单位的职能分解表中的二级职能一致。

（2）部门或单位某项业务主管的职责原则上是本部门或单位的职能分解表中的二级职能中的几项，部门或单位全部业务主管的职责原则上是本部门或单位的职能分解表中的二级职能中的全部。

（3）职能部门或单位一般员工的职责原则上是本部门或单位的职能分解表中的三级职能中的一项或几项。

4. 描述岗位责任的注意事项

岗位责任分析的重要原则是简洁明了。岗位责任分析中最重要的是让每个人，即使是没做过这种工作的人，也能看懂岗位责任分析说明书，并指导从事各项工作的工作人员应该做什么、如何做，以及这样做的原因。要对岗位责任进行简洁明了的描述，必须注意以下几点。

(1) 用主动性的功能动词来描述。每句话都要用主动性的功能动词开头，如"检测""分类""衡量"等。

(2) 尽可能避免含义模糊的术语，要用一些可以明确表述工作步骤的术语或短语。例如，我们倾向于说"手雕木制品"，而不要说"制作木制品"，因为"制作"远不及"手雕"含义明确。

(3) 描述尽可能量化。例如，"切入木头 4 厘米"比"深切木头"表述要准确；"提 25 千克的物体"比"提起很重的物体"表达更准确；"每分钟敲击麻袋 45 次"比"经常敲击麻袋"含义更明确。

(4) 记录任务。要对某项工作责任作出有意义的描述，不仅要给出该项责任中各个不同活动的说明，而且要说出它们之间的联系，使读者了解各项活动之间的相互关系。经验表明，如果工作分析可以首先确定构成工作责任的主要任务，并排出重要程度顺序，而不是机械地按照观察的先后顺序排列，那么它在观察中更容易被注意，任务的记录也会比较简单。

(5) 按任务的先后顺序排列。某些与产品制作有关的工作，任务排列最简单的方法是按时间顺序或按产品制作的过程环节排列。还有一些工作，特别是相互关联的一系列活动，则必须根据任务的重要性排列，以便能够以一种更有逻辑性的、更容易理解的方式描述工作，突出主要任务。

(6) 刻画任务的质量和数量要求。对每项任务给予质量和数量方面的明确规定，有利于工作者的操作。在质量和数量方面主要包括以下要求。① 每项任务要参照它在整个工作中的时间比例来安排，并描述时间量。这只是个约数，不需要特别精确，不到 5%的时间可以忽略不计。② 对每项任务都要规定熟练程度。参照其与其他任务的关系，对每项任务作出等级分类。对熟练程度要求不严的，用数字"4"表示；对熟练程度要求苛刻的，用数字"3"表示；介于两者之间的，用数字"2"表示。

(四) 编制工作规范的具体注意事项

在编制工作规范时，虽然不同职位对任职资格条件的具体要求是不同的，但有几条基本原则应该共同遵守。

1. 工作规范应结合本组织实际情况加以确定

工作规范中的学历、经验等条件要结合所在地区、所在行业和本组织的实际情况适度掌握，不可过于苛求。表 5－16 中各职位的基本任职条件可供参考。

表 5-16　各职位的基本任职条件

职　　位	学历要求	工作经验
高层管理者	大学本科及以上,硕士优先	8～10 年
中层管理者	大学本科及以上	3～5 年
基层管理者	大专及以上	2 年以上
一般员工或工人	中专及以上	无

2. 工作规范应以工作描述为依据来拟订

工作规范中所列出的资格条件应是保证工作职责能顺利完成所需的基本要求和条件,既不能凭经验或想象来确定,也不能凭主观愿望来确定。因此,工作规范中对身体条件、所需知识、技能等条件的要求应建立在对工作描述各项信息充分分析的基础上,根据工作描述的具体内容来拟订。例如,纺织车间的工人,长时间处在巨大噪声的工作环境中,对工作规范的描述中就应包括身体健康,无心脏病、高血压等疾病等条件。

3. 不要与有关法律规定相抵触

编写工作规范时要切记所列出的任何资格条件都必须与工作有关,不能与有关法律规定相抵触,不能出现种族、宗教、性别、年龄、身体残疾等方面的歧视性规定。如果任职资格不恰当地限制了任何受保护群体的就业途径,将会违反法律规定。

(五) 总结与修改

工作分析小组要对完成的工作说明书进行审核,将初步拟写的“工作说明书”与实际工作进行对比,根据对比的结果决定是否需要进行再次调查研究,并进行修改,汇总后向领导小组汇报。如有必要则对工作说明书进行个别修正和调整。最后对说明书进行编辑存档,以备后用。

(六) 建立动态管理机制

行业的发展、组织的变革会给工作岗位提出不同的要求,因此,组织完成工作说明书的编写后,人力资源部门应该建立工作说明书的动态管理机制,由专人负责管理更新。目前,已经有越来越多的组织认识到工作说明书的时效性,开始重视对工作说明书的动态管理。

总之,一份合格的工作说明书能有效减少组织内各工作职位之间互相扯皮、推诿的现象。同时,工作说明书的编制也有利于改进工作方法,可作为人员招聘、培训、任用、晋升、调动、评价等人力资源管理各项职能的依据。在现实中,组织不仅应该编写好工作说明书,更需要用好工作说明书,以优化人力资源管理系统,提高人力资源管理水平。

五、工作说明书示例

某公司总经理办公室主任工作说明书编写示例如表 5－17 所示。

表 5－17　某公司总经理办公室主任工作说明书示例

<table>
<tr><td colspan="3">单位：</td><td colspan="2">职位名称：总经理办公室主任</td><td>编制日期：</td></tr>
<tr><td colspan="3" rowspan="3">部门：总经理办公室</td><td colspan="2">任职人：</td><td>任职人签字：</td></tr>
<tr><td colspan="2">直接主管：总经理</td><td>直接主管签字：</td></tr>
<tr><td colspan="2">直接下属：</td><td>间接下属：</td></tr>
<tr><td colspan="3">职位编号：</td><td colspan="2">说明书编号：</td><td>批准日期：</td></tr>
<tr><td colspan="6">职位概要：
协助总经理工作，与各总监、各职能部门及政府有关部门进行沟通，将各部门的工作紧密结合起来，确保公司的正常工作秩序和年度经营目标的实现</td></tr>
<tr><td rowspan="11">责任范围</td><td>汇报责任</td><td colspan="2">直接上报____人</td><td colspan="2">间接上报____人</td></tr>
<tr><td>督导责任</td><td colspan="2">直接督导____人</td><td colspan="2">间接督导____人</td></tr>
<tr><td rowspan="2">培训责任</td><td colspan="2">培训下属</td><td colspan="2">现场指导下属的文案管理、会务安排等行政管理工作</td></tr>
<tr><td colspan="2">专业培训</td><td colspan="2">定期举办行政管理、文秘管理等相关培训，提高下属的工作能力和水平</td></tr>
<tr><td rowspan="3">成本责任</td><td colspan="2">通信费、接待费</td><td colspan="2">根据公司相关管理规定</td></tr>
<tr><td colspan="2">电脑安全</td><td colspan="2">维护办公室电脑安全，保证文件的安全性</td></tr>
<tr><td colspan="2">办公用品设备</td><td colspan="2">对办公用品的采购和使用负有成本责任</td></tr>
<tr><td>奖惩责任</td><td colspan="4">对下属成员的工作情况、表现情况负有奖惩责任</td></tr>
<tr><td>预算责任</td><td colspan="4">对部门费用使用情况负有预算责任</td></tr>
<tr><td>档案管理责任</td><td colspan="4">对本部门文件、公文档案负有管理责任</td></tr>
<tr><td>参会责任</td><td colspan="4">有参与总经理安排参加的相关会议的责任</td></tr>
<tr><td rowspan="3">权力范围</td><td>审核权</td><td colspan="4">对总经理办公室通过的决议具有审核权</td></tr>
<tr><td>解释权</td><td colspan="4">对本部门相关管理规定和文件管理要求具有解释权</td></tr>
<tr><td>财务权</td><td colspan="4">对总经理办公室相关费用的使用具有财务权</td></tr>
</table>

续　表

<table>
<tr><td rowspan="3">权力范围</td><td>考核权</td><td colspan="4">对部门成员业绩具有考核权</td></tr>
<tr><td>联络权</td><td colspan="4">为完成总经理交办的响应事宜，具有内、对外的联络权</td></tr>
<tr><td>接待权</td><td colspan="4">对来访的客户、相关社会团体具有接待权</td></tr>
<tr><td colspan="3">工　作　范　围</td><td>工作依据</td><td>负责程度</td><td>建立考核标准</td></tr>
<tr><td colspan="3">1. 对内协调
全面协调总经理与各总监之间的工作事务，协助总经理与公司各职能部门、各子公司进行联络、沟通与协调；协助其他部门组织公司重大活动</td><td>部门间沟通和公司内部管理的有关规定</td><td>全责</td><td>公司内领导和员工的满意程度</td></tr>
<tr><td colspan="3">2. 对外关系协调
协调公司与政府有关主管部门的关系，协调与行业有关管理机构的关系，协调公司与其他相关各企业的关系，经总经理授权代表公司出席各种外部会议</td><td>公司对外关系管理的相关规定</td><td>全责</td><td>外部单位的满意程度</td></tr>
<tr><td colspan="3">3. 对外接待
妥善安排相关单位、人员的来访接待工作</td><td>公司对外接待的相关管理规定</td><td>全责</td><td>外部单位、公司领导的满意程度</td></tr>
<tr><td colspan="3">4. 会议组织管理
组织安排总经理办公室及其他各种日常会议，安排会议记录、纪要工作；对公司总部会议室和会议设备进行管理</td><td>公司关于会议管理的相关制度和领导的要求</td><td>全责</td><td>会议开展情况及会务管理结果评价</td></tr>
<tr><td colspan="3">5. 文书档案管理
组织制定公司的文件管理制度，根据管理制度制定年度文件编码；组织对公司各种文件进行登记、归档管理；安排公司内外各种来往文件的核稿、颁布和下发工作</td><td>公司的具体管理要求和质量体系所要求的文件管理规定</td><td>全责</td><td>文件编码、发放及时，文书档案管理完好无损，公司领导和各部门领导满意程度</td></tr>
<tr><td rowspan="4">工作关系</td><td rowspan="3">内部关系</td><td>所受监督</td><td colspan="3">受总经理的管理和监督</td></tr>
<tr><td>所施监督</td><td colspan="3">对总经理办公室成员工作的管理和监督</td></tr>
<tr><td>合作关系</td><td colspan="3">为完成总经理办公室工作目标与相关部门的合作</td></tr>
<tr><td>外部关系</td><td colspan="4">与来访客户、政府部门代表、行业组织的接待和协调关系</td></tr>
<tr><td>沟通关系</td><td colspan="5">______　内部______　______
______　外部______　______</td></tr>
</table>

续 表

任职条件	学历/专业	本科及以上，企业管理、行政管理相关专业	
	必备知识	专业知识	行政管理、公共关系管理、文案管理、公文管理等
		外语要求	全国大学英语四级及以上
		计算机要求	全国计算机二级及以上，熟练操作各种办公软件
	工作经验	3 年以上大、中型企业办公室或行政工作经验	
	业务了解范围	熟悉企业行政管理和公共关系管理知识，全面了解公司内部工作及业务流程。	
	能力素质要求	组织能力	各种公司重要会议的召集、组织和安排的能力
		沟通协调能力	沟通协调相关部门和人员完成总经理交办事宜的能力
		监控能力	监督、管理下属完成部门内事务的能力
		联络能力	对外接待能力
	职位晋升	可直接晋升的职位	副总经理
		可互相轮换的职位	总经理助理
		可晋升至此的职位	总经理办公室文员、部门经理助理
		可以降级的职位	总经理办公室文员、部门经理助理

案例分析

在组织的招聘工作中，需要了解所招聘岗位的工作职责和任务，由此确定应聘者需具备的资格条件，只有这样才能使招聘者有效地筛选应聘者的资料，从中挑选应聘候选人，针对工作岗位的要求进行选拔、聘用。销售经理助理这一职位的工作说明书缺乏系统性，没有对该岗位的工作职责进行全面描述，遗漏了工作任务，由此确定的任职资格条件也不完备、不恰当。工作说明书的信息失误将直接影响招聘工作的准确性、可靠性。即使员工被录用，由于工作岗位职责不明确或工作任务与招聘时的工作界定范围不同也可能会引起员工不适应工作而流失，从而造成组织和应聘者双方不必要的损失。因此，在招聘之前，应对该职位进行系统的工作分析，编制出一份准确的工作说明书，然后以其为依据进行招聘。

思考与练习

一、单项选择题

1. 用简练的语言文字阐述工作的总体性质、中心任务和要达到的工作目标,这是工作说明书中的(　　)。

A. 工作概要　　B. 工作职责　　C. 工作条件　　D. 工作身份

2. 工作描述的主体是(　　)。

A. 工作概要　　B. 工作职责　　C. 工作关系　　D. 工作标识

3. 工作说明书的每一项内容最好是被分析的各种工作所共有的,这是工作说明书的哪一标准?(　　)

A. 系统性　　B. 完备性　　C. 普遍性　　D. 实用性

4. 对工作目的、职责、任务、权限、任职者基本条件等信息作书面描述的文件是(　　)。

A. 工作描述　　B. 工作规范

C. 工作说明书　　D. 工作分析报告

5. 美国劳工部的"普通教育水平量表(GED)"是根据工作对哪三个维度的要求来界定工作任职者所需具备的实际教育水平的?(　　)

A. 学习能力、推理能力、专业技能　　B. 创新能力、语言能力、数学能力

C. 数学能力、专业技能、学习能力　　D. 数学能力、语言能力、推理能力

二、多项选择题

1. 下列构建工作规范的方法中,哪些是仅适用于通用要素的方法?(　　)

A. 以人员为导向的工作规范推导方法

B. 基于组织实证数据确定任职资格的方法

C. 基于定量化工作分析方法的工作规范构建

D. 基于公共数据资源确定任职资格的方法

E. 以工作为导向的工作规范推导方法

2. 一份工作描述中必备的核心内容有(　　)。

A. 工作标识　　B. 工作概要　　C. 工作权限　　D. 工作职责

E. 工作关系

3. 以组织优化为目标的工作说明书,除需包括工作标识、工作概要、工作职责、工作关系这几项必备的核心内容外,还须包括下列哪些内容?(　　)

A. 工作权限　　B. 责任细分

C. 工作范围　　D. 职责的量化信息

E. 业绩标准

三、简答题

1. 什么是工作描述？工作描述包含哪些具体内容？
2. 如何进行工作职责的描述？
3. 什么是工作规范？工作规范包括哪些具体内容？
4. 编制工作说明书的质量标准有哪些？
5. 构建工作规范有哪些方法？这些方法有何特点？

四、论述题

1. 试述工作说明书的内容安排。
2. 试述编制工作说明书的注意事项。

第六章 工作分析在人力资源管理中的应用

学习目标

了解人力资源规划内容和步骤，理解工作分析与人力资源规划的关系；理解工作分析对绩效考核的作用，掌握绩效考核指标的设计；理解工作分析与人员招聘的关系，掌握工作分析与招聘广告的关系，理解工作分析与人员甄选、面试的关系；了解培训流程，理解工作分析与培训的关系；了解薪酬设计原则，掌握工作分析与薪酬管理的关系，理解工作分析、工作评价与薪酬管理的关系。

重点概念

人力资源规划、考核指标的可操作化、关键绩效指标、培训需求分析。

引导案例

定编定员前需要做工作分析吗？

W企业近年来发展迅速，企业的员工人数也大幅增加，由几年前的一百多人发展到上千人，有了二十多家分公司。但总经理王某却有几分担忧，随着组织规模的扩大，组织结构变得复杂，如果不对企业的人员数量进行很好的控制，将造成机构臃肿、人浮于事的局面。所以，王总决定做一次人员预算。

他向一家著名的管理顾问公司咨询此事，得到的建议是应系统进行工作分析，这样可以清楚企业内的职位情况，从而科学客观地分析职位到底该如何设置，不同职位需要多少人。这样得出的结论比较符合本企业的实际情况。

于是，王总决定在管理顾问公司的帮助下进行一次系统工作分析，再进行定编定员管理。

讨论题

1. 为什么管理顾问公司建议在做人员预算之前要先进行工作分析呢?
2. 你认为这个建议合理吗? 为什么?
3. 工作分析在人力资源管理中还有哪些作用?

工作分析是一项多层次、多种类、应用范围非常广泛的管理技术,它对于维持和发展人力资源管理系统是不可或缺的。人力资源管理是一个有机的系统,它的各种职能,如人力资源规划、人员招聘、薪酬管理、绩效考核、培训开发、工作设计、职业生涯管理等,应该是相互联结、彼此协调的。而这些职能的各自运作都需要有关工作的科学、系统、完整的信息,因此,这些职能的有效运作只有建立在科学、有效的工作分析基础之上,才能更好地实现彼此的协调。

本章将围绕工作分析在人力资源规划、绩效考核、人员招聘、人员培训、薪酬管理几个方面的具体应用进行详细阐述。

第一节 工作分析在人力资源规划中的应用

一、人力资源规划概述

(一) 人力资源规划内容

人力资源规划是指一个组织科学地预测、分析其人力资源的供给和需求状况,制定必要的政策和措施,以确保组织在需要的时间和需要的岗位上获得各种人力资源的计划。人力资源规划是各项人力资源管理活动的起点和依据,一般包括岗位职务规划、人员补充规划、教育培训规划、人力分配规划等。

(1) 岗位职务规划。岗位职务规划主要解决企业定编定员的问题。依据企业近期目标及远期发展目标、工艺要求、生产设备、生产率等,组织确立相应的组织机构、岗位职务标准,进行定编定员。

(2) 人员补充规划。人员补充规划主要是指在中长期内使组织的岗位空缺能从数量上得到合理的补充,岗位质量有所提升。人员补充规划要具体指出组织发展所需要的各级、各类人员所需具备的资历、技能等要求。

(3) 教育培训规划。教育培训规划是指依据企业发展的需要,通过各种教育培训途径,为企业培养目前和未来所需要的各类合格人员的规划。

(4) 人力分配规划。人力分配规划是指依据企业的组织机构、岗位的分工来配置所需的人员,包括员工的调配、工作调动等内容。

(二) 人力资源规划的步骤

人力资源规划主要包括以下几个步骤(图 6-1)。

(1) 明确组织的战略目标。

(2) 收集、分析人力资源的供需信息,对人力资源供给和人力资源需求进行预测。

(3) 制定相应的人力资源政策。

(4) 进行人力资源实践,如设计招聘、培训或晋升等具体计划并付诸实施。

(5) 对实施方案进行控制与反馈,确保实现企业的战略目标。

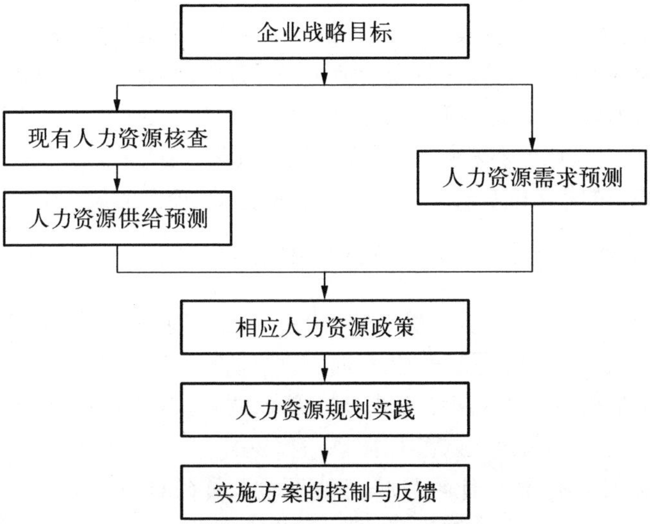

图 6-1 人力资源规划的步骤

人力资源规划的制定与落实是一个复杂的过程。组织只有对人力资源需求预测和供给预测进行分析比较,才能制定出相应的人力资源政策。因此,对人力资源进行需求预测和供给预测是人力资源规划的重要环节和步骤。

二、工作分析与人力资源规划

人力资源规划是企业发展战略的重要组成部分,也是组织选人、育人、用人、留人等各项人力资源管理工作的依据。工作分析的结果可以为有效的人力资源规划提供可靠的依据。一个组织有多少个工作职位,这些职位目前的人力资源配备能否达到工作和职位的要求，今后几年内工作将有哪些变化，人员的结构应做出哪些相应的调整，几年甚至几十年内人员增减的趋势如何，后备人员的素质应达到何种水平等，这些问题都可以依据工作分析的结果做出合理分析。可见，人力资源规划的制定是以组织的工作分析为基础的，同时它又为下一步的人力资源管理活动制定了目标、原则和方法。

（一）工作分析与人力资源需求预测分析

进行人力资源需求预测分析，首先要收集相关的信息资料，包括组织的发展战略和目标、组织结构、工作说明书，以及现有人力资源的数量、质量、结构等信息。这些资料都可通过工作分析获取。此外，还要收集一些关于组织经营环境的硬约束性资料，包括社会、政治、经济、法律环境等，这些也是制定人力资源规划必须考虑的因素。

通过工作分析，组织能够了解现有人力资源的整体情况：对工作说明书中的各职位人员的工作职责进行分析，可以明确各类人员的职责能否实现组织未来的发展目标；对工作规范进行分析，可以了解组织现有职位人员是否具备实现组织发展战略的技术和能力；对组织发展战略、组织文化与组织环境等情况进行分析，可以对未来所需的人力资源数量、质量及结构的总体状况做出预测，从而确定组织是否需要进行人员的补充，需要哪种类型的人员补充，并设计出未来所需人员的职责。同时，通过对工作分析结果的分析，还可以掌握现有人员的数量以及未来可能的流向，确定人力资源的需求数量及质量要求。

（二）工作分析与人力资源供给预测分析

组织人力资源供给预测主要是根据组织内外部条件，对未来一定时间内，组织空缺职位能获得补充的人员的总数及获得供给的时间进行估算。其信息主要来自两个方面：一是组织外部人员的招聘，二是组织内部人员的晋升、调配。组织在对人力资源供给预测的信息进行分析时，在一定程度上依赖工作分析的结果。

1. 工作分析为外部人员的招聘提供所需人员的标准

组织在进行外部人员的招聘时，可以根据本组织工作分析的结果，基于工作描述、任职资格确定组织所需人员的标准和条件，进而确定组织外部未来能够适应本组织发展的相关人员的数量。因此工作分析形成的规范性文件是组织对外部人员信息进行预测分析和筛选的基础和依据。假设某企业设计工程师的工作规范要求任职资格为具有 5 年以上设计经验且掌握工艺流程等，那么在进行外部人员的招聘信息分析时，分析范围只能限于具备这些条件的人员。如果没有针对性地分析，做出的供给预测分析对组织是毫无意义的。

2. 工作分析为组织内部供给预测提供依据

组织在进行人力资源内部供给预测时，一方面要对组织内部的员工状况进行分析，如员工的部门分布情况、技术水平、知识经验和年龄构成等，另一方面要掌握组织内现有人员流动趋势的信息，如职位的晋升、降级与调配，员工的自然流失、伤残、退休和死亡等。

前者信息在工作分析过程中可以获得，后者可以通过对工作说明书的分析来获取。一份完整的工作说明书不仅包括工作名称、工作环境、工作职责，还应对该职位的晋升、降级、可轮换职位、可迁移至此的职位、所受的培训进行详细的描述。通过分析整理这些信息资料，可以进行相应的人员供给预测分析。工作说明书还提供了每个职位的具体任职资格，这些信息就可用于形成人员配置图以显示哪些职位的员工可以成为该职位最合适的人员或候选人，及其所应具备的资格和条件。

（三）工作分析与人力资源政策

在完成人力资源的需求预测与供给预测，并进行比较后，组织会制定相应的人力资源政策，以保障组织未来发展所需人员的有效供给。通常会出现以下三种情况。

1. 供求平衡

当供求平衡时，组织的人力资源政策可以保持现有的工作分析结果，并且对其进行一些必要的维护，保证各职位的任职者能够按照工作说明书所描述的职责、任职资格及工作协作等有序地进行日常的工作和生产。

2. 供给不足

当供给不足时，组织的人力资源政策主要有以下两种选择。

一是招聘增员。组织根据所缺人员岗位的工作说明书，确定招聘人员的标准，制定相应的招聘方案。

二是拓展现有岗位的工作职责。组织将员工的工作范围扩大，增加员工的工作职责、工作任务，让员工完成更多的工作量。在拓展工作职责之前，要先对工作分析的结果进行梳理和分析，了解各职位工作的饱和度。对于工作任务、工作量已达到饱和状态的职位，不适宜再对其进行职责的拓展；对于未达到饱和状态的工作职位，则可以考虑拓展其工作职责。组织要根据各职位的实际情况，确定职责如何进行扩展。一方面要对增加的工作任务、工作职责进行分析，以确定完成这些任务和职责所需的知识、技能；另一方面要对这些职位原本所需具备的资格条件进行分析，然后将两者对比，从而确定哪些职位可以扩展何种工作职责。如果原有职位任职者不具备新增任务所需的相应资格条件，则还要规定相应的技能或知识培训内容。只有这样，才能保证拓展后的工作职责顺利完成。

职责拓展后，由于各岗位的工作关系、工作环境、工作职责、工作技能要求等都可能发生改变，组织应根据职责拓展后的实际情况对相应职位重新进行工作分析，并制定工作说明书。

3. 供给过剩

当供给过剩时，组织的人力资源政策主要有三种：一是裁减或辞退员工；二是进行工作职责的分解；三是减少工作时间，同时也减少工资。组织可以根据自身的人力资源政策精简组织机构，裁撤冗员，将不能满足组织发展要求的人员辞退，再将工作任务重新整合，完成人岗匹配。工作职责的分解主要是将原有的一个或两个职位的职责分由两个或更多职位来共同完成，以此达到不裁员的目的。再者就是用减少工作时间的办法来缓解人力资源供大于求的矛盾。不少组织在经济衰退或出现行业危机时，为了能使全员共渡难关，提高组织员工的凝聚力，就采用第二种或第三种方法。不论是哪一种情况，都需要及时对原有的工作说明书进行适当修改和调整，为以后其他的人力资源管理活动提供依据。

（四）工作分析与人力资源规划的控制与反馈

人力资源规划的最后一个步骤——控制与反馈，是指对人力资源规划的合理性、准确性进行反馈，并根据现实情况不断予以修正和完善的过程。对人力资源规划进行控制与反馈，是为了实现对人力资源的适时、有效地配置，其最终目标是保证组织战略的顺利实施。对人力资源规划进行控制与反馈需要关注的内容是多方面的，如各岗位任职者能否胜任该岗位工作，各岗位任职者能否按照岗位设置的目标履行各自的工作职责，各岗位的工作职责的完成能否最终实现组织的发展方向或战略目标等。这些都需要以工作分析的结果为依据来检验和衡量。通过工作分析对组织内所有职位进行分析，能及时发现有关岗位可能存在的问题，避免是组织内岗位设置的原因，或岗位任职者的原因影响了组织的发展。

第二节　工作分析在绩效考核中的应用

现代组织人力资源管理的核心在于如何提高员工的绩效水平，从而为组织的整体目标战略做出贡献。因此，绩效考核作为绩效管理的核心，在人力资源管理中具有关键性的地位。

一、工作分析对绩效考核的作用

绩效考核是指考评主体对照绩效标准或工作目标，采用科学的考评方法，评定员工或团队的工作任务完成情况、工作职责履行程度，并将评定结果反馈给员工的过程。工作分析在绩效考核中起到了基础性的作用。具体表现在以下几个方面。

（一）工作说明书是绩效考核的指标来源

要想做好绩效考核，就必须首先做好绩效计划。在计划阶段，管理者与员工之间需要在绩效期望方面达成一致，员工对自己的工作目标作出承诺。这种承诺是基于工作职责而言的，因为工作职责是一个比较稳定的核心特征，体现的是员工所要从事工作的核心活动。而工作职责的来源是工作说明书或基于工作分析的相关资料。

（二）工作关系决定绩效考核的参与主体

很多人认为绩效考核由任职者的直接主管来做就可以，其实不然。不同的工作关系，需要由不同的考核主体参与，也就是说，工作关系决定了绩效考核的参与主体。有的工作关系只涉及组织内部，主管比较容易了解情况，可对任职者的工作绩效进行评价；有的工作性质是经常要与客户打交道，其工作关系比较复杂，所以对其任职者的工作绩效进行评价时，就需要考虑客户的意见，而不是仅仅由主管人员进行评价。因此，工作分析有利于确定绩效考核的参与主体。

（三）工作特性决定绩效考核的方式

通过工作分析，不仅可以了解各职位的工作职责，还可以获得许多工作特性等方面的信息。不同特性的职位应采用不同的绩效考核方式。例如，对于独立性较强的工作，主要是以对最终结果的考核来代表其绩效的考核，而不必太追求对其过程细节的掌握和控制；对于自由程度较低的工作，往往需要一步一步地去考核，不仅要关注结果，也要关注过程中每一个环节的工作产出。

（四）工作特性决定绩效考核的周期

根据工作特性的不同，对任职者进行考核的周期也会有差异。例如研发人员，由于其任务的特殊性、工作的复杂性，其考核周期一般要比一线生产工人长。因此，对于研发人员，可以采取季度或者年度考核，而针对一线生产工人，考核往往间隔时间较短，可考虑采用月度考核。

（五）工作分析结果的细化程度影响绩效考核的结果

对工作职责的界定有职责、任务、活动、具体流程等多个层次，工作说明书中对工作职责描述的详细程度不同，其为绩效考核标准所提供的依据就不同。如某企业招聘经理的工作职责有一条是“负责人员招聘工作”。因为工作说明书中只列明了职责，即表明了负责的内容，那么，与其相应的绩效考核标准就应是“及时为用人部门招聘到合格的员工”。在某次招聘任务中，某公司在10月份需要招聘一名生产总监，合格的候选人应具备较高的背景要求和较丰富的工作经验，而由于公司总体的薪酬水平低于同期同等劳动力市场价格水平，公司提供的薪酬在当地的劳动力市场上不具有竞争力。为了完成这一招聘任务，招聘经理经过近一年时间的努力，使用了人才搜寻、网络广告、内部推荐等各种方法，筛选了数十位候选人，均未能招聘到合适的人员。如果按职责要求，即按工作业绩的直接结果来进行评估，招聘经理未能达到绩效标准。但如果在工作说明书中将“负责人员招聘工作”进一步细化为具体的工作活动，即“负责分析各部门用人需求，提出相应建议；选择招聘信息发布渠道,及时发布招聘信息;筛选应聘的候选人资料;组织有效的选拔并办理相应的录用手续”,则绩效考核的结果就完全不同了。只要招聘经理及时、高质量地完成了招聘流程中的相关工作任务,并努力保证工作的结果,就应该评价其工作达到了业绩考核的要求。在此情形下,不能简单地判定招聘失败是招聘经理绩效低下所致。

二、绩效考核指标的设计

绩效考核体系的设计,关键在于如何为组织中的每个部门和职位建立具体、明确、可操作的考核指标。而考核指标设计,目前主要存在着两种不同的模式:一种是传统的基于工作分析的考核指标体系;另一种是基于战略分解的 KPI 考核指标体系。

(一)基于工作分析的绩效考核指标体系

基于工作分析的绩效考核指标体系,是指考核指标来源于工作分析所获得的工作目的、任务和职责等方面的信息(图 6－2)。采用这种模式提取考核指标,首先要对各职位进行科学的工作分析,准确界定各职位的工作目的与工作职责,然后根据每一项工作职责所要达成的目标,来提取针对每项职责的绩效标准。有时,在提取绩效标准时,还需要对工作职责做进一步的职责细分,然后从每项细分的职责中分别提取绩效标准。经过这一步提取的绩效标准可能会很多,这就需要对这些绩效标准做进一步的筛选,并使其可操作化,从而形成该职位的考核指标。如果这些指标还不足以全面地反映工作,则应补充一些来自上级、内外部客户甚至任职者本人对考核指标的意见和看法,形成最终的绩效指标。

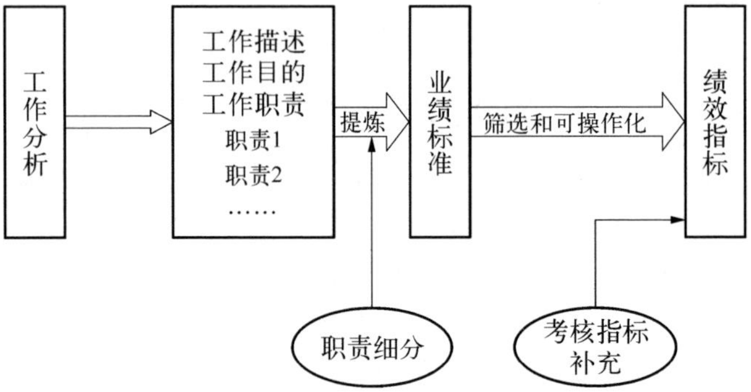

图 6－2　基于工作分析的绩效考核指标体系

1. 从工作职责中提取绩效标准

绩效标准有正向和反向两种类型。正向绩效标准的提取主要有两种方式:一种是直接以结果为导向,将职责所要达成的目标的完成情况作为绩效标准;另一种则是通过分析在职责完成的整个流程中存在哪些关键点,从这些关键点中找到对整个职责的完成效果影响最大、最为重要的关键点，以其作为绩效标准，这种方法必须建立在职责细分的基础上。前者适用于职责目标清晰、结果易于衡量的工作职责，后者则适用于职责目标难以界定、工作结果难以衡量或不能完全为任职者本人所控制的情况。两种方法常常结合使用。

反向绩效标准是在正向绩效标准不易提取，或者不具有可操作性的情况下使用的。对于反向标准的提取，要回答这样一个问题：该项职责如果完成得不好，会表现在哪些方面？通常使用的反向绩效标准有差错率、失误率、事故率、次品率、时间延误、违纪次数、投诉次数(率)等。

绩效标准仅仅表示工作绩效评估的变量，而不是绩效评估的具体的、可以直接操作的指标，更不是绩效的衡量目标。因此，从绩效标准到考核指标之间，还需经过一个较为复杂的分析过程。

2. 进一步筛选绩效标准

针对职位的每一项职责所提取的绩效标准往往数量很多，控制点分散。为了能够引导任职者抓住工作中的关键业绩，将资源与努力集中在真正能够创造价值的方向上，必须对绩效标准进行进一步的筛选和提炼。初步得到的绩效标准一般从十几个到几十个不等，应从这些指标中剔除那些不具关键性的指标、不具可衡量性的指标以及信息难以收集的指标，最后缩减为 6～8 个绩效标准。

3. 考核指标的可操作化

考核指标的可操作化就是将筛选后的绩效标准转化为可衡量的具体绩效指标的过程。这个过程包括以下五个方面。

(1) 考核指标的计算方式或衡量方式。根据考核指标的可衡量性，可将其分为硬指标和软指标两种。所谓硬指标，就是可以通过数学公式进行计算的指标，如市场占有率、次品率、差错率、客户投诉率等。衡量硬指标的关键是确定对其进行计算的数学公式，如次品率＝次品数量/产品总数×100%。软指标是难以量化的指标，只能通过定性的方式进行评价，如××的有效性、××的质量等。这些指标需要进行具体的界定，然后以此为标准进行衡量，如财务报告的质量可以从它的正确性、信息充分性、可读性和对业务的指导意义等几个方面来评价。

(2) 考核指标的信息来源。信息来源是指在对该指标进行考核时，需要依据哪些方面的信息来计算或作出判断。确定硬指标时，主要应从计算公式自变量的角度来考虑信息来源，常见的信息来源有组织业务和管理中的文件、记录及报告等。例如，客户投诉率＝客户的投诉人次/客户总数×100%，其中，客户投诉人次应来自公司的客户投诉记录，而客户总数则来自公司的客户档案。软指标的确定则主要从考核者在作出决策时的信息支持者的角度来考虑，常来源于公司内外相关人员和专家的意见。例如，总经理最终需要对财务经理的“财务报告的有效性”指标进行评分，就需要在参考各业务部门经理和外部财务专家意见的基础上进行综合评价。

(3) 确定指标的权重。每个职位一般都有一个以上的职责，这些职责对完成工作目标的贡献度是不一样的,因此从各个职责中提取的绩效指标在整个事件和活动中的重要程度也是不一样的。权重即绩效指标在整个活动和事件中的重要程度,一般用百分数表示。如客户拜访完成率的权重为 15%,所有指标的权重之和是 1 或 100%。在确定指标的权重时,往往需要考虑以下几个方面的因素。一是指标的重要性。这是指指标对该部门整体业绩的贡献率,贡献大小和权重一般成正比,贡献率越高,指标越重要,权重越高,反之则越低。二是部门可控性。部门可控性较小的指标(主要承担连带责任),权重不能太高。三是指标的可衡量性。这是指可以量化和可控指标的权重相对高一些,而用定性方式衡量的指标的权重则相对低一些。

(4) 绩效指标的等级定义。等级是对不同业绩水平进行的分类,一般分为四或五个级别,例如:S——优秀,A——良好,B——合格,C——需改进,D——不合格。而每个级别都有相应的业绩表现,也就是它的定义。例如,在硬指标中,我们可以把客户投诉处理及时效分为几个等级,规定 A 为 95%~100%,B 为 90%~95%,C 为 85%~90%,D 为 85%以下。而软指标的等级定义用的是一些评价性的语言,例如,在评价服务员对顾客的态度指标时,可以规定:S——待人热情,A——待人友好,B——对人礼貌,C——面无表情,D——给人冷脸。

(5) 绩效指标的操作细则表。绩效指标通过上述方法确定之后,就可以形成考核指标的操作细则。在考核指标的细则中,一般包括名称、定义、计算方法、等级定义、权重等。表 6-1 是绩效指标操作细则示例。

表 6-1　绩效指标操作细则示例

<table>
<tr><td>指标名称</td><td colspan="5">发货差错率</td></tr>
<tr><td>指标定义</td><td colspan="5">错误发出的货物总量与总发货量之间的比较</td></tr>
<tr><td>计算公式</td><td colspan="5">错误发货量/发货总量</td></tr>
<tr><td>指标权重</td><td colspan="5">8%</td></tr>
<tr><td>被考核者</td><td colspan="5">客户服务部经理</td></tr>
<tr><td>数据来源</td><td colspan="5">客户档案、客户投诉记录</td></tr>
<tr><td rowspan="2">等级定义/%</td><td>S</td><td>A</td><td>B</td><td>C</td><td>D</td></tr>
<tr><td>0~0.15</td><td>0.16~0.25</td><td>0.26~0.35</td><td>0.36~0.50</td><td>0.51 以上</td></tr>
</table>

(二) 基于战略分解的 KPI 考核指标体系

1. KPI 的含义与特点

基于工作分析的考核指标体系,是一种传统的考核方法。随着全球化和知识经济时代的到来,越来越多的组织开始认识到战略的实施与传递对组织成功的关键作用。因此,一种新的考核指标体系——关键绩效指标,即KPI,越来越受到重视。所谓KPI,是指组织宏观战略目标决策经过层层分解产生的可操作性的战术目标,是宏观战略决策执行效果的检测指针。KPI是衡量组织战略实施效果的关键指标,其目的是建立一种机制,将组织战略转化为内部过程和活动,以不断增强组织的核心竞争力,持续取得高效益。相对于传统的基于工作分析的绩效考核指标体系,KPI具有以下几个特点。

(1) 战略导向性。KPI的设计来源于组织战略和目标的分解,其目的是为组织战略服务。有了它,组织的战略传递和落实就会得以实现。

(2) 关键性。KPI关注的是对实现战略有贡献的指标,所以其方法的基本原理是"2/8"原则,该原则认为在实际的工作中,80%的工作价值是由20%的关键行为完成的,这20%的关键行为就是KPI所关注的。由于这种关注集中在业绩的关键点上,所以越是基层的职位,其KPI就越少,有的职位可能就只有1~2个KPI,有的职位甚至没有KPI。

(3) 可量化。KPI更加强调指标的定量化及可操作性。如果这些关键的指标不能量化或者可操作性差,那么它的重要性就要大打折扣。

2. KPI体系与工作分析的关系

以工作分析为基础的传统绩效指标体系和以战略分解为基础的KPI指标体系,虽然是两种不同的考核指标设计思路,但是,它们之间并非完全对立,而是相互支持、相互补充的,并在职位层面的考核指标中相互交叉,形成相互补充的关系。

(1) 中高层职位的绩效指标体系。在这个层面的职位主要采用以KPI为主的绩效考核体系。由于企业内部的中高层职位往往直接领导公司的某一领域或部门,因此,对这些职位来说,可以直接将公司级KPI与部门级KPI转化为该职位的KPI。这样有利于强化部门经理的决策权威,提高直线指挥系统的效率。同时,由于高层职位负责领域宽广,直接通过KPI便能抓住其主要的业绩,往往不再需要依靠工作分析来进行考核指标的补充。

(2) 基层职位的绩效考核体系。这个层面的职位主要采用KPI、工作分析和临时任务三者相结合的考核体系。基层职位的负责领域较为狭窄,与组织战略的关系较为疏远,因此,每个职位往往职能分解到1~2个KPI,有的职位甚至没有KPI。因此,仅仅通过KPI来进行考核,只能考查其工作业绩的一小部分,需要通过工作分析对KPI指标进行补充。同时,对于很多基层职位而言,基于战略分解的KPI,其内容往往已经包含于工作分析所得到的考核指标之中。KPI的意义则在于,从工作分析所得到的考核指标中,找到与组织的战略密切相关的部分,并加以定量化的指标设计,从而引导任职者更为有效地进行资源的集中配置,提高工作的有效性。因此,对于基层职位的考核指标设计,往往是先通过战略分解得到职位的KPI,再从工作分析中找到KPI所忽略和遗漏的部分,进行考核指标的补充。此外,对于很多基层职位,还存在着较多的临时任务,这部分内容也必须形成考核指标,纳入该职位的考核体系之中。这样,基层职位就形成了KPI、工作分析和临时任务三位一体的考核指标体系。

第三节 工作分析在人员招聘中的应用

一、工作分析与人员招聘的关系

招聘工作是组织人力资源管理中一项经常性的工作。一个企业要想永远留住自己所需要的人才是不现实的,也不是人力资源管理手段所能控制的。当工作机会充裕时,员工流动率就高;当工作机会稀缺时,员工流动率就低。再加上企业内部正常的工作人员退休、辞退及调动,使得人员补充成了企业一个经常性的活动。同时,招聘又是一项耗费大量人力、物力和财力的工作,如果盲目地招聘,不但无法保证员工的素质,而且会造成经济损失。要使招聘有效地发挥招纳组织所需人才的作用,就必须有一个基础平台支持其运转,这个平台就是工作分析。基于工作分析的招聘流程以及工作分析在招聘各个环节中的应用分别如图 6-3 和表 6-2 所示。

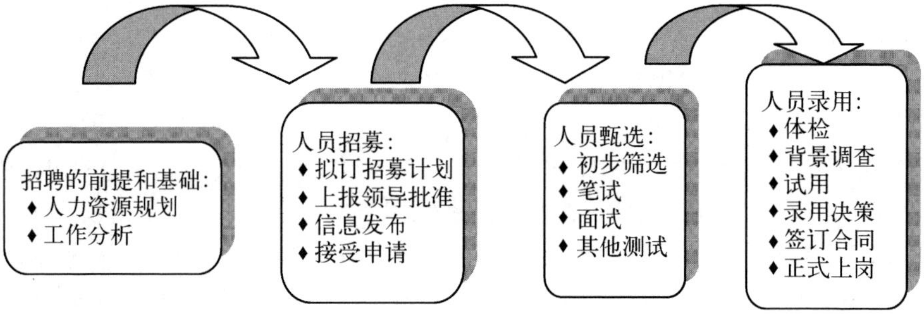

图 6-3 基于工作分析的招聘流程

表 6-2 工作分析在招聘各个环节中的应用

招聘流程中的环节	工作分析在各个环节中的应用
确定招聘需求	通过工作分析了解人力资源规划中人员配置是否得当、招聘需求是否恰当,分析需要招聘职位的工作职责、工作规范
确定招聘信息	根据工作说明书准备需要发布的招聘信息,使潜在的候选人了解对工作的要求和对应聘者的要求
发布招聘信息	根据工作规范的素质(知识、技能等)特征要求及招聘的难易程度选择招聘信息发布渠道

续　表

招聘流程中的环节	工作分析在各个环节中的应用
应聘者资料筛选	根据工作规范的要求进行初步资格筛选，以便选择适当的应聘者面试，以节约交易成本
招聘测试	根据招聘职位或职位的实际工作，选用适当的方式(操作考试、情景测试、评价中心)；选用与实际工作相类似的工作内容对应聘候选人进行测试，了解、测试其在未来实际工作中完成任务的能力
面试应聘者	通过工作分析确定面试中需要向应聘者了解的信息，验证应聘者的工作能力是否符合工作职位的各项要求
选拔、录用	根据工作职位的要求，选报并录用最适合的应聘者
工作安置和试用	根据工作职位的要求进行人员合理安置，对试用期的员工进行绩效考核，确认招聘是否满足职位需要

从图 6-3 和表 6-2 可以看出，在企业的招聘工作中，工作分析在确定招聘标准、人员招募和人员甄选等方面提供了具有关键意义的支持和贡献。下面我们对工作分析与招聘的关系作进一步的分析。

二、工作分析与招聘广告

招聘广告的内容必须以工作本身的信息为基础，而关于工作的客观信息可以通过工作分析的成果——工作说明书获得。一般而言，招聘广告的内容包括职位名称、工作内容(职责)和招聘条件三个方面，工作分析与招聘广告的关系如图 6-4 所示。

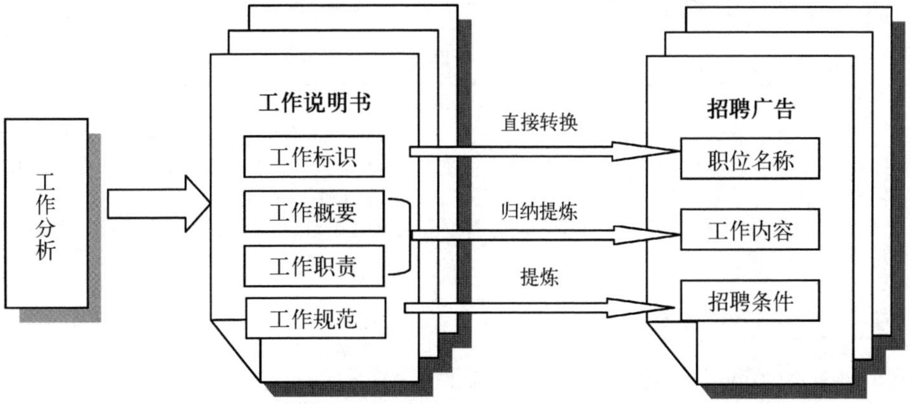

图 6-4　工作分析与招聘广告的关系

（一）职位名称

职位名称是工作说明书中工作标识的内容之一，招聘广告中的职位名称直接来源于工作说明书中的工作标识。

（二）工作内容

招聘广告的工作内容应根据工作说明书中的工作概要和工作职责部分提炼而得。招聘广告的设计必须考虑两个方面的问题：一是版面的限制，二是如何吸引符合条件的应聘者。这两个方面的考虑都要求信息必须精练，否则难以吸引应聘者。因此，没有必要把工作说明书中的所有工作职责信息都写进招聘广告，往往只需要从工作说明书中该职位最主要、最关键的职责提炼出并列入其中。根据管理学的“2/8”原则(20%的内容创造80%的价值)，可以认为，在工作说明书中排在前三、四位的职责基本上可以代表该职位的主要工作内容，因此在拟写招聘广告的工作内容时，应选取该职位的主要工作职责并进行概括归纳，用简练的语言表述出来。

（三）招聘条件

招聘条件是招聘广告中最重要的内容，来自工作说明书中的工作规范。同样是出于对广告版面和吸引应聘者的考虑，工作规范中的信息也必须经过提炼再纳入招聘广告。工作规范中对任职者的要求很多，主要包括所需要的知识、技能、能力、学历、专业及工作经验等。招聘广告的发布主要用于吸引基本满足任职要求的应聘者来应聘，因此，广告中所需人员的招聘条件主要应侧重于工作规范中提到的“硬件”，即学历、专业、工作经验和知识技能；而对于工作规范中的“软件”，即能力要求，通常是在面试阶段着重考核的内容，在招聘广告中往往并不十分强调。即使需要，也只是从众多的能力要求中选择最为重要的 2～3 项列入招聘广告中。

表 6－3 是某公司的报纸招聘广告示例。

表 6－3　某公司的报纸招聘广告示例

×××公司诚聘

×××公司成立于××××年，由美国著名风险基金 WarburgPincus. 投资，是中国首批获得政府批准的从事邮购业务的三资企业，目前是多渠道零售行业的领导者，业务覆盖全网，包括邮购、电子商务、零售店铺等。近五年来，×××公司每年以 50%左右的增长率高速发展壮大。

×××公司为员工提供完善的薪资福利待遇，人性化的工作环境，多渠道的成长空间。高速发展阶段，诚邀优秀人才加入。

库存控制部库存控制主任 1 名

职责：

1. 根据销售情况及数据预测确定合理床单量；
2. 与供应商进行良好的沟通，按订单计划进行监控产品的生产及到货时间；
3. 将库存控制在最低限度，同时不能造成缺货。

要求： 1. 大专及以上学历，5 年及以上相关工作经验，计算机、统计相关专业； 2. 熟练运用 Excel 软件，能够使用各种公式； 3. 认真细致，沟通、协调能力强。 物流部配送副经理 1 名 职责： 1. 开发新城市的快递供应商，寻找合适的运输、配送公司； 2. 为供应商提供快递流程的培训，及时更新流程，保证快递和运输公司按合同约定运行； 3. 负责合同的起草及归档，以及与各快递公司和运输公司之间的协调工作。 要求： 1. 5 年及以上物流公司相关工作经验，1 年及以上管理经验； 2. 熟悉第三方物流，有大型物流公司工作经验者优先； 3. 有良好的沟通、谈判能力，有团队精神，善于自我激励； 4. 大专及以上学历，能适应出差工作。 有意者请将个人相关资料邮寄或发送电子邮件至本公司，请在信封左下角或邮件主题注明应征职位。 地址：上海市××路××号××室，×××公司人力资源部收 邮编×××××× 电子邮箱：××××××× ××××年×月×日

三、工作分析与人员甄选的关系

通过各种招聘渠道吸引到应聘者之后，就需要通过一系列的人员甄选程序来对其进行筛选，以发现最适合招聘条件的应聘者。一般来说，人员甄选主要包括求职申请书筛选、考试、初次面试、复试四个步骤。这四个步骤相互结合、相互补充，形成一个"漏斗式"的人员甄选过滤器，逐步缩小人员甄选的范围。工作分析的结果——工作说明书，是人员甄选各个环节的依据和标准(表 6 - 4)。

表 6 - 4　人员甄选环节与工作说明书的关系

人员甄选步骤	主要考查指标	与工作说明书的关系	与工作说明书中的对应内容
求职申请书筛选	学历、专业、工作经验、资格证书	直接	受教育程度、工作经验、资格证书
考试	基础知识、职位知识	直接	职位所需要的知识
初次面试	知识、能力与经验	间接	知识、能力与经验要求
复试	知识、能力与经验	间接	知识、能力与经验要求

从表 6-4 中可以看出,求职申请书筛选和考试这两个环节的主要考查指标和工作说明书中的内容是比较一致的,都是属于“硬件”内容,如受教育程度、资格证书等,两者之间的关系比较直接,都是可以直接衡量的。考查的指标只要采用工作说明书中对应的内容或对内容稍做变动即可。而初次面试和复试这两个环节的主要考查指标是属于任职资格中的“软件”指标,如职位能力、经验要求等。这些内容具有难以直接衡量的特性,招聘人员必须仔细甄别,使这些指标从工作说明书中的文字形式变成脑海中深层次的感知。这就要求各个测试环节必须经过精心的设计,一是让应聘者可以真实地展现自己的能力,二是帮助招聘者实现对应聘者能力由文字到感知方面的过渡,同时还需要测试人员具有较强的洞察力和判断力,以确保测试的信度和效度。

四、工作分析与面试的关系

面试是经过事先筹划安排的正式面谈,对于确认求职者是否具备胜任能力具有关键意义。通过面试能够获得更多关于人员特质、心理预期及综合素质等方面的信息,因而面试成为使用最广泛的人员甄选手段。由于来自应聘者、招聘人员和环境三者的变量都会对面试的过程和结果产生影响,招聘人员必须对工作说明书中的内容进行深入、透彻的分析,才有可能让面试取得较好的效果,从而甄选出合格的任职者。要设计面试,首先就应确定它的评价结构。

(一)面试的评价结构

确定面试的评价结构,即确定面试的评价内容、评价方式与手段。

1. 面试的评价内容

面试是围绕应聘者展开的,主要考查其是否具备职位所要求的知识、技能和能力,所以评价内容也应该围绕这些要求设置。评价内容一般包括两个层面的要求。一是通过战略和组织分析提出的组织对全体员工的通用性要求。这类要求一般和组织的性质有关,常常包括基本的仪容仪表、气质、精神面貌、语言表达能力、与组织相关的基本知识和一般能力等。例如,在酒店一类的服务性行业,对员工的外貌气质就要求很严格;而在一家软件公司,每个员工都应该具备一些软件和电子方面的常识。二是通过工作分析确定的招聘职位对任职者的个性化要求,即由于职位工作内容的差异而提出的个性化的任职要求,通常包括基本的职位知识、职位能力、工作经验等。这部分内容直接来自工作说明书中的工作规范。

2. 面试的评价方式与手段

面试的评价方式一般有提问和观察两种。提问就是通过提出具有针对性的问题,根据应聘者对问题的回答来了解他们的知识、工作经验、能力等。而观察则是通过对应聘者的衣着、言谈举止等外在特征的细心观察,进而考查应聘者的内在能力与素质。

提问和观察两种方式各有其不同的侧重点。针对仪表、气质、风度、语言表达能力等要素特征的考查需采用观察方式，并应设计出观察的要点与评价标准；对于各项能力和经验等要素特征的考查则需要采用提问的方式，并应设计出提问的问题及答案要点。这两个方面的内容共同构成了面试的提纲与评价表。

图 6－5 是以工作说明书为基础的面试设计示例。

	必备要求		理想要求
工作经验	具备市场策划工作经验		3 个以上大型项目的市场策划经验
相关工作经验	4年及以上施工现场工作经验		6年及以上施工现场工作经验
能力要素	等级要求	能力要素	等级要求
1. 业务能力	1 2 3 4 5	9. 责任心	1 2 3 4 5
2. 学习能力	1 2 3 4 5	10. 心理承受能力	1 2 3 4 5
3. 创新能力	1 2 3 4 5	11. 决策能力	1 2 3 4 5
4. 协调能力	1 2 3 4 5	12. 培养指导下属	1 2 3 4 5
5. 沟通能力	1 2 3 4 5	13. 计划能力	1 2 3 4 5
6. 公关能力	1 2 3 4 5	14. 组织能力	1 2 3 4 5
7. 适应性	1 2 3 4 5	15. 团队合作	1 2 3 4 5
8. 进取心	1 2 3 4 5		

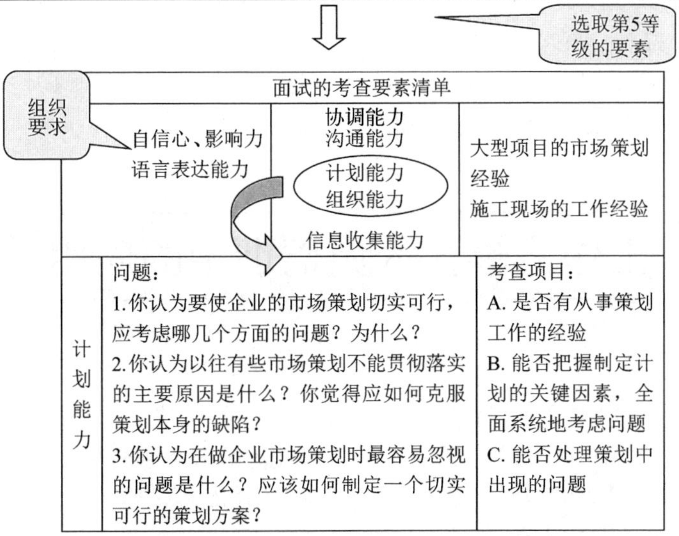

图 6－5　以工作说明书为基础的面试设计示例

根据提问方式的不同，面试可分为结构化面试、非结构化面试和混合式面试。结构化面试通常适用于招聘一般员工。而非结构化面试是漫谈式的，无限定范围，应聘者可以自由发表言论。这种面谈意在观察应聘者的知识面、价值观、谈吐和风度，了解其表达能力、思维能力、判断能力和组织能力等。这是一种高级面谈，一般适用于招聘中高级管理人员。实践中常常综合两种方式的优点，采用两者相结合的混合式面试方式，既有结构化方式面试内容也有非结构化方式面试内容。

（二）工作分析对面试的作用

根据上述面试的评价结构，我们可以将面试的考查要素进行如下区分(表6－5)。

表6－5　工作分析对面试的作用

面试手段	通用性要求	专业性要求
提问	组织相关的基本知识和能力，如行业知识，产品和服务知识，以及一般能力要求	职位基本知识、能力、工作经验等
观察	外貌、衣着、气质、精神面貌、语言表达能力	职位能力要求

工作分析是针对职位本身进行的分析，所以提供的信息关注的是职位对于专业性的要求。工作说明书中的任职者资格要求是能够胜任职位的起码要求，提供的信息是胜任该职位所需的基本知识、能力、工作经验等。工作分析对于面试的作用，主要体现在帮助确立面试中所需考查的职位知识、经验与能力要求上。对于应聘者是否具有能产生高绩效的胜任力特征，通过面试也能获得一些相关信息。尽管已有一些专家和学者提出要将胜任力模型引入工作分析之中，但在我国目前的工作分析实践中，工作说明书中的工作规范基本上还仅是对胜任职位的最低要求进行的描述，因此，这样的工作说明书对那些更高层次的胜任力特征的甄别还无法提供评价依据。

第四节　工作分析在人员培训中的应用

随着知识经济时代的到来，越来越多的企业已经认识到，员工素质对于构筑企业竞争优势有着至关重要的作用。而提高员工的素质和能力既需要通过有效的人员甄选来把关，将不符合组织和职位需要的员工阻挡于组织之外；同时还需要通过有效的培训与人力资源开发来提升现有员工的素质与能力，以帮助组织不断适应新的竞争环境，不断适应组织战略所提出的新要求。

一、培训流程

现代企业的培训大致可以分为以下四个环节(图6－6)。

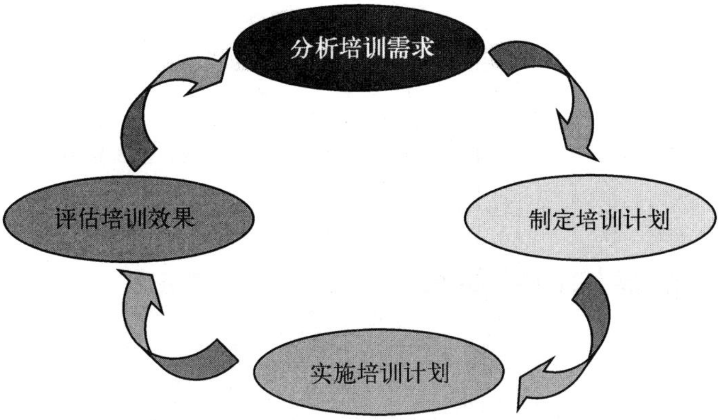

图 6-6　培训的循环管理模式

（一）分析培训需求

分析培训需求是整个培训体系管理的起点，也是决定培训效果的关键。通过对培训需求的分析，我们可以知道什么地方需要培训、需要何种培训，这样就使得培训能够有的放矢，从根本上杜绝企业中的无用培训，提高培训的效果和实用性。培训需求分析一般包括三个方面：组织分析、任务分析和人员分析。

（二）制定培训计划

在分析清楚培训需求之后，需要进一步将其转化为具有可操作性的培训计划。具体包括制定培训目标、设定培训效果评估的标准，以及培训在组织、人员和时间上的安排和计划。

（三）实施培训计划

在制定培训计划之后，接下来的步骤就是将这一计划付诸实施。在实施培训计划的过程中，还必须依据培训的阶段性目标和培训过程中的关键点，对培训过程进行控制，做到动态地、准确地掌握培训进程，以保证培训目标的完成。

（四）评估培训效果

在培训结束之后，还需要对培训效果进行评估。评估培训效果主要包括以下两个方面。

(1) 组织层面的培训评估。这主要是指对培训课程的有效性和针对性、培训的组织效果、师资授课水平等方面进行评估。这样的评估结果可以作为培训部门考核的依据，同时也是对培训的组织与管理进行改进的基础。

(2) 个体层面的培训评估。其主要是指针对受培训者对培训知识、技能的掌握情况，对有关能力、态度的改进等方面进行评价，对培训前后的工作表现进行对比。这样的培训评估既可以改进和提高培训工作，同时也可以与受培训者的报酬待遇、职业发展挂钩，以实现对受训者的有效激励。

上述四个环节形成了一个完整的培训过程，环环相扣，首尾相接，构成一个培训管理的循环。

二、工作分析与培训的关系

工作分析对培训的作用与支持主要集中在对培训需求的分析阶段。

（一）培训需求分析的三个层次

培训需求分析，又叫缺口分析，是指在研究组织战略和目标的基础上，确定胜任各职位所需具备的知识、技能、能力等综合素质，并对当前员工的实际素质进行考查，找出两者之间的差距，然后对缺口进行研究，以确认是否可以通过培训和如何通过培训解决问题。一般来说，对培训需求的确定主要通过以下三个方面的分析来完成。

1. 组织分析

组织分析建立在组织的战略和目标基础之上，从组织整体的角度进行分析，为了完成组织的战略与目标，需要各层各类的员工具备什么样的知识、技能与能力，从而形成组织的人力资源需求；然后将这样的需求与组织的人力资源状况相对比，找到差距。这样的差距可以通过两种方式加以解决：一种是从外部招聘，另一种则是对现有人员进行培训。组织分析就是要在这两者之间做出选择。

2. 任务分析

任务分析即针对每一个具体的职位，通过分析其承担的工作职责、任务、工作标准、环境等因素，去推导完成这样的工作，任职者需要具备哪些知识、技能与能力。

3. 人员分析

人员分析是建立在工作分析的基础之上，以职位的任职资格要求为参照系，对任职者的知识、技能和能力进行评价，寻找差距，从而找到培训的需求点。

（二）工作分析与培训需求分析之间的关系

1. 工作分析与组织分析

工作分析对于分析组织层面的培训需求，其作用是通过两个方面来实现的(图 6-7)：一是帮助组织构建内部的人力资源信息系统，使组织能够准确地对人力资源现状进行诊断；二是提供工作情景信息，包括关于职位最终产品与服务、工作流程、工作成本等方面所面临的问题，找到组织中可以进行改进的方面，从而为确定组织层面的培训需求提供依据。

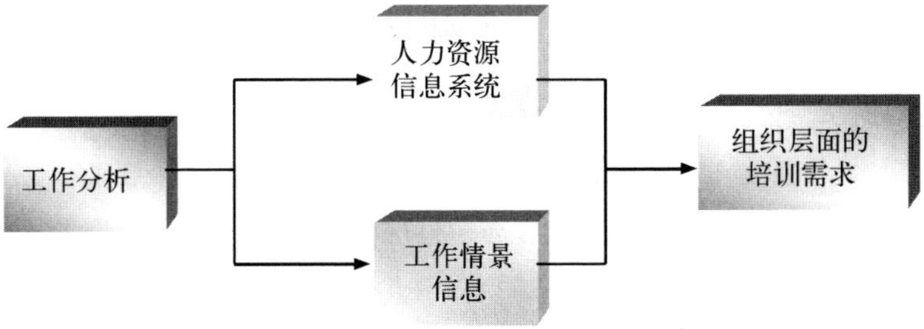

图 6-7　工作分析对组织分析的作用

2. 工作分析与任务分析

任务分析需要投入大量的时间和精力，其最终成果就是对任务活动的详细描述，主要内容包括员工执行的任务，以及完成任务所需的知识、技能、能力和其他素质，即 KSAO。这是设计和编制相关培训课程的重要依据。表 6-6 为通过对任务分析得到培训需求的示例。

表 6-6　通过任务分析得到培训需求的示例

某企业生产岗位的工作职责书
职责概要：根据生产规程及生产要求，将合格的产品包装成品。
具体职责：
1. 根据电脑数据统筹安排生产计划。
2. 查看交接班记录(5 分钟)。
3. 进行日保：机台清理、商标过道清理、胶缸清洗(30 分钟)。
4. 负责产品质量质检，并发现问题及时处理，负责产品辅材添加、更换盘纸、添加胶水，协助副挡完成小透条透包装的生产、质量、耗材(6.5～7.5 小时)。
5. 协助一般故障处理、协助装箱工作业(工作时长不确定)。
6. 周保(5.5 小时)。
7. 在电脑上填写交接班记录(5 分钟)。
通过对这一工作任务进行分析，可以得到这一职位的任职要求：既要了解生产规程，掌握生产要求，把握产品的质量，同时又要掌握计算机的操作。这样，人力资源部就可以初步判断该岗位员工需要接受计算机培训、质检知识培训和基础机械检修培训等。

3. 工作分析与人员分析

人员分析是建立在任职资格分析之上，将任职资格与任职者现状进行对比的过程，因此工作分析对人员分析的作用主要体现在任职资格分析之中。以培训为导向的工作分析，对任职资格部分的要求具有自身的特点，主要体现在以下两个方面。

(1) 注重任职资格的显性特征分析。根据素质的“冰山理论”，任职资格体系主要包括两个部分：一部分是浮于“水面”之上的内容，包括知识、技能、认知过程、感知等方面。在工作说明书中，这部分主要体现为岗位的知识要求、技能要求和能力要求中，如信息收集能力、观察能力、计划能力、组织能力等。另一部分则位于“水面”之下，主要包括自我观念、内在动机等，在工作说明书中体现为个性特征部分，如责任心、外向性等。在这两部分之中,前者是较容易改变的,而后者则较为稳定与固化,改变起来更加困难。培训中的任务分析主要针对前者。

(2) 需要对比培训的成本与收益。通过对比任职资格与任职者之间的差异来找到培训的需求点,这是培训需求分析的主要手段。但是,并非任职者与既定标准之间的所有差异都需要通过培训来改变。事实上,只有当通过培训所获得的收益大于培训投入的成本时,我们才考虑将这样的项目纳入培训计划之中。否则,我们只能通过其他方式来解决,如辞退、人员轮换等。

第五节　工作分析在薪酬管理中的应用

薪酬不仅是员工劳动获取的物质报酬,而且也是对其个人能力和成绩的肯定,是对员工激励的集中体现。因此,薪酬的多寡和形式,对员工的工作积极性及队伍稳定性有着直接的影响。对每个组织而言,尤其是企业组织,薪酬体系的设计必须遵循一定的原则和流程,工作分析在其中发挥着重要的作用。

一、薪酬设计原则

现代企业的薪酬体系设计一般需要遵循一定的基本原则(表 6-7)。其中,内部一致性是指企业的薪酬结构应该具有公平性、可比性,即通过职位之间的横向比较和纵向比较,使每个员工的薪酬与其职位本身的价值相一致。内部一致性的薪酬结构必须建立在科学的工作评价基础之上。

表 6-7　薪酬设计的基本原则

原　则	内　涵
内部一致性	薪酬结构要支持工作流程,要对所有员工公平,并使员工与组织间的目标一致
外部竞争性	强调的是薪酬支付与外部组织的薪酬之间的关系
激励性	要达到对企业业绩、团队责任和个人能力进行激励
经济性	要达到劳动力价值平衡、利润合理积累和薪酬总额控制
合法性	要遵循企业制度和法律法规

二、工作分析与薪酬管理的关系

现代企业的薪酬体系设计需要遵循一定的流程，图 6－8 是一个典型的薪酬管理流程图，其中实线框表示各个步骤的名称，虚线框对应各个步骤的主要活动。

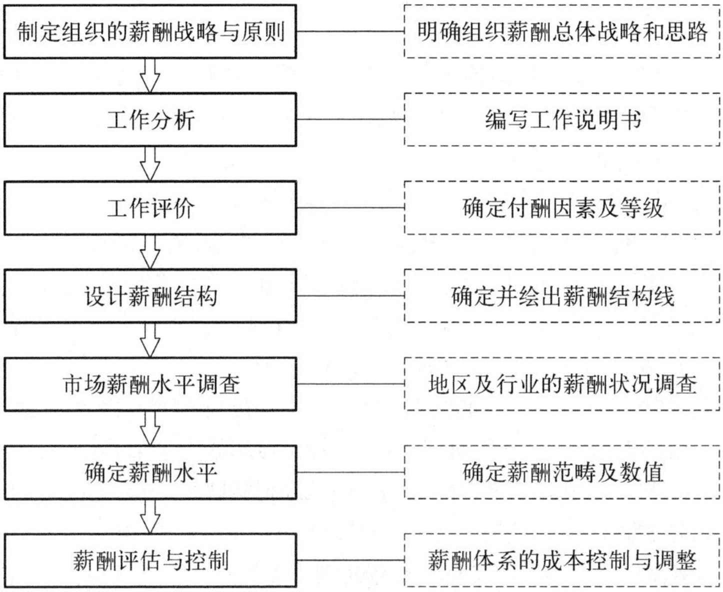

图 6－8　薪酬体系设计流程

从图 6－8 可以看出，首先，薪酬管理从制定薪酬战略与原则开始。战略性的薪酬目标主要包括：保持在劳动力市场上的竞争性，维持工资在内部员工之间的公平性，控制薪资预算，达到激励员工的目的，融合员工未来的工作绩效与组织的目标等。其次，进行工作分析，在工作分析的基础上进行工作评价，对组织内部的各工作岗位进行等级或量值衡量，以确定各职位的相对价值。再次，根据工作评价的结果将所有工作岗位划分为一定的工资等级，建立薪酬结构。接下来，要进行薪酬调查，大多数组织会通过正式或非正式的方式了解市场的薪酬水平，特别是与本组织有关的劳动力市场价格或与本组织进行竞争的人才类型的市场劳动力价格，也了解有关外部薪酬水平的信息。通过与市场同等劳动力价格的绝对值比较，将组织内的工作岗位的相对价值用薪酬的绝对值水平表示，从而确定薪酬水平。最后，要对薪酬结构中的特殊岗位进行调整，以保持组织内薪酬的吸引力，合理控制成本。

从薪酬体系设计的整个过程来看，组织的薪酬设计必须建立在科学的工作评价的基础之上，而工作评价的依据则来自工作分析所形成的工作说明书。因此以工作分析为基础的工作评价是薪酬设计的客观依据,也可以说,工作分析是薪酬体系设计的前提和基础。

三、工作分析、工作评价与薪酬管理

从薪酬设计的原则和流程中可以看出,工作评价是薪酬管理中的一个重要基础。所谓工作评价,就是在工作分析的基础上,采用一定的方法对各岗位在组织中的责任大小、工作强度、工作复杂性、所需资格条件等特性进行评价,以确定岗位相对价值的过程。工作评价的结果是形成职位之间的相对价值。它反映了职位对企业贡献的相对比率,是员工薪酬等级评定和薪酬分配的依据。

具体而言,工作评价在薪酬管理中具有以下重要意义。

(1) 使员工感受到薪酬公平。这种公平不是薪酬之间没有差别,而是有差距的公平。这种差距不是凭空而定的,而是以工作分析提供的职位信息作为前提,让每个员工明白职位之间的差距是怎么形成的。有了这层理解,差别化薪酬就会成为公平薪酬而被每个员工接受,从而为薪酬体系的设计和实施奠定基础。

(2) 使员工行为有的放矢。通过工作评价,员工可明确工作的哪些方面对组织战略和目标的实现帮助大,哪些方面帮助小,每个职位设置的最大价值是什么,从而为日常的工作行为提供一个方向性的指导。有了这个指导,员工就可以把有限的时间和资源投放到为职位贡献最大价值的方面。

(3) 为薪酬体系的修订提供基础。薪酬体系制定之后并不是一成不变的,随着时间和环境的变化,组织的结构经常要做相应的调整来适应这些变化,这就不可避免地要对职位做些增减,薪酬体系也要随之修订。建立在工作评价基础上的薪酬体系修订起来也会容易一些,只要对职位的关键付酬因素或分配权重做些调整,就可以反映组织的价值取向;而对于新增加的职位,则对它所需要的知识、技能、能力、环境等进行分析和评价,从而确定它在组织中存在的价值。

工作评价需要借助一定的方法来完成,在人力资源管理的理论研究和实践中,有四种基本的工作评价方法:排序法、分类法、因素比较法、要素计点法。每种方法都各有利弊,但不论采用哪种方法对职位进行价值评定,都离不开各职位的具体信息,而所有这些信息都来自工作分析。关于工作评价的具体内容,将在本书的第七章详细介绍,此处不赘述。

案例分析

做人员预算之前进行工作分析是合理的、明智的决定。通过工作分析,能得到每个工作职位的性质、特征、职责及任职者资格条件等方面准确而详细的信息,而这也为人员预算与定员管理提供了标准和依据。工作分析是现代人力资源管理体系的基础,在人力资源管理中有着广泛的用途，可运用于工作设计、人力资源规划、定编定员、人员招聘与配置、绩效考核、薪酬管理、培训与开发、职业生涯管理等各项管理活动。

思考与练习

一、单项选择题

1. 工作分析对培训的作用与支持主要集中在(　　)阶段。

A. 分析培训需求　　B. 制定培训计划

C. 实施培训计划　　D. 评估培训效果

2. 根据素质的“冰山理论”，任职资格体系中属于“水面”之下的内容是(　　)。

A. 自我观念　　B. 技能　　C. 知识　　D. 认知过程

3. 薪酬结构要支持工作流程，要对所有员工公平，并使员工与组织间的目标一致，这是指薪酬体系设计中的哪个原则？(　　)

A. 外部竞争性　　B. 内部一致性　　C. 激励性　　D. 经济性

4. 决定绩效考核参与主体的是(　　)。

A. 工作职责　　B. 工作特性　　C. 工作关系　　D. 工作环境

5. 关于工作分析的应用，下列表述错误的是(　　)。

A. 工作说明书是绩效考核的指标来源

B. 工作分析对于面试的作用，主要体现在帮助确立面试中所需考查的职位知识、经验与能力要求上

C. 工作分析结果的细化程度会影响绩效考核的结果

D. 在拟写招聘广告的工作内容时，应将工作说明书中的全部工作职责详细列入其中

二、多项选择题

1. 当组织人力资源供给过剩时，可采取的人力资源政策有(　　)。

A. 保持现有的工作分析结果　　B. 辞退员工

C. 分解工作职责　　D. 拓展工作职责

E. 减少工作时间，同时减少工资

2. 相对于传统的基于工作分析的绩效考核指标体系，KPI 具有的特点是(　　)。

A. 可量化　　B. 战略导向性　　C. 标准化　　D. 关键性

E. 适用性

3. 招聘广告中的工作内容应根据工作说明书中的哪些部分提炼得到？(　　)

A. 工作标识　　B. 工作职责　　C. 工作概要　　D. 工作规范

E. 工作关系

三、简答题

1. 人力资源规划的步骤是怎样的？

2. 应如何基于工作分析设计绩效考核指标?

3. 工作分析与招聘广告的关系是怎样的?

4. 工作分析如何应用于培训需求分析当中?

5. 工作分析与薪酬管理的关系是怎样的?

四、论述题

1. 试述工作分析与人力资源政策之间的关系。

2. 试述工作分析对绩效考核的作用。

第七章 工作评价

学习目标

了解工作评价的含义，理解工作评价的特点、作用、原则，掌握工作评价的流程及注意事项，掌握工作评价指标的概念与结构，理解工作评价指标体系的构建标准与原则，了解工作评价的指标要素和指标选择，掌握工作评价基本方法及各种方法的比较与选择。

重点概念

工作评价、工作评价指标、标志、标度、排序法、分类法、因素比较法、要素计点法、海氏评价系统。

引导案例

哪个职位更重要?

RB公司是一家专门生产袜子的企业，发展相当迅速，经过10年的发展，已经由一个家族式小企业成长为年销售额为15亿元的集团公司。

为了适应外部瞬息万变的竞争环境，RB公司已经认识到管理逐渐要向规范化、精细化方向发展。近几年RB公司连续导入ISO9001：2000质量管理体系、SA8000规范化管理体系和基于战略的人力资源管理体系，其发展呈现良好的态势。为了让员工能在公司内部合理流动，RB公司决定对一些岗位进行内部招聘。其中有一个是销售管理部的销售管理员岗位，很多部门的人都来应聘。经过若干轮的竞争，采购部的一名采购员小王脱颖而出，最终获得了胜利。这样一来采购部又缺员了，人力资源部决定再进行招聘，结果一名技术部的技术员去了采购部。但是麻烦也随之而来，采购部的经理找到公司的人事经理诉苦。

“我们部门培养一个员工很不容易，因为我们公司使用的原材料很多，熟悉各种原材料需要很长的时间，而且有很多种混合材料。为了技术保密，混合材料是在外协厂家完成的，一个新手若要熟悉整个过程，一般需花半年到一年的时间。另外，采购员这个岗位对任职者的职业素质要求非常高，所以，我不希望小王去销售部。但是销售部的工资比我们这里高，我又不好阻拦她。其实大家都知道，销售部的工资高，工作又轻松，是公司最好的岗位之一。而采购部门工作量很大，责任又重，工资却比销售员低很多。我觉得是公司的薪酬政策不合理，才导致这样的问题。小王已经是离开我们部门的第三个员工了，从你们搞内部流动开始，我就预料到迟早会发生这样的问题。现在倒好，到我们部门来的技术员，什么都不懂，害得我现在工作很难开展!”

技术部经理也找到人事经理：“我们也是，培养一名技术员比培养一名采购员和销售员困难多了，需要熟悉生产流程、设备性能、研发知识，但不知道你们怎么搞的，采购员、销售员的薪酬比我们技术员还高，我也没有办法留住人，看来只有自己再慢慢培养了。”

销售部经理听到传闻后也去找人事经理：“听说有人认为我们部门不重要，其实工作是不能光拿工作环境来比的，我们是不用出去跑，但是你知道的，我们部门负责客户联络和客户的信用管理，如果我们部门出了问题，公司的销售就会受到很大影响，所以我们的责任也不轻。我们部门的薪酬水平高是应该的，我们需要一流的人才。既然搞了内部招聘，就该让小王到我们部门来工作。”

人事经理对此事非常烦恼，因为这已经不是简单的一个内部人才流动的问题，而是RB公司的政策导向、薪酬政策的问题。为此，RB公司专门召开了几次会议来解决这个问题。在会上，大家各执一词，都认为本部门的工作量最大、对公司最重要。究竟哪个职位更重要呢？人事经理也不知道该如何解决这个问题了。

讨论题

1. 你认为是什么导致了RB公司的问题？
2. 你认为该如何做，才能给大家一个满意的答复？
3. 就RB公司而言，应该如何建立一个科学合理的、具有内部竞争力的薪酬体系？

在一个组织中，无论是管理人员还是普通员工，都想知道自己的职位在组织中的重要程度及相对位置，这就需要通过科学有效的方法对组织中的各职位进行系统的评价来确定其价值。那么究竟如何确定各职位在组织中的位置呢？对不同职位之间的贡献价值如何进行衡量和比较呢？本章将详细介绍工作评价的含义、特点、操作流程、历史沿革、常用的工作评价方法等内容。

第一节　工作评价概述

一、工作评价的含义及特点

（一）工作评价的含义

工作评价又叫岗位评价，是在工作分析的基础上，采用一定的方法对各岗位在组织中的责任大小、工作强度、工作复杂性、所需资格条件等特性进行评价，以确定岗位相对价值的过程。

（二）工作评价的特点

1. 工作评价“对事不对人”

工作评价是对工作职位进行评价，是以职位和职位所对应的客观存在的任务及其性质和难度为中心，而非以人为中心对工作职位的任职者进行评价的过程。

2. 工作评价是对职位贡献价值的评价

工作评价是针对某一工作职位的特定工作任务对组织的贡献价值进行比较、评价的过程，而非对工作职位任职者的工作绩效进行评价。也就是说，工作评价过程用作基础数据的不是现在任职者的贡献大小、完成任务的好坏，而是在正常情况下，各职位工作任务的重要性、难易程度在组织总体工作岗位的同等特征对比下的相对价值。

3. 工作评价是对相对可比较价值的评价

工作评价是对同一组织内不同工作岗位间的相对价值进行评价，形成相对的价值体系，最终可按评定结果，将不同岗位之间的价值划分为一定的等级，使不同的工作岗位间具有一定的价值可比性，而非确定薪酬的绝对值。有关薪酬的绝对值仍须参照社会环境因素、组织环境因素而定，而最终员工能得到的薪酬水平还要受员工个人因素的影响。

4. 工作评价是对企业各类具体劳动的抽象化、定量化过程

在工作评价过程中，根据事先规定的比较系统地全面反映岗位现象本质的岗位评价指标体系，对岗位的主要影响因素逐一进行测定、评比和估价，由此得出各个岗位的量值。这样，各个岗位之间也就有了对比的基础，最后按评定结果，对岗位划分出不同的等级。

二、工作评价的作用

工作评价的根本目的是确定每一个待评职位在组织中的相对价值，它为企业薪酬设计奠定了基础，是组织人力资源管理中不可或缺的阶段。具体来说，它的主要作用有以下几点。

1. 确定职位等级的手段

职位等级常被组织作为划分工资级别、福利标准、出差待遇、行政权限等的依据，甚至被视作内部股权分配的依据，而工作评价则是确定职位等级的最佳手段。目前仍有部分组织不是依据工作评价来确定职位等级，而是依靠职位头衔或职称，这样很难保证等级划分的准确性和公平性。例如，在某企业内部，销售员和技术员都是普通员级，但他们对组织的价值贡献并不相同，所以其职位等级理应不同。同样，在不同的组织中，尽管都有行政总监这一职位，但由于组织的行业性质、组织规模、战略目标不同，该职位的具体工作职责、工作难度和要求也不尽相同。因而，同一职位在不同组织中的职位等级也不可能完全相同。组织只有根据自身现状进行工作评价，才能有效、合理地确定职位等级。

2. 建立薪酬体系的基础

在很多组织的薪酬体系中，一般都有基本薪酬这一项，对于大多数员工来说，这也是他们获得薪酬的主要部分。基本薪酬的设定，主要应考虑其公平性，包括内部公平和外部公平。外部公平是通过薪酬调查来实现的，它说明相对于其他组织的相似职位，组织的薪酬是否具有外部竞争力。内部公平则通过工作评价来实现，通过工作评价能够较为准确地得出各职位在组织中的相对价值和职位等级，在此基础上，根据能级对应原则，我们就可以科学地确定各职位基本薪酬的差异。工作评价有助于消除薪酬设计中的不公正因素，为建立合理、公平的薪酬体系奠定坚实的基础。

3. 确立职业发展路径的依据

工作评价使组织内部建立起明确的职位等级序列，通过职位等级的设置，员工能清楚地了解组织内职位间的等级关系、晋升渠道及组织的价值标准，从而有利于员工在进行职业生涯规划时明确自己的职业发展和晋升途径。

三、工作评价的原则

工作评价是一项技术性强、涉及面广、工作量大的活动。它是现代人力资源管理薪酬体系设计的关键。为了保证工作评价各项工作的顺利开展，提高工作评价的科学性和合理性，在组织中实施工作评价应当遵守以下原则。

1. 适用性原则

没有一套工作评价体系是完全适用于所有组织的。每个组织都有其自身不同的特点，对于一个组织而言，最先进的工作评价并不一定是最适合的。首先，由于组织性质或行业性质不同，同一岗位对于不同组织来说其重要程度、对组织贡献价值的大小也不同。其次，就同一组织而言，其发展阶段不同，同一岗位对于组织的贡献大小也不一样。最后，从可操作性来看，一套先进的工作评价体系的构建和实施往往需要大量翔实的数据信息积累、极为专业的人才、较长的时间和大量的资金作为保障。然而事实上，并不是所有的组织都具备这样的条件来完成这样的工作评价。对于一个小型组织而言，如此大的投入可能会严重影响其正常的组织运营秩序。

因此，在进行工作评价时，各组织必须从自身的实际情况出发，根据组织的性质特点、发展阶段、组织条件、可投入成本等多种因素选择适合组织的评价方法、技术和程序等。

2. 标准化原则

工作评价的标准化，是指对同一组织内不同岗位间的评价标准、评价方法和评价程序等作出统一规定。为了保证工作评价的规范化和评价结果的可比性，提高评价工作的科学性和工作效率，工作评价必须坚持标准化原则。工作评价的标准化具体表现在评价要素选择的统一性、各评价要素分级及定义的统一性、评价方法和技术的统一性、操作程序的统一性等方面。

3. 过程参与原则

工作评价涉及组织内部所有岗位，评价结果会影响组织内所有员工的薪酬水平，所以工作评价方法的准确性、岗位价值要素和评估标准的统一性，以及评价数据处理的规范性等最终都会影响组织中所有岗位的相对价值和位置。因此，员工对此都非常重视与关心。同时，员工本人也是对本职工作最为了解的人，所以，适当地让员工参与到工作评价过程中来，不但可以增加工作评价的透明度和公正性，有利于增强工作评价结果的合理性，也更容易让员工对工作评价的结果产生认同感。

4. 结果公开原则

工作评价结果应该向员工公开。透明化的工作评价标准和评价结果有利于员工对组织战略目标和价值取向的理解，进而达成共识。同时，也可帮助员工明确自己的奋斗方向。此外，工作评价结果公开还可有效减少组织薪酬管理中可能出现的因随意性大而导致的不公正现象，从而提高员工对薪酬的满意度。

四、工作评价的流程

工作评价是确定组织内各岗位相对价值的一个系统过程，可以由组织内部人员完成，也可以外包给外部咨询机构进行评价，或由组织内成员和组织外专家共同完成。具体来说，工作评价可以按以下程序操作。

1. 审核工作分析及工作说明书

工作评价是以工作分析为基础进行的。工作分析的重要成果就是形成工作说明书，其中包含工作职责、权限、任职资格、工作环境等重要的工作信息，是工作评价的主要信息来源。因此，要进行工作评价，首先就必须进行工作分析并形成工作说明书。如果已有工作说明书，则要对原有的工作说明书进行审核并补充完善，对其中不准确、不完善的地方及时加以修正，以确保工作评价结果的科学、有效。

2. 成立工作评价小组

工作评价小组是组织的一个临时机构，主要负责当次的工作评价。工作评价是一个将科学方法结合主观判断以确定岗位相对价值的过程，需要来自组织内部、外部各方面的人员对工作进行客观公正的评价。工作评价小组成员一般由组织高层和中层管理人员、人力资源部主管、专家、员工代表和工会代表构成，通常人数以5～10人为宜。一般来说，工作评价小组成员来源越广泛，就越能提高工作评价结果的认可度。工作评价小组的职能主要包括：根据工作分析的结果，针对组织内部的部分或所有工作进行工作评价体系的设计；选择评价方法并对相应工作作出评价；形成职位等级；负责向其他员工解释评价结果和评价过程，使员工充分理解工作评价。

3. 选择基准职位

在大型组织中，由于工作众多，很难将所有的工作同时进行评价。因此，首先要选择一部分基准职位进行评价，然后将其他待评职位与基准职位进行对比，从而得出其他各职位的相对价值。基准职位是衡量其他一般职位相对价值的尺度。基准职位的选择和确定要根据组织的规模、设置等因素来决定，一般选择10%～15%的职位为宜。基准职位一般具有四个特点：第一，其工作内容或职责长期以来相对稳定，且被大多数人熟知和认可；第二，在各类组织中广泛分布；第三，在组织中具有代表性，与非基准职位有可比性；第四，其工资水平通常由劳动力市场确定，如前台接待员、人力资源部经理、财务部经理等。

4. 明确工作评价方法，构建相应的工作评价体系

进行工作评价的目的在于客观公正地对组织职位进行科学评价，从而得到各职位之间的相对价值，因此选择适合组织实际的工作评价方法，构建相应的工作评价体系是工作评价中非常重要的环节之一。目前常用的工作评价方法主要有四种：职位排序法、分类法、因素比较法和要素计点法。要根据组织的实际情况并充分考虑这些方法的优缺点及其适用条件来选择合适的方法，并构建相应的工作评价体系。工作评价体系主要包括工作评价指标、各指标的分级定义及各指标的权重等。

5. 对工作评价小组有关人员进行培训

在工作评价小组中，并不是所有的成员都是人力资源方面的专家，为了避免由于理解上出现的偏差，或由于某种利益驱使而造成的不公正评价，需要对工作评价小组有关人员进行培训。培训的重点主要包括：工作评价的方法；工作评价的流程；工作评价中关键因素的定义、描述和分级；工作评价中可能出现的问题及解决办法等。通过培训，可使工作评价小组成员系统掌握工作评价的基本理论和具体的实施办法。

6. 工作试评

为了保证工作评价的顺利进行，提高其公正性、合理性，在正式进行工作评价之前，应进行工作试评。一方面，通过试评可以让评价人员熟悉评价方法和评价过程；另一方

面，也是为了发现问题，从而采取措施，及时纠正。再者，通过工作试评，还可以有效地检验评价因素及评价方法的适用性。一般来讲，可以选用一个评价小组比较熟悉的岗位作为试评对象，由各评价者独立评价，然后检查各自评价结果的差异性，共同探讨，并分析差异形成的原因，使评价者对评价体系和评价方法的使用以及标准的掌握与理解达到一致。

7. 工作职位的正式评价

经过工作试评，确认所有评价人员对工作评价的方法、标准、程序等有关知识完全掌握且尺度一致时，就可以全面实施工作评价活动了。它包括工作职位评定、资料整理、数据处理分析等具体环节，通过对所有待评职位的评价，最后确定组织内各职位的相对价值，形成职位等级。

8. 撰写工作评价报告

最后，还需要撰写工作评价报告，对此次工作评价作一个全面的总结，并将其提供给有关部门。

五、实施工作评价应注意的问题

工作评价是工作分析的后续工作，其目的在于判定每个工作的相对价值，为不同职位的薪酬水平提供客观的依据。工作评价技术性强，而且还涉及许多专业知识，牵涉很多单位和部门。为保证各项工作的顺利开展，提高工作评价的科学性、合理性和可靠性，需要注意以下几点。

(1) 工作评价必须以准确的工作分析结果为依据。在进行工作评价前，需要收集相关工作信息，这是重要并且必要的环节。大多数所需的工作信息都可从工作说明书中获取。

(2) 选择合适的工作评价方法。前文介绍了几种方法，从这些方法中进行选择时，要考虑工作性质、被评价职位的复杂程度、评价速度的快慢及准确性等(各种方法的比较与选择请参见本章第四节)。

(3) 慎重选择基准职位。基准职位可用作其他工作的工作评价的参照物，在可能的情况下，基准职位应能代表所有待评价的职位，并且广为人知、易于界定，能使员工获得相对公平的薪酬。

(4) 选择关键的评价因素。工作评价必须从目前企业生产和管理的实际出发，选择需要的、具有代表性的关键影响因素，这样能加强工作评价的操作性，也会提高工作评价的应用价值。

(5) 给予员工参与的机会。应当尽可能地给予员工代表参与工作评价的机会，向所有员工传递有关工作评价目标和步骤的适当信息，争取最大程度获得他们的理解与支持。

第二节　工作评价指标体系

工作评价具体测量、评比的对象是一些影响岗位工作任务的主要因素，工作评价要素及构成这些要素的各类指标的合理确定，是保证工作评价质量的重要前提。

一、工作评价指标的概念与结构

（一）工作评价指标的概念

工作评价指标就是从目前组织管理的现状和需求出发，根据工作评价的要求，将影响工作岗位的主要因素进行规范化、结构化、分解化、具体化处理后的评价要素。它可以是数量的，也可以是非数量的。例如，人体生理器官的紧张程度，是揭示劳动强度的一个有效的评价指标。

（二）工作评价指标的结构

工作评价指标一般由以下五个方面组成。

(1) 名称，即对指标内容和形式的总体概括。

(2) 定义，即对指标内容和操作的概念描述。

(3) 标志，即对指标级别的区分和辨认特征的规定。

(4) 标度，即对指标级别范围或程度的规定，也是对每个级别范围的数量或质量的规定，如表 7－1 是某公司知识分析指标的标度划分。

表 7－1　某公司知识分析指标的标度划分

级别	3	4	5	6	7	8	9
岗位	电梯工	记账员	打字员	修车工	护士	电工	电工师
标度规定	需要一般知识	需要初中或相当于初中文化水平	需要初中或相当于初中文化水平，具备少量的专业知识	需要初中或相当于初中文化水平，且具备一定的专业知识	需要初中文化水平，并具备较丰富的专业知识	需要高中、中等技术或相当于高中、中等技术的文化水平	需要高中、中等技术或相当于高中、中等技术的文化水平，且具备一定的专业知识

(5) 注释,即对指标的来源、适用范围和操作方面问题的说明。

二、工作评价指标体系的构建

单个的工作评价指标仅仅反映对象某一方面的特征,只有把所有主要的、重要的单个工作评价指标汇集起来,才能反映工作评价对象的总体特征。而工作评价对象总体特征指标的有机集合体,就叫作工作评价指标体系。

(一) 工作评价指标体系的构建标准

在确定工作评价要素时,首先应当明确各个要素的重要程度,然后决定要素的取舍,一般来说,次要因素或无关因素不应被列入评价要素指标体系中。构建标准的工作评价指标体系应符合以下六项标准。

(1) 实用性。在工作评价中,所确定的评价指标必须从组织的实际出发,全面体现岗位工作的特点,应能为组织的劳动管理和劳动保护等工作提供科学依据。

(2) 可评价性。集合体中的每项指标都应能凭借现有的方法、技术与工具进行资料信息的获取和分析,且能如实反映岗位工作的差别。指标标志的选择要求具有可区分性,指标标度区分的繁简、粗细必须符合所评价岗位的实际情况,以及分析者的物力、人力和财力的承受度。

(3) 普遍性。在工作评价中,所选择的评价指标应该是对不同岗位工作具有普遍的适用性和代表性,而不是适用或反映个别的特殊劳动。要结合企业的生产实际情况确定与企业生产劳动密切相关的、具有代表性或共性的、反映劳动量及差别的指标。

(4) 完备性。评价指标的完备性是指评价因素能全面反映岗位工作的工作状况和劳动量,体现不同岗位的差别劳动,反映出岗位工作对组织工作成果的贡献。也就是说,整个指标集合体的构建,需要考虑决定与影响岗位工作各个方面的主要因素,无一遗漏地包括影响岗位工作质量与数量的所有重要因素。

(5) 独立性。集合体在同一层次上的各个指标互相之间不能存在矛盾关系、因果关系和交叉关系,必须相互独立。

(6) 简约性。指标集合体中应没有任何多余、重复的指标,指标与岗位对象的主要特征要一一对应。

(二) 工作评价指标体系的构建原则

指标体系的构建是指标体系中各指标要素整体建立的过程,是一项非常复杂、涉及面广且十分重要的工作。为了对评价对象有更深刻、更全面的把握,构建工作评价指标体系应遵循以下原则。

(1) 测定指标和评定指标相结合。测定指标是指运用各种测量仪器、问卷表等工具,可以直接测出或计算出结果的指标。例如,工资级别可以通过职位等级来确定,有效工作时间利用率可以用秒表直接测量并计算。评定指标是指暂时无法进行测定与计算,而只能根据分析人员的观察、了解并对有关资料进行分析思考才能得出结果的指标。例如,反映工作责任、工作难度、工作权限的指标,只能靠专家的主观分析来评定。

(2) 状态指标与结果指标相结合。状态指标是指体现岗位工作条件与过程的指标。结果指标是指体现岗位工作产出结果的指标。例如,井下作业的通风、照明、粉尘等指标均是揭示工作环境状态的指标,而井下作业的职业病发病率与严重程度等指标则是体现工作环境结果的指标。

(3) 单项指标与综合指标相结合。单项指标是指所体现的内容只能反映分析对象某一特征的指标,这种指标具有单一性和精确性。综合指标则是指能够反映分析对象两个及以上特征的指标,综合指标所体现的对象特征具有多重性、复合性与模糊性。

(4) 相对性指标与绝对性指标相结合。相对性指标是指通过对不同岗位工作本身具体情况的比较,来测定或评定对象特征的指标。绝对性指标则是指以岗位工作客观要求为依据,来测定对象特征的指标。

(5) 普遍性指标与特殊性指标相结合。普遍性指标是指反映不同岗位工作共性的指标。特殊性指标是指反映不同岗位工作个性的指标。前者具有抽象性和可比性,而后者则具有具体性与独特性。例如,职责任务属于特殊性指标,因为每个岗位的职责内容各不相同。耗氧量是一个普遍性指标,因为每个岗位的工作不但都存在一定的耗氧量,而且相互间同时具有可比性。特殊性指标转化为普遍性指标的方法是抽象化。例如,从不同岗位职责内容中分析出工作难度和责任大小并将其抽象化,就具有一定的可比性。普遍性指标与特殊性指标相结合,有助于解决工作评价对象中共性与个性的矛盾。

(6) 统一性指标与自拟性指标相结合。统一性指标是指所有岗位工作评价中,都必须严格执行的评价指标。自拟性指标则是指允许各部门针对所评价的岗位工作特点,自行增减的指标。统一性指标与自拟性指标相结合,有助于解决工作评价客体的整体性与个别性在操作上的矛盾。

三、工作评价的指标要素和指标选择

岗位价值不可避免地要受到很多因素的影响,主要有工作责任、工作技能、工作强度、工作环境及社会心理因素五个方面,它们又可以细分为 22 项指标。

(1) 工作责任。工作责任是指所承担工作的责任大小,主要反映工作任职者智力的付出和心理状态。它包含 6 项指标: ① 质量责任,即评价工作活动对质量指标的责任大小;② 产量责任,即评价工作活动对产量指标的责任大小;③ 看管责任,即评价工作所看管设备对整个生产管理过程的影响程度;④ 安全责任,即评价工作对整个生产管理过程安全的影响程度;⑤ 消耗责任,即评价工作中物资消耗对成本的影响程度;⑥ 管理责任,即评价在指导、协调、分配等管理活动中的责任大小。

(2) 工作技能。工作技能是指工作对任职者的资格、素质方面的要求,主要反映工作对劳动者智能要求的程度。它包含5项指标:① 技术知识要求,即评价技术知识、文化水平和技术等级的要求;② 操作复杂程度,即评价操作的复杂程度及所用的时间长短;③ 看管设备复杂程度,即评价使用设备的难易程度和看管设备所需的经验水平;④ 产品品种与质量要求的程度,即评价产品品种规格和质量要求的水平;⑤ 处理事故复杂程度,即评价迅速处理事故所需的能力。

(3) 工作强度。工作强度是指工作过程中对任职者身体的影响,主要反映任职者的体力消耗和紧张程度。它包含5项指标:① 体力劳动强度,即评价任职者体力消耗的程度;② 工时利用率,即评价净工作时间的长短;③ 劳动姿势,即评价主要工作姿势对身体疲劳的影响程度;④ 劳动紧张程度,即评价任职者生理器官的紧张程度;⑤ 工作班制,即评价工作的组织安排对劳动者身体的影响。

(4) 工作环境。工作环境是指工作中的卫生状况,尤其对于生产性的工作,它主要反映工作环境中的有害因素对任职者健康的影响程度。它包含5项指标:① 高温危害程度,即评价工作场所高温对任职者健康的影响程度;② 噪声危害程度,即评价工作场所噪声对任职者健康的影响程度;③ 粉尘危害程度,即评价工作场所粉尘对任职者健康的影响程度;④ 辐射危害程度,即评价工作场所辐射对任职者健康的影响程度;⑤ 其他有害因素危害程度,即评价通过接触其他化学性、物理性的有害物质而对任职者健康造成的影响。

(5) 社会心理因素。社会心理因素是指任职者在社会中所处的地位和人与人之间的关系对其工作心理所产生的影响程度。主要采用1项指标,即人员流向指标,它是指由于工作性质、地位等对任职者在社会心理方面产生的影响而形成的人员流动趋势。

上述22项指标要素,按性质和评价方法的不同,又可将它们划分为两类:一类是评定指标,即通过评委打分的方法来评出等级的指标,工作责任、工作技能及社会心理因素的12项指标就属于评定指标;另一类是测定指标,即根据仪器或其他方法直接测得或计算出的数据来进行分级的指标,工作强度和工作环境的10项指标就属于测定指标。在实际应用中,可根据不同需要,做适当的选择。

工作评价指标数量的多少应根据需要决定。如指标数量过少,不足以涵盖所有职位的工作内容,评价结果无法真实地反映职位之间的价值差异;如指标数量过多,确定评价因素及评价过程又会太耗时间和精力,可能会造成成本和收益不对等。因此,大多数工作评价方案所使用的指标为4～15项。选择工作评价指标时,工作评价人员可以通过对各个岗位工作流程的输入端、业务处理过程、输出端,以及工作环境或工作条件的一些关键要素进行取样和分析,从中提炼出一些对各岗位具体劳动具有代表性的抽象化指标,从而使各个岗位的劳动和价值具有可比性。

第三节 工作评价的基本方法

20世纪30—50年代,工作评价技术在西方发达国家得到普遍推广和应用。四种主要的工作评价体系逐步建立起来,按时间顺序依次为排序法、分类法、因素比较法和要素计点法。第二次世界大战后,在西方发达国家中,最广泛采用的是要素计点法,其次是因素比较法。20世纪50年代以来,西方国家一些大型管理咨询机构,在上述评价方法的基础上,又开发了一些混合型的评价方法。这些混合型的评价方法,大都是定量评价技术。著名的海氏评价系统就是其中之一。不同的评价方法有其各自的特点,组织应该根据其自身的现状和需要选择合适的工作评价方法。

一、排序法

排序法又称排列法,它是工作评价中使用较早的一种较为简单的评价方法。排序法是在不对工作内容进行分解的情况下,由评价人员凭着自己的经验和判断,将各工作岗位的相对价值按高低次序进行排列,从而确定职位等级的一种工作评价方法。

(一)三种常用的排序方法

1. 直接排序法

直接排序法是一种最为简单的工作评价方法。评价人员只需根据自己在工作中长期积累的经验,通过主观判断的方法,对工作的相对价值按从高到低或从低到高的顺序进行排列。

2. 交替排序法

交替排序法是直接排序法的进一步延伸。评价人员先从所需排序的职位中选出相对价值最高的排在第一位,再选出相对价值最低的排在倒数第一位,然后从剩下的职位中选出相对价值最高的排在第二位,接着选出剩下职位中相对价值最低的排在倒数第二位。以此类推,整个过程一直持续到所有职位排序完毕为止。

3. 配对比较法

配对比较法也称相互比较法或成对排序法,就是将所有要进行评价的岗位列在表格的各行和各列中,两两配对比较,其中价值较高者可得1分,价值较低者记为0分,最后将各岗位所得分数相加,再按分数高低将岗位进行排列,即可划定岗位等级。通过计算平均序数,便可得出岗位相对价值的次序。

以下为某车间不同岗位配对比较的基本操作步骤和方法(表7-2)。

表 7-2　配对比较表

比较职务	剪切机工	电　工	冲床工	焊　工	磨床工	统　计	排　序
剪切机工	—	1	0	0	1	2	3
电工	1	—	1	0	1	3	2
冲床工	0	0	—	0	1	1	4
焊工	1	1	1	—	1	4	1
磨床工	0	0	0	0	—	0	5

也可以在两两比较时，按价值较高者得 2 分、价值相当或相近者得 1 分、价值较低者得 0 分的方式计算得分。

（二）排序法的操作步骤

1. 工作分析

由有关人员组成评价小组，做好相应的各项准备工作。如对工作职位进行工作分析，收集有关职位各方面的资料、数据（如工作任务、工作职责、工作难度、与其他职位的联系、工作条件，以及从事工作所需的知识、技能和能力要求等），并制成工作说明书。

2. 职位排序

工作评价人员根据工作说明书和自己的经验判断，选择上述三种排序方法中合适的方法，各自将职位按照一定标准进行排序，确定职位顺序。如采用直接排序法进行排序，通常还应选取总职位的 10%～15%作为基准职位。先对这些标准职位进行排序，再对其他非标准职位排序。实际排列过程中，职位不仅要与标准职位相比，也要同已排列好的非标准职位相比。排列后职位等级通常呈金字塔形。

3. 结果汇总

将各评价人员对职位的评价结果予以汇总，确定最终的职位序列。用各评价人员对工作评价的序号和除以评定人数得到每一职位的平均序数，按平均序数的大小，由小到大评定出职位相对价值的次序。

例如，由甲、乙、丙三人组成的评价小组对 A、B、C、D、E、F、G 等七个岗位进行评定，职位排序如表 7-3 所示。

表 7-3　职位排序

岗位	A	B	C	D	E	F	G
甲评定结果	1	3	4	2	5	6	7
乙评定结果	2	1	4	3	—	5	—

续　表

丙评定结果	1	—	2	3	6	4	5
评定序数和	4	4	10	8	11	15	12
参加评定人数	3	2	3	3	2	3	2
平均序数	1.3	2	3.3	2.7	5.5	5	6
岗位相对价值的次序	1	2	4	3	6	5	7

（三）排序法的优缺点

1. 优点

(1) 简便易行，直观。

(2) 作为一个整体对各岗位进行评定，避免了因工作要素分解而引起的矛盾和争论。

(3) 特别适用于小型的、生产单一的组织或部门内部的工作评价。

2. 缺点

(1) 在工作职位数多且工作内容不相近时，难以找到熟悉所有工作内容的评定人员。如表 7－3 中评价者乙未对 E、G 职位进行排序，评价者丙未对 B 职位排序，都可能是因为评价者对职位不熟悉，不便妄下判断。

(2) 评价主观，缺乏严格的、科学的评判标准，评价结果弹性大，易受到其他因素的干扰。

(3) 排序法本身并不能为等级划分提供依据，且无法衡量工作等级之间的差异程度。

二、分类法

分类法又称归级法，是对排序法的改革，它是在工作分析的基础上事先进行总体职位分类和等级描述，制定一套职位级别标准，然后将职位与标准进行比较，将它们归到各个级别中去。

分类法是以职位为对象、以事件为中心的工作评价方法。它是在工作分析的基础上，在对每个职位的工作性质、任务、要求及完成该项工作的人员所需资格条件进行全面、系统、深入的研究之后，将组织职位按照工作性质的相似性划分为不同的职位族，再根据职责大小、任职要求、劳动强度、劳动环境等要素指标划分出若干层级，并赋予每个类别、每个等级以明确的定义，从而建立起一套完善的职位级别标准体系。最后，将组织中待评价的职位归到相应的类别和等级中去。在运用分类法进行工作评价时，不仅要在同类工作中进行不同等级的比较，同时还要在不同类别的职位中进行比较，最终得出所有职位的相对价值。

分类法适用于对大量的工作职位进行评价，在工作职位的内容、职责、技能与工作环境等方面差别较大的情况下，这是一种非常实用的工作评价方法。它强调的是工作类别的差异,而不是单个工作的差异。

(一) 分类法的操作步骤

1. 进行工作分析,收集工作职位相关资料

在对工作进行分类之前,需要掌握大量的岗位相关信息,以便划分工作职位的类别和等级。这些所需的信息资料都可从工作分析的结果——工作说明书中获得。工作说明书提供了关于职位性质、工作内容、职责等多方面的信息,是进行工作评价的基础。

2. 职位横向分类

在收集到必要的工作职位相关资料后,首先将各个职位进行横向分类,划分为几个职位族,接着将这些职位族进一步划分为职位系列。例如,对于“工程类”这一职位族,可进一步划分为“机械工程部”和“文事工程部”两个职位系列。

在对职位进行横向分类时,应注意遵循以下原则。

(1) 单一性原则。一个职位只能划归于一个职系,不能同时归属于两个职系。

(2) 程度原则。当一个职位的工作性质分别与两个或以上的职系有关时,以归属程度高的那一个职系来确定其归属。

(3) 时间原则。当一个职位的工作性质分别和两个或以上的职系有关且归属程度也相当时,以占用时间较多的职系来确定该职位的类别。

(4) 选择原则。当一个职位的工作性质分别和两个或以上的职系相关、归属程度相当且占用时间也相等时,则以主管领导机关的观点来确定其归属职系。

(5) 实用原则。职位分类的粗细应当遵循实用原则,不宜将类别划分得过细。

3. 职位纵向分级

职位纵向分级是指在职位横向分类的基础上,根据职位工作的繁简难易程度、承担的责任大小及任职资格条件等因素,对同一职系的职位划分出不同等级。由于各个职系的工作性质和特点不同,职位数量也不同,因此各个职系中划分级别的数目也不相等。一般少则可分为 4～7 档,多则可分为 11～17 档。

进行职位的纵向分级时须注意以下方面。

(1) 划分职位等级要充分考虑各项工作之间深层次的差异,紧密结合工作任务的繁简难易程度、承担的责任大小及任职资格条件等因素。

(2) 要体现组织的薪酬管理策略,如果薪酬设计差距小,可以相应地多设等级;反之,则少设等级。

4. 建立职位级别体系

这是工作分类中最关键的一步,即对以上所确定的等级进行详细说明与界定,便于操作和有效区分不同的工作职位。要注意的是,对每一个等级的描述要根据一定的要素进行。例如,某组织职位级别体系选择的要素有工作的复杂性和灵活性、接受和实施的监督、所需要的判断力、所需要的创造性、人际关系的特点和目的、责任、经验、要求的知识水平。

相对于其他步骤来说，这一环节最为烦琐，所需投入的精力也最多，它必须使两个等级之间在技术水平和责任大小等方面的差异显而易见。以下是某组织所采用的职位级别描述的部分内容（表 7－4）。

表 7－4　职位级别描述

等级	等　级　描　述
1	例行的事务：按照既定的程序和规章工作；处在主管人员的直接监控之下；不带有技术色彩
2	需要一定独立判断能力的职位：具有初级的技术水平；需要一定经验；需要接受主管人员监督
3	中等负责程度的工作：根据既定的政策、程序和技术能独立思考；需要接受专业训练并具备一定的经验；无需他人监督
4	复杂工作；独立做出决策；监督他人工作；需要接受高级的专业训练；具有较丰富的经验

5. 将职位归入合适的级别，确定职位相对价值

在建立职位级别体系后，就可将整个组织内所有的职位划分到适当的等级中，这主要通过工作说明书与职位等级描述的对比来确定。如果在职位级别体系中职位分类和等级划分的说明精细、准确，那么职位的归级就很容易操作。反之，如果职位级别体系的说明含糊、抽象，则容易导致评价者对其理解不同，最后影响评价归级的准确性。

这样的归级使我们得出了各个职系内的不同职位的相对价值。为了使各个职系中的职位级别能相互比较，就必须在划分级别的基础上，根据工作的繁简难易程度、承担的责任大小和任职资格条件等因素，对各个职系的工作进行横向的分析比较，然后将它们纳入统一的等级内。这样，一个组织中所有待评职位间的相对价值都能予以确定。

如表 7－5 所示，销售类工作被分为 9 个等级，人力资源类工作被分为 5 个等级，行政类工作被分为 6 个等级，福利设施类工作被分为 4 个等级，表 7－5 的左边第一列表示组织中所有职位的等级。处于同一行的工作，表明其在组织中的相对价值是相等的，即销售类工作的第 6 等级与人力资源类工作的第 5 等级以及行政类工作的第 1 等级，在组织中处于同样的地位。这样，就使不同职系的职位都能进行横向比较，从而确定其相对价值。

表 7－5　职系的各等级间横向比较

等　级	职　系			
	销　售	人力资源	行　政	福利设施
1	1			
2	2	1		

续 表

等 级	职 系			
	销 售	人力资源	行 政	福利设施
3	3	2		
4	4	3		
5	5	4		
6	6	5	1	
7	7		2	
8	8		3	
9	9		4	
10			5	
11			6	1
12				2
13				3
14				4

（二）分类法的优缺点

1. 优点

(1) 比较简单，所需经费、人员和时间相对较少，在工作内容不太复杂的部门，能在较短时间内得到令人满意的结果。

(2) 因等级标准的制定遵循一定依据，故其结果比排序法准确、客观。

(3) 出现新工作或工作变动时，容易按照等级标准迅速确定其等级。

(4) 较适合于对大量的工作职位进行评价，并且这些工作职位在内容、职责、技能与工作环境等方面存在较大差别的情形。

2. 缺点

(1) 职位等级的划分和界定存在一定难度，带有一定的主观性。

(2) 较粗糙，只能将岗位归级，但无法衡量职位间的价值的量化关系，难以直接运用到薪酬体系中。

三、因素比较法

因素比较法又称要素比较法，就是选择多种付酬因素，并按所选定的多种因素分别对工作职位进行排序的工作评价方法。这是一种精确、系统、量化的工作评价方法。它实际上是对工作排序法的一种改进，所不同的是工作排序法是从整体的角度对工作职位进行比较与排序，而它侧重于按照多种因素分别对工作职位进行排序。

因素比较法最初是评分法的一个分支。1926 年由美国高速交通股份公司的尤金·本基(Eugene Benge)及其助手们最先提出，他们是在试图完善评分法时创立了因素比较法的最初形式。因此，因素比较法仍然体现了评分法的一些原则，但两者的主要区别在于因素的分配形式和工作等级转换成工资结构的方法不同。从某种程度上来说，这种方法是一种混合法，兼有排序法和评分法的特征。

因素比较法是运用可以比较的付酬因素(报酬因素)来评价不同职位的价值，并以这些与工作有关的付酬因素作为确定工资待遇的基础，打破了工作职位的界限，能够较好地解决外部公平与内部公平问题。因素比较法可以看作一种比较复杂的排序法。普通的排序法只是从一个综合的角度比较各种职位，而因素比较法选取了多种付酬因素，并按每一种因素分别排序一次，根据每一种付酬因素得到的评价结果，设置一个具体的薪酬金额，然后再计算出每个职位在各种付酬因素上的薪酬总额，把它作为这种职位的付酬标准或薪酬水平。

(一) 因素比较法的操作步骤

1. 进行工作分析，确定付酬因素

仔细、全面地做好工作分析，通过工作分析的结果——工作说明书，来获取相关信息。对所收集的工作信息进行汇总整理，并提炼出能够涵盖各职位的共同因素，将其作为付酬因素。付酬因素是指能够为各种职位或工作的相对价值提供比较的工作特性，即在工作中受组织重视、有助于实现组织目标和战略的特征。这些付酬因素一般包括工作技能、脑力劳动、体力劳动、工作职责与工作条件等。当然，在实际使用时，只需选择对组织最重要的一些因素，而不必过多选择。

2. 选择基准职位

在每一类工作中选择一些关键性的职位作为基准职位，这些基准职位应该是组织中普遍存在的、工作内容相对稳定的，而且其所得到的薪酬是公平合理的，大多数人公认的职位。以这些基准职位的薪酬作为基础，其他职位的薪酬水平将通过与基准职位之间的付酬因素的比较来调整和确定。

3. 分析基准职位，将每个基准职位的工资分配到相应的报酬因素上

将各基准职位的现行薪酬，按前面确定的付酬因素进行适当分配。基准职位工资在

各付酬因素上分配得合理与否，直接关系到整个工作评价及薪酬体系设计的公平合理与否。因此，在对基准职位工资进行分解时，要综合各评价者的意见，利用均值法最终确定基准职位在各评价因素上的工资率。

4. 将待评价职位与基准职位进行比较

将组织中其他待评价职位在每个付酬因素上分别与基准职位相比较，确定待评价职位在每个付酬因素上的工资率。

5. 将各个付酬因素上的工资率相加汇总，得到待评价职位的工资水平

在表 7－6 的示例中，就 5 个付酬因素对职位进行评价。职位 A、职位 B、职位 C 是基准职位，其中职位 A 的市场工资水平是 1 000 元，职位 B 的市场工资水平是 2 000 元，职位 C 的市场工资水平是 4 000 元。职位 X 是待评价职位。首先将职位 A、B、C 按照 5 个付酬因素进行排序，然后再将职位 X 与这 3 个基准职位进行比较，得出结果。

表 7－6　因素比较法示例

工 资 率	责任大小	所需技能	任务难度	工作环境	财务影响
100 元/月	职位 A				职位 A
200 元/月			职位 A	职位 B	
300 元/月		职位 A		职位 A	职位 X
400 元/月	职位 B				职位 B
500 元/月	职位 X	职位 B	职位 B		
600 元/月		职位 X	职位 X	职位 C	
700 元/月				职位 X	
800 元/月	职位 C	职位 C			
900 元/月			职位 C		职位 C

由表 7－6 可得：职位 X 的月工资水平＝500＋600＋600＋700＋300＝2 700(元)。

(二) 因素比较法的优缺点

1. 优点

因素比较法将各种不同工作中的相同因素进行比较，根据在各个付酬因素上得到的评价结果可以直接计算出一个具体的薪酬金额，省去了运用其他方法时从工作评价到薪酬转换的环节，简化了操作程序，而且能更加精确地反映各职位之间的相对价值关系，结果具有较高的可靠性，也更为公平。

2. 缺点

因素比较法操作起来难度较大，尤其是付酬因素赋值关系重大且技术复杂，通常需由经验丰富的专家组共同商讨确定，因而成本较高，而且员工不易理解，给付酬因素注上货币价值时也很难说明其理由。加之在操作过程中易受主观因素的影响，还需要不断随劳动力市场的变化调整基准职位工资水平，因此在实际工作评价中，这种方法并不常用。

使用因素比较法时，应该注意两个问题：一是付酬因素的确定要慎重，一定要选择最能代表职位间差异的因素；二是由于市场上的工资水平经常发生变化，因此要及时调整基准职位的工资水平，以确保其结果的准确可靠。

四、要素计点法

要素计点法又称点数加权法、点数法，是一种比较复杂的、可量化的工作评价方法，也是目前大多数国家最常用的方法。这种方法就是在工作分析的基础上，先选定若干关键性评价要素，确定各要素的权数，并将每个要素分成若干不同的等级，然后对各要素的各等级进行界定并赋予一定分值，这个分值也称为点数，最后按照这些关键要素对职位进行评价，计算出每个职位的加权总点数，以此确定职位的相对价值。

（一）要素计点法的操作步骤

1. 进行工作分析

工作分析是必要的基础准备工作。组成专门的工作评价小组，对各个需要评价的岗位进行认真的分析，并编写出规范的工作说明书。

2. 确定评价要素

在工作评价中，评价要素的选择发挥着关键作用。评价要素的选取和界定应源于工作本身的特征和组织的战略方向，应能反映工作或职位如何增加组织的价值。在实际操作中，最为常用的报酬因素主要有技能、责任、努力程度和工作条件等，它们各自又包含了许多相关的子因素。一般而言，一个职位的评价要素的数目可以选定为 3～25 种，典型的情况是 10 种要素左右。

3. 确定不同评价要素的权重

不同评价要素在工作评价中对职位价值的贡献程度和影响是不同的，因此在确定评价要素之后，还要确定各评价要素的权重。不同权重反映了组织对不同评价要素的重视程度的差别。一般来说，比较重要的因素赋予的权重较大，重要性较小的因素赋予的权重较小。评价要素的权重通常以百分比的形式表示，它代表了不同评价要素对于工作评价结果所起作用的重要程度。在确定各评价要素的权重时，要根据各个评价因素的重要程度来分配，同时也要考虑组织自身所处状况及各类工作的性质和特征。

4. 定义评价要素

对已确定的工作评价要素,要用准确的语言清楚地予以界定,使每位评价者,甚至每一名员工都能一目了然,清楚地了解每一个评价要素所要评价的内容。

5. 划分及界定要素等级

根据组织的实际需要,将每一个评价要素按照其差异程度细分为不同的等级。等级划分完成后,还要对细分后的每一等级进行准确详细的界定。这里应注意,确定评价要素等级时,划分的层次不宜过多,要运用相应的职位名称和容易理解的术语规定等级的定义。

表 7-7 是某组织对"责任复杂性"这一评价要素的等级界定量表。

表 7-7 某组织工作评价要素量表

评价要素	解　释	等级	解　释
责任复杂性	这个因素评估的是有关责任的复杂性,独立行动的程度,责任的程度,判断和决策的类型,责任的灵活性和计划性,在设计新方法、新程序和新产品时的创造性、科学发现及其应用	1	简单和高度重复的或常规的责任,要求运用确定的程序,很少需要个人判断,很少或没有机会选择执行方式
		2	重复或常规的责任,要求运用多种程序,需要做出少量决策,运用描述清楚的标准管理并做出某些判断
		3	具有某限定领域内较丰富的知识,要求运用各种程序,需要分析事实和特定环境条件,并在标准的或惯例范围内做出判断
		4	具备与公司政策有关的一般知识并能在实际情况中广泛运用。要求能独立工作并做出相当多的判断,能灵活运用或调整现有的方法、技术和程序以适应新的或特殊的要求,能在现有政策范围内做出有关决策
		5	能处理与项目有关的经常变化的新问题,胜任高度技术化的困难的工作。要求具有杰出的判断力,主动处理不易预见的复杂因素,在无前例可循的基础上做出决策
		6	有效参与组织决策、目标和计划制定和执行,指导和协调下属部门的工作以完成目标。对要求高的科学领域的抽象研究问题进行高度创造性工作,为未知的或推测的程序或产品创造新的概念

6. 各评价要素等级的点数配给

首先应确定各评价要素的点数,即总点数,如 500 点或 1 000 点。总点数的确定以便于使用和划分职位等级为原则。目前,英国、美国一般使用的总点数为 500 点,我国台湾地区为 600 点。根据工作评价体系的总点数和各评价要素的权重,即可得出每一评价要素的总点数(最高点数)。例如,在表 7-8 中,该评价体系的总点数为 500 点,职位所需工作知识的权重为 45%,因此,“工作知识”这一要素的最高点数=500×45%=225 点。在确定了每一评价要素最高点数的同时,还应确定其子要素的最高点数,如本例中“工作知识”中的“基础知识”的权重是 20%,因此,“基础知识”这一子要素的最高点数=500×20%=100 点。

表 7-8　某公司岗位评价要素及其权数、点数分配

要素等级	工作知识		工作能力		工作压力		工作环境
	基础知识	实务知识	思考力	交涉力	约束性	工作量	
	20%	**25%**	**20%**	**15%**	**10%**	**5%**	**5%**
1	20	25	20	15	10	5	5
2	40	50	40	30	30	15	15
3	60	75	60	45	50	25	25
4	80	100	80	60			
5	100	125	100	75			

注：工作评价要素总点数为 500 点。

然后,使用算术法或几何法给每一个评价子因素的各个等级配置相应的点数。各个等级上的点数可以是等差的,也可以是不等差的。但是也有人提出,在知识和技能较低的等级上提高一个等级比在较高的等级上再提高一个等级要容易,因此在较低的等级上,等级间的距离可以小一些,在较高的等级上,等级间的距离可以大一些。这种假设也是比较合理的。级差越大会使最终的职位等级间的差距越大,而依此设计出来的薪酬激励性也越大。一个组织具体如何确定各等级的点数分配,还应视组织的具体情况而定。

7. 进行工作评价,得出各职位的总点数

在建立了表 7-8 这样的评价要素结构体系后,就可以开始对各职位进行评价了。对待评价职位的各个评价要素进行分析,确定待评价职位各要素在结构量表中所处的等级,分别得到该职位在这些评价要素上的点数,将它们汇总相加即可得到该职位的最终评价点数。

8. 建立职位等级表,评定职位等级

根据各职位的评价总点数,对职位按升序排列。然后确定职位等级数目及各等级的点数区间,建立职位等级表。最后,根据工作评价得到的职位总点数,参照职位等级表,将其“对号入座”,形成最终的职位等级。职位等级表示例如表 7-9 所示。

若赋予各点数区间以一定的工资额,即可得出各个职位的工资水平。

表 7-9　职位等级表示例

等　　级	点　　数	等　　级	点　　数
1	0～149	6	254～279
2	150～175	7	280～305
3	176～201	8	306～331
4	202～227	9	332～357
5	228～253	10	358～500

（二）要素计点法的优缺点

1. 优点

(1) 主观随意性较小，较为可靠。

(2) 相对客观的标准使评价结果易于为人们接受。

(3) 通俗易懂，易于推广。

(4) 对于评价新增加的职位也十分方便。

2. 缺点

(1) 费时，需投入大量人力。

(2) 评价要素和权重的确定有一定技术难度。

(3) 不完全客观和科学，要素的选择、等级的定义和要素权重的确定都有一定的主观因素。

五、海氏评价系统

海氏评价系统是由美国著名的薪酬设计专家爱德华·海(Edwaid Hay)与他的同事在20世纪50年代研究开发出来的，在以后的几十年内，对之不断地进行修订。它有效地解决了不同职能部门的不同职位之间相对价值的相互比较和量化的难题，被企业界广泛接受，成为目前企业中使用得较为广泛的工作评价系统之一。

海氏评价系统，实质上是将付酬因素进一步提炼为具有普遍适用性的三大因素，相应地设计了三套标尺性评价量表，运用这三套量表对所评价职位进行评价打分，最后将所得分值加以综合，得到各工作职位的相对价值。

（一）海氏评价系统的三个评价因素

海氏评价系统实质上是一种评分法，根据这个系统，所有职位所包含的最主要的付酬因素有三种,即技能技巧、解决问题的能力和承担的职位责任。每一个付酬因素又细分为数量不等的子因素(表7-10)。

表7-10　海氏评价系统中的付酬因素

因　素	因素解释	子 因 素	子因素解释	子因素等级
技能技巧	工作所需要的专门知识和实际应用技能	专业知识技能	有关科学知识、专门技术和实际方法	8
		管理诀窍	计划、组织、执行、控制、评估的能力与技巧	5
		人际技巧	沟通、协调、激励、培训、关系处理等技能	3
解决问题的能力	在工作中发现问题、分析诊断问题、提出对策、权衡与评估、做出决策等	思维环境	是指任职者在什么样的思维环境中解决问题,是有明确的既定规则,还是只有一些抽象的规则	8
		思维难度	是指任职者解决问题的难度;对创造性的要求,是不需要创造性按照老规矩办事,还是需要解决没有先例可以依据的问题	5
承担的职位责任	主要是指任职者的行动对最终结果可能造成的影响及承担责任的大小	行动的自由度	是指任职者自主地做出行动的程度,是完全需要按照既定的规范行动,还是在没有明确规范的情况下行动	8
		对工作结果的影响	对工作结果的影响是直接的还是间接的	4
		财务责任	财务上能决定多大数量的金额运用	4

(二)海氏评价系统的评价量表

海氏评价系统将三种付酬因素的各子因素进行组合,形成了三张海氏工作评价指导图表。

技能技巧因素由专业知识技能、管理诀窍、人际技巧三个子因素构成,技能技巧因素的分级配点如表7-11所示。

解决问题的能力因素由两个部分组成,分别为思维环境和思维难度。由于人的思维不可能凭空进行,必须以事实、原理和方法作为原材料,即人必须以已经知道的一切去思维,即使是对最具创造性的工作也是如此,因此解决问题的能力是用其对技能技巧的利用率来衡量的,它用一个百分数来表示。解决问题的能力因素的分级配点如表7-12所示。这个因素上的得分是用技能技巧上的得分乘以这个百分数得到的。

表 7-11　技能技巧因素的分级配点

		管理诀窍														
		基本的			相关的			多样的			广博的			全面的		
		人际技巧														
		基本的	重要的	关键的	基本的	重要的	关键的	基本的	重要的	关键的	基本的	重要的	关键的	基本的	重要的	关键的
专业知识技能	基本的	50 57 66	57 66 76	66 76 87	66 76 87	76 87 100	87 100 115	87 100 115	100 115 132	115 132 152	115 132 152	132 152 175	152 175 200	152 175 200	175 200 230	200 230 264
	初等业务的	66 76 87	76 87 100	87 100 115	87 100 115	100 115 132	115 132 152	115 132 152	132 152 175	152 175 200	152 175 200	175 200 230	200 230 264	200 230 264	230 264 304	263 304 350
	中等业务的	87 100 115	100 115 132	115 132 152	115 132 152	132 152 175	152 175 200	152 175 200	175 200 230	200 230 264	200 230 264	230 264 304	264 304 350	264 304 350	304 350 400	350 400 460
	高等业务的	115 132 152	132 152 175	152 **175** 200	152 175 200	175 200 230	200 230 264	200 230 264	230 264 304	264 304 350	264 304 350	304 350 400	350 400 460	350 400 460	400 460 528	460 528 608
	基本专业技术	152 175 200	175 200 230	200 230 264	200 230 264	230 264 304	264 304 350	264 304 350	304 350 400	350 400 460	350 400 460	400 460 528	460 528 608	460 528 608	528 608 700	608 700 800
	熟练专业技术	200 230 264	230 264 304	264 304 350	264 304 350	304 350 400	350 400 460	350 400 460	400 460 528	460 528 608	460 528 608	528 608 700	608 700 800	608 700 800	700 800 920	800 920 1 056
	精通专业技术	264 **304** 350	304 350 400	350 400 460	350 400 460	400 460 528	460 528 608	460 528 608	528 608 700	608 700 800	608 700 800	700 800 920	800 920 1 056	800 920 1 056	920 1 056 1 261	1 056 1 261 1 400
	权威专业技术	350 400 460	400 460 528	460 528 608	460 528 608	528 608 700	608 700 800	608 700 800	700 800 920	800 920 1 056	800 920 1 056	920 1 056 1 261	1 056 1 261 1 400	1 056 1 261 1 400	1 261 1 400 1 600	**1 400** 1 600 1 840

表 7-12　解决问题的能力因素的分级配点

思维环境	思维难度/%				
	重复性的	**模式化的**	**中间型的**	**适应性的**	**无先例的**
高度常规性的	10～12	14～16	19～22	25～29	33～38
常规性的	12～14	16～19	22～25	29～33	38～43
半常规性的	14～16	19～22	25～29	33～38	43～50
标准化的	16～19	22～**25**	29～33	38～43	50～57
明确规定的	19～22	25～29	33～38	43～50	57～66
广泛规定的	22～25	29～33	38～43	50～57	**66**～76
一般规定的	25～29	33～38	43～50	57～66	76～87
抽象规定的	29～33	38～43	50～57	66～76	**87**～100

承担的职位责任因素由三个部分组成，分别为行动的自由度、对工作结果的影响和财务责任。财务责任大小的金额范围要视组织的具体情况而定。承担的职位责任因素的分级配点如表 7-13 所示。

表 7-13　承担的职位责任因素的分级配点

财务责任	大小等级	微小				少量				中量				大量			
	金额范围																
对工作结果的影响		间接		直接		间接		直接		间接		直接		间接		直接	
		后勤	辅助	分摊	主要	后勤	辅助	分摊	主要	后勤	辅助	分摊	主要	后勤	辅助	分摊	主要
行动的自由度	有规定的	10 12 14	14 16 19	19 22 25	25 29 33	14 16 19	19 22 25	25 29 33	33 38 43	19 22 25	25 29 33	33 38 43	43 50 57	25 29 33	33 38 43	43 50 57	57 66 76
	受控制的	16 19 22	22 25 29	29 33 38	38 43 50	22 25 29	29 33 38	38 43 50	50 57 66	29 33 38	38 43 50	50 57 66	66 76 87	38 43 50	50 57 66	66 76 87	87 100 115
	标准化的	25 29 33	33 38 43	43 50 57	**57** 66 76	33 38 43	43 50 57	57 66 76	76 87 100	43 50 57	57 66 76	76 87 100	100 115 132	57 66 76	76 87 100	100 115 132	132 152 175

续 表

财务责任	大小等级	微小				少量				中量				大量			
	金额范围																
对工作结果的影响		间接		直接		间接		直接		间接		直接		间接		直接	
		后勤	辅助	分摊	主要	后勤	辅助	分摊	主要	后勤	辅助	分摊	主要	后勤	辅助	分摊	主要
行动的自由度	一般性规范的	38 43 50	50 57 66	66 76 87	87 100 115	50 57 66	66 76 87	87 100 115	115 132 152	66 76 87	87 100 115	115 132 152	152 175 200	87 100 115	115 132 152	152 175 200	200 230 264
	有指导的	57 66 76	76 87 100	100 115 132	132 152 175	76 87 100	100 115 132	132 152 175	175 200 230	100 115 132	132 152 175	175 200 230	230 264 304	132 152 175	175 200 230	230 264 304	304 350 400
	方向性指导的	87 100 115	115 132 152	152 175 200	200 230 264	115 132 152	152 175 200	200 230 **264**	264 304 350	152 175 200	200 230 264	264 304 350	350 400 460	200 230 264	264 304 350	350 400 460	460 528 608
	广泛性指引的	132 152 175	175 200 230	230 264 304	304 350 400	175 200 230	230 264 304	304 350 400	400 460 528	230 264 304	304 350 400	400 460 528	528 608 700	304 350 400	400 460 528	528 608 700	700 800 920
	战略性指引的	200 230 264	264 304 350	350 400 460	460 528 608	264 304 350	350 400 460	460 528 608	608 700 800	350 400 460	460 528 608	608 700 800	800 920 1 056	460 528 608	608 700 800	800 920 1 056	**1 056** 1 216 1 400
	一般性无指引	304 350 400	400 460 528	528 608 700	700 800 920	400 460 528	528 608 700	700 800 920	920 1 056 1 216	528 608 700	700 800 920	920 1 056 1 216	1 216 1 400 1 600	700 800 920	920 1 056 1 216	1 216 1 400 1 600	1 600 1 840 2 112

（三）海氏评价系统应用举例

下面我们利用海氏评价系统的评价量表对营销副总经理、产品开发工程师、小车司机班班长这三个职位进行工作评价。

1. 根据技能技巧因素(表 7－11)对三个职位进行评价

营销副总经理在企业中全面主管营销事务，而营销工作往往是企业中最难应付的工作，需要很高的管理技巧，因此在管理诀窍方面是“全面的”；营销副总经理要精通营销管理的各项专业知识，并要在下属中树立起自己的绝对权威，方可充分调动广大营销人员的积极性，因此在专业知识技能方面应是“权威的”；在人际技巧方面，需要熟练的人际交往技能，这是非常“关键的”。因此营销副总经理的技能技巧因素价值分为 1 400。

产品开发工程师负责企业的研发工作，要求有很扎实的专业知识，因此在专业知识技能方面应是“精通的”；在管理诀窍方面，因其主要工作是独立开展研究活动，无须管理或很少有开展管理活动的必要，因此应为“基本的”；在人际技巧方面，应为“基本的”。因此产品开发工程师的技能技巧因素价值分为 304。

小车司机班班长在专业知识技能方面没有太多的要求，只需“高等业务的”；在管理诀窍方面，管理一批司机，工作简单，只需要“基本的”；在人际技巧方面，小车司机对文化水平的要求虽然不高，但均是为企业高级管理人员提供服务的，长期同高级管理人员在一起，因此需要最高一级即“关键性的”人际处理技巧。所以其技能技巧因素价值分为 175。

2. 根据解决问题的能力因素（表 7－12）对三个职位进行评价

营销副总经理是企业市场的开拓者，面对瞬息万变的市场，每天都要独立做出营销决策，在很多情况下企业都缺乏明确的政策指导，其思维环境为“抽象规定的”。为了占领市场，营销副总经理需要开展高度的创造性工作，这些工作在企业无先例可循，其思维难度为“无先例的”。因此解决问题的能力便评价为技能的 87%。

产品开发工程师在产品开发过程中受到行业规范、各种技术标准等的限制，其思维环境为“广泛规定的”；但由于产品开发属于高度创造性的活动，其思维难度为“无先例的”，因此解决问题的能力便评价为技能的 66%。

小车司机班班长属于最基层管理者，管理活动受到企业各种规章制度和上级的约束，其思维环境属“标准化的”；其管理不需要有太多的创造性，基本上是“模式化的”。因此解决问题的能力便评价为技能的 25%。

3. 根据承担的职位责任因素（表 7－13）对三个职位进行评价

营销副总经理在企业内地位很高，享有广泛授权，行动的自由度高，为“战略性指引的”；他全面主管企业的营销工作，所起的作用是“主要的”；营销副总经理的决策有时直接决定企业的生死存亡，其财务责任是“大量的”。该职位在这一因素的整体评分为 1 056。

产品开发工程师的行动自由度比较大，属于“方向性指导的”；财务责任不大，只有“少量的”影响；对后果形成的影响比较大，因为其对企业新产品开发和企业进一步发展有直接影响，因此属于“分摊的”。该职位在这一因素上的整体评分为 264。

小车司机班班长行动自由度小，只属于“标准化的”；但他为整个小车司机班的负责人，所起的作用是“主要的”；不过他级别太低，对经济后果的责任也属于“微小的”。因此该职位在这一因素上的整体评分为 57。

4. 根据各职位的“形状构成”计算出各职位的总分

利用海氏评价系统来评价三种主要付酬因素时，还必须考虑各工作的“形状构成”，以确定该因素的权重。海氏评价系统认为工作具有一定的“形状”，这个“形状”主要取决于技能技巧和解决问题的能力这两个因素相对于承担的职位责任这一因素的比重。根据这两者比重关系的不同，组织中的工作可分为三种类型。

(1) 上山型

上山型工作的承担的职位责任因素比技能技巧与解决问题的能力因素重要。如营销副总经理、公司总裁、销售经理、负责生产的领导等。

(2) 下山型

下山型工作的承担的职位责任因素不及技能技巧与解决问题的能力因素重要。如产品开发工程师、市场分析领导等。

(3) 平路型

平路型工作的技能技巧和解决问题的能力因素与承担的职位责任因素并重。如小车司机班班长、会计等。

根据三种职位的“形状构成”,赋予三种职位三个不同因素以不同的权重,即分别给三个职位的技能技巧、解决问题的能力两个因素与承担的职位责任因素分配代表其重要性的一个百分数,这两个百分数之和恰为100%。根据一般性原则,我们粗略地确定“上山型”“下山型”“平路型”两组因素的权重分配分别为(40%+60%)、(70%+30%)、(50%+50%)。这样我们将这三个职位在三个因素上的工作评价得分及其相应权重汇总如下:

营销副总经理评价总分=1 400×(1+87%)×40%+1 056×60%=1 680.800

产品开发工程师评价总分=304×(1+66%)×70%+264×30%=432.448

小车司机班班长评价总分=175×(1+25%)×50%+57×50%=137.875

根据上述计算结果可以看出,用海氏评价系统得出的分数,比直觉性的主观评估要更精确和合理一些,只是评价过程较复杂。评价分获得后,具体工资额要参考外界市场情况确定。

(四) 海氏评价系统的操作步骤

1. 选择标杆岗位

在应用海氏评价系统进行评价前,应对所有的被测岗位进行归类,并从每类中选出标杆岗位来参加测评。选择标杆岗位的标准有三个:一是标杆岗位够用即可;二是标杆岗位要好用;三是选择岗位价值较难比较的岗位作为标杆岗位。

2. 准备标杆岗位的岗位说明书

要准备详细的岗位说明书,以便评价人员利用它来进行评价,以降低岗位评价的主观性。

3. 成立岗位评价小组

岗位评价小组应由外部专家和组织内部的资深员工组成,外部专家较内部人员更为客观、公正,而内部的资深员工则挑选对组织的整体情况比较熟悉的人,不仅要考虑中高层员工,还要适当兼顾基层员工。

4. 对岗位评价人员进行培训

要让每一个岗位评价人员对海氏评价系统的原理、逻辑关系、评价过程和评价方法都有非常清晰的了解。

5. 对标杆岗位进行评价

对标杆岗位进行评价可以分两个步骤进行。首先,让最熟悉组织的人选择一个岗位进行评价;其次,评价小组选择若干个具有代表性的岗位进行试评价,评价结果如果比较令人满意就可展开全面的评价。

6. 计算岗位得分,建立岗位等级

计算岗位得分时首先要将评价差异过大的岗位剔除,然后按照得分的高低将标杆岗位进行排序,按照一定的分数差距对标杆岗位进行分级和分层。最后将非标杆岗位按其对应的标杆岗位排列到相应的层级中。

(五) 海氏评价系统的优缺点

1. 优点

(1) 受评价人员的主观干扰少,比较详细和具体,依据的因素明确,得出的评价分数更为精确和合理。

(2) 适用于对不同职能部门中不同岗位之间相对价值的比较和量化。

(3) 适用于大规模组织中管理、专业和技术岗位的评价,尤其适用于对高级管理岗位的评价。

2. 缺点

(1) 费时,操作过程非常复杂,对评价人员的要求很高。

(2) 得出评价分数后不能直接得到岗位的货币价值量,岗位的具体薪酬还需要参考外部市场状况才能确定。

第四节　工作评价方法的比较与选择

一、工作评价方法的比较

工作评价的各种方法本身没有优劣高低之分,关键在于工作评价者能否针对组织的具体情况和实际需要选择最适当的方法。

常见的几种工作评价方法之间的区别主要表现在:一是划分评价维度和要素时,粗放与细致的程度不同;二是比较的方式不同。

工作评价的方法各有其特点,在前面的论述中,已分别对各种评价方法的优缺点进行了介绍,下面就这些方法的优缺点、适用范围及其应用等方面进行综合比较(表 7-14、表 7-15)。

表 7-14　工作评价方法的比较

方 法	是否量化	评价的对象	比较的方法	优　点	缺　点	适用范围
排序法	否	对职位整体进行评价	在职位与职位之间进行比较	简单、操作容易	主观性大，无法准确确定相对价值	适用于工作种类相对较少的小规模组织
分类法	否	对职位整体进行评价	将职位与特定的级别标准进行比较	灵活性高，可以用于大型组织	对职位等级的划分和界定存在一定的难度，无法衡量职位间的价值差距，不够精确	当组织中存在大量类似的工作时，且在每类工作的工作职责、内容、技能与环境的等级差别较大的情况下，这种工作评价方法尤其有用，适用于大规模组织
因素比较法	是	对职位要素进行评价	在职位与职位之间进行比较	可以比较准确地确定相对价值	成本高，因素的选择较困难，市场工资随时在变化	适用于劳动力市场情况相对稳定、组织的规模比较大的情况，侧重于研究多种因素对工作带来的影响
要素计点法	是	对职位要素进行评价	将职位与特定的级别标准进行比较	可以较准确地确定相对价值，适用于多类型职位	工作量大，费时费力	适用于大规模的组织中的管理类工作，侧重于研究各种因素对工作的影响程度
海氏评价系统	是	对职位要素进行评价	将职位与特定的级别标准进行比较	可以较准确地确定相对价值	对评价者的要求较高	适用于不同职能部门之间、不同职位之间相对价值的比较和量化

表 7-15　工作评价方法在实践应用中的比较

比较指标	排序法	分类法	要素计点法	因素比较法	海氏评价系统
客观性	低	低	中	中—高	较高
精确性	低	低—中	中—高	中—高	较高
信度	低	中等	中—高	中	中—高
自我辩护性	低	低—中	中—高	较高	中—高

续 表

比较指标	排序法	分类法	要素计点法	因素比较法	海氏评价系统
管理负担	轻	轻	中	重	中
沟通难易	容易	容易	较容易(取决于计划本身的设计)	较难	较难
操作成本	低	低—中	中—高	中—高	较高
复杂性	低	较低	较高	较高	较高
组织适应性	强	强	强	较强	强

二、工作评价方法的选择

从上文的比较中我们可以看到,每种工作评价方法都有其自身的优点与不足,不能笼统地说某一评价方法比其他评价方法更为优越。因此,组织在选择工作评价方法时,关键还是要看这种方法是否适合组织自身的现状、是否能够满足组织工作评价的需要,以及这种评价方法所要耗费的资源是否在组织能够承受的范围之内。为了使组织能更好地选择实用的工作评价方法,以下介绍几点影响工作评价方法选择的主要因素,以供参考。

(1) 所评价的工作稳定性。这是指工作随市场环境变化和人员调整而进行调整的可能性,一般来说,新设立工作的稳定性较差,市场竞争激烈、市场环境变化剧烈、业务稳定性差的工作,其工作稳定性也差。

(2) 工作职责的清晰程度。工作职责的清晰程度有两个含义:一是工作本身的清晰程度,如生产工人往往具有比较好的清晰程度;二是工作分析是否进行得充分,过程和结果是否科学,从而能为工作评价提供良好的基础。

(3) 工作数量的多少。如果工作数量较多,最好采用相对效率较高的评价方法。

(4) 薪酬体系的特点。不同薪酬体系的特点不同,从而对工作评价的要求也不太一样,如有些薪酬体系强调外部公平,这就要求工作评价必须具备外部可比性。

(5) 组织的文化特征。工作评价需要得到员工的接受,对于大型国有企业而言,投入较大的人力、物力采用因素比较法或要素计点法进行工作评价可能是值得的,但是,如果对于一家新兴的 IT 企业,排序法就能满足其工作评价的需要了。

(6) 工作评价资源的充分性。工作评价的资源主要是指评价委员会成员时间的充裕性,另外还有经费情况,如果资源充足,建议采用定量方法进行工作评价。

案例分析

任职者对职位之间的相对价值是很看重的，而且这也是比较容易引起争议的问题。这个问题解决不好，就不利于公司建立公平的竞争机制。RB公司没有一个得到大家认可的薪酬体系，即职位的内部公平性问题没有解决好，才引起了这次纷争。对于这些不同的意见，要给出大家都能满意的答复，就必须进行科学的工作评价。要建立一个科学合理、具有内部竞争力的薪酬体系，首先要通过工作评价使组织员工对各职位的相对价值的看法趋于一致，然后以工作评价的结果为依据设计薪酬体系。

思考与练习

一、单项选择题

1. 第二次世界大战以来，在西方发达国家中，最广泛采用的工作评价方法是(　　)。

A. 排序法　　B. 分类法

C. 因素比较法　　D. 要素计点法

2. 20世纪30—50年代，四种工作评价体系按其建立的时间顺序排列正确的是(　　)。

A. 排序法—分类法—要素计点法—因素比较法

B. 分类法—排序法—要素计点法—因素比较法

C. 排序法—因素比较法—分类法—要素计点法

D. 排序法—分类法—因素比较法—要素计点法

3. 在用分类法进行工作评价的过程中，哪个步骤是最关键的一步？(　　)

A. 职位横向分类　　B. 职位纵向分级

C. 建立职位级别体系　　D. 进行工作分析

4. 适用于大规模组织，并侧重于研究各种因素在多大程度上影响工作的工作评价方法是(　　)。

A. 因素比较法　　B. 要素计点法

C. 分类法　　D. 排序法

5. 下列工作评价方法中，哪种方法的操作成本最低(　　)。

A. 因素比较法　　B. 海氏评价系统

C. 分类法　　D. 排序法

二、多项选择题

1. 在组织中实施工作评价应当遵守的原则有(　　)。

A. 适用性原则　　B. 责、权、利相称

C. 标准化原则　　　　D. 过程参与

E. 结果公开

2. 海氏评价系统中，技能技巧的子因素有(　　)。

A. 管理诀窍　　　　B. 人际技巧

C. 专业知识技能　　　　D. 思维难度

E. 行动的自由度

3. 下列工作评价方法中，属于针对职位整体进行评价的方法有(　　)。

A. 排序法　　　　B. 分类法

C. 因素比较法　　　　D. 要素计点法

E. 海氏评价系统

三、简答题

1. 工作评价的基本流程是怎样的？

2. 什么是排序法？有何优点与不足？

3. 什么是分类法？有何优点与不足？

4. 要素计点法有何优点与不足？

5. 选择工作评价方法时应主要考虑哪些因素？

四、论述题

1. 试述分类法的操作步骤。

2. 试述要素计点法的操作步骤。

第八章 工作设计

学习目标

掌握工作设计的含义，理解工作设计与工作分析的区别，了解工作设计的目的，掌握工作设计的基本内容、原则、考虑因素、基本流程，了解工作设计的理论，掌握新组织工作设计的流程、既定组织工作再设计的步骤和常用方法。

重点概念

工作设计、工作专业化、工作轮换、工作扩大化、工作丰富化。

引导案例

东阳饭店的前厅营销部

东阳饭店始建于1991年，坐落于某市电子商务街中心地带，2000年被某集团并购。其自身定位为新型国际三星级数字化商务酒店，饭店的总体构想是逐步走向市场，达到四星级宾馆的目标。

前厅营销部是饭店形象的重要“窗口”，下设基层组织——商务中心，商务中心的职责是向客人提供文印等服务，它的主要功能是对外的。但是目前，商务中心还要承担饭店内部的许多行政杂务等原本应该由综合行政部负责的事务，这势必增加了工作负荷。员工几乎每天都要工作到很晚，很疲惫。同时，前厅营销部还要承担本应由财务部负责的前台收银的培训工作，这无疑也加重了工作负担。

最近，前厅营销部的商务中心又增加了新的工作内容。原来饭店五楼的商务吧定位为半封闭的，主要面向重要客户举办重要会务。但是目前，商务吧面向所有客人全天候开放。于是又增加了诸如收银、接待等新的工作内容。而目前商务中心只配备了三名接待人员，分早、中、晚三班，每班只有一个人，工作内容偏多，协调性不好。没有领班，很多时候就只能由部门经理抽身出来顶岗。

讨论题

1. 东阳饭店的问题主要出在哪里?
2. 为了避免这些问题的出现,你认为应该采取哪些措施?
3. 怎样规范商务中心的具体工作?

第一节　工作设计概述

一、工作设计的含义

(一) 工作设计的概念

工作设计是将组织的任务组合起来构成一项完整工作的方式,它确定了关于一项工作的具体内容和职责,并对该项工作的任职者所必备的工作能力、所从事的日常工作活动及该项工作与其他工作之间的关系进行设计。为了有效实现组织目标并满足个人需要,不断提升工作绩效,需要对工作内容、职责、权限和工作关系等各方面进行分析和整合,这个过程就是工作设计。

从上述概念中,我们可以看出,构成工作设计,至少应该包含以下要义。

(1) 工作是多项任务的组合。组合形式的不同,决定了工作性质的不同,以及它的难度和强度的不一致。

(2) 必须清晰界定具体的工作内容。工作设计的成功与否体现在它的明确度和清晰度达到什么样的级数。虽然由于工作性质的不同,不是每一种工作都可以落实得相当具体,但必须使每项需要设计的工作尽可能地具体化,以使设计结果达到最佳状态。

(3) 必须明确任职者的能力、职责、权限和工作关系。与第(2)条相对应,是人岗匹配的基本条件和要求,也是工作设计最终得以落实的前提和基础。

(4) 达到目标、满足需要、提高工效是工作设计的主要目的。

具体而言,工作设计主要包含对某一职务的工作内容、工作职能及工作关系等方面的设计。工作内容的设计是解决如何确定这一职务所包含的各项工作的一般性质的问题,也就是对在完成各项工作的整个过程中的多样性、复杂性、自主性、整体性、难易程度等进行设计；工作职能的设计是指提出这一职务的基本要求和基本方法，也就是确定该项职务的工作责任、工作权限、工作方式及信息流通渠道等各个方面；工作关系的设计是对任职者在工作和组织中与其他人之间的各种工作关系进行设计。

有的工作是常规性的，其任务是标准化和经常重复的；有的工作是非常规性的，其任务是非标准化和多变的；有的工作限定员工要遵循非常严格的程序和流程，有的工作给予员工充分的自由空间；有的工作要求员工掌握复杂和多样的技能，有的工作只需要员工具备基本的特殊的技能；有的工作让个人来完成可取得更好的效果，有的工作只有团队合作才能做得更好。正因为工作的性质和种类不同，所以精确的工作设计更加必不可少。工作设计就是要通过对工作和员工的需求进行分析，对工作进行有意识的设计和安排，综合组织对工作的设想、规划，以及对员工技能、偏好和水平等的要求和期待，从而达到开发员工潜力、提升工作绩效、落实组织目标的目的。

（二）工作设计与工作分析的区别

工作设计与工作分析是组织管理中的两个重要概念，它们在内容和方法上有所不同，但目的相近，都是为了提高工作效率和效能。

工作分析主要是对工作进行系统性研究的过程，旨在了解和明确工作内容、工作环境、工作条件及所需的资格条件等。工作分析通常包括以下几个步骤：明确工作分析的目的、确定分析对象、收集信息、分析信息、编写工作说明书、完善与更新工作说明书。

工作设计则更注重工作本身的结构和内在逻辑，以及如何使工作更加人性化、有效率和具有激励性。工作设计的主要目的是通过改变工作的内容、方法、程序和关系等方面，来提高工作效率和员工的满意度。工作设计的方法包括：工作专业化、工作轮换、工作扩大化、工作丰富化、工作团队化等。

工作分析更多关注于对工作本身的描述和理解，而工作设计则侧重于如何使工作更加合理、高效和具有吸引力。两者在实际应用中相辅相成，共同为组织的人力资源管理提供支持。

二、工作设计的基本内容

任何组织都有一定的工作，或者可以说，工作是一个组织的生存特征，一个组织没有了工作，也就意味着失去了存在的前提。有工作就要有人来做，那么要谁来做、做多少、怎么做、做什么等，都要进行明确和限定，这些就构成了工作设计的内容。工作设计的内容包括工作内容、工作职责、工作关系、工作产出、工作结果的反馈及任职者的反应六个方面。

(1) 工作内容。这是指确定工作的一般性质，即关于工作范畴的问题，包括工作的种类、自主性、复杂性、难度、强度和工作完整性。

(2) 工作职责。这是指完成每项工作的基本方法和要求，包括工作责任、权限、信息沟通、工作方法和协作关系等,这些均是关于工作本身的描述。

(3) 工作关系。这是指员工在工作中所发生的人与人之间的关系,包括同事之间的关系、上下级之间的关系、与其他部门之间的关系及组织外与工作相关联的关系等。

(4) 工作产出。这是指工作的业绩和成果的产出情况,包括工作绩效和任职者的反应。前者是工作任务完成所达到的数量、质量和效率等具体指标,后者是工作者对工作的满意程度、出勤率和离职率等,以及组织根据工作结果对任职者所做出的奖惩。

(5) 工作结果的反馈。这是指工作本身的直接反馈和来自别人对自己所做工作的间接反馈,即同级、上级、下属、客户等各方面的反馈信息。

(6) 任职者的反应。这是指岗位任职者对工作内容、职责关系、产出和反馈的意见。一个好的工作设计可以减少单调重复性工作所带来的不良效应,而且还有利于建立整体性的工作系统,充分发挥任职者的主动性和创造性,为他们提供更多的机会和条件。

三、工作设计的目的

工作设计改变了员工和工作之间的基本关系。传统的管理理论往往把重点放在工作的人身上,而把工作仅仅看作是一个不可改变的固定物。工作设计则打破了这样一个传统观念,假设工作本身对员工的激励、满意和生产率都有强烈的影响,也就是说,从某种意义而言,工作是可以改变的,从原来冰冷的、死板的固定物,变成具有生命力的、充满着快乐和情趣的工作者的"朋友"和"知音"。工作设计就是在这样一种理念指导下,假定在工作得到适当的设计之后,员工的积极态度就会随之被调动起来。同样一组工作,同样一群员工,如果设计混乱,其结果免不了是扯皮、摩擦和消极怠工。而科学的工作设计则能赋予工作以乐趣,"原来工作还可以这样来做!"会成为员工的新发现。另外,研究表明,职责分明的工作设计有利于改善人际关系,员工的工作热情也会因此而得到提高。

根据以上分析,归纳起来,工作设计的目的有以下几个方面。

(一) 改变工作态度

心理常识告诉我们,一个人对其所从事工作的态度如何,对这件工作的结果会有关键的、根本性的影响。换而言之,如果任职者对其从事的工作是喜欢的、乐意的,那他就会全身心地投入,而且其思维往往是开放的、多维的,在工作中自然会形成许多创造性思维的诱发因子,从而使工作者进入一种现实和创造互为作用的理想的工作状态。

(二) 明确工作内容

所谓明确工作内容,关键是要落实到可操作层面。做什么,怎么做,这是任何工作设计都首先必须回答的问题,工作内容交代得越具体、越精确,就越便于操作和执行。毫无疑问,一份笼统、抽象的工作设计没有丝毫的作用和价值。

（三）规范工作行为

人的许多行为都来自本能，在日常生活中没有必要对这些行为加以规范和限制。但工作行为则是一种特殊的行为，无论哪种工作，或多或少总有一定的要求和规范，工作性质越复杂，规范的程度通常也就越高。工作设计的一个十分重要的目的，就是针对不同类型的工作要求，提出相应的、可遵守的工作行为规范。

（四）提升工作绩效

一个组织，特别是企业，工作设计并不是最终目的，而是一种手段，其最为实际的目的，就是尽可能地使企业的各项工作规范化、程序化、科学化，从而通过各项工作的正常运转和合理展开，来达到工作的最佳状态，以获得最佳的成果和绩效。

四、工作设计的原则

工作设计的好坏会直接影响工作质量的优劣及工作本身的成败，甚至会影响整个组织的生存状态和发展状况，所以在工作设计时，应该尽可能遵循以下原则。

（一）因事设岗原则

组织的发展目标决定了工作的性质和任务，而岗位则是根据工作设置的，这就是因事设岗原则。组织中不存在没有工作的岗位，如果有，那就是“虚岗”，应该撤除。当然设置岗位既要着眼于企业现实，又要着眼于企业发展和未来。另外应按照组织各部门的职责范围来划定岗位，不能因人设岗。岗位和人应是设置和配置的关系，不能颠倒和混淆。

（二）工作满负荷原则

实行满负荷工作就是力求使员工的各项指标达到最佳状态，做到人尽其力、物尽其用、时尽其效。工作设计的一项基本任务，就是保证每个岗位工作量的饱满和有效劳动时间的充分利用。如果岗位的工作量是低负荷的，那么必然会导致成本的升高，导致人力、物力和财力等方面的损失和浪费；但超负荷也不行，因为超负荷虽然能暂时带来高效率，但这种效率不可能长久维持，长此以往，不仅会给设备等带来不必要的损坏，还会影响员工的身心健康。所以，在工作设计中，应当重视对岗位任务量的分析，尽可能使劳动定额和岗位定员科学化、合理化。

（三）工作环境优化原则

工作环境优化是指利用现代科学技术，改善工作环境中的各种因素，使之适合劳动者的生理、心理安全健康，建立起“人-机-环境”的最优系统。

首先，要优化影响工作环境的物质因素。工作环境的物质因素包括工作场所的安排、照明与色彩、设备、仪器和操作工具等。工作场所的安排要符合生产工艺要求和人体活动规律，确保工作场所中的劳动者、劳动工具和劳动对象的关系达到最优化结合。这样既方便员工操作、提高工效，又能保证环境安全和卫生，使员工心情舒畅、状态良好。适宜的照明和适度的色彩环境，能够给人以舒适感，有利于稳定员工心理，促进工作效率的提高。其次，要改善影响工作环境的自然因素，如工作场所的空气、温度、湿度、噪声及绿化等。

工作环境影响工作的效率和结果，良好的环境是保证工作顺利完成的基本条件。优化企业工作环境，为劳动者提供良好的劳动氛围，这是企业重视员工情绪、关注员工需求的具体体现，也是企业能够实现目标的前提和基础。在进行工作设计时，尽量降低工作场所的危险性，降低因从事此类工作患职业病的可能，尽量避免在高温、高湿、寒冷、粉尘、有异味、噪声等环境中工作。

（四）员工能力开发原则

当今的企业发展越来越依赖员工，员工也越来越注重个人的发展和能力的提升。员工能力的开发不仅仅可通过培训来完成，工作中的实践锻炼也是有效的办法之一，并且往往也是员工评估这项工作的重要因素。在工作设计中，应该考虑工作的设置等能否使员工的能力得到提升，即全面权衡经济效益和员工的生理、心理的需要，找到最佳平衡点。工作设计就是要让员工能够在适度的挑战中不断提高自己的能力。

（五）动静结合原则

为了适应社会的发展、外部环境的变化、组织战略目标的转移等因素，工作设计必须采取开放和运动的态势，不可能一劳永逸。现在很多咨询公司和企业提出了“职位族”的工作设计方法，但“职位族”的概念太宽泛，不利于每一位员工清晰地掌握自己的工作内容，对责任的划分也会有些模糊。所以，为了尽可能地适应外部变化和组织的动态发展，工作设计必须动静结合，宜动则动，宜静则静。一般而言，对于基础性的工作岗位，宜采用以静态分析为主的工作设计方法；而对于与外界联系比较密切、变化较为频繁的岗位，宜进行以动态分析为主的工作设计方法。总之，无论是动态还是静态的工作设计方法，都必须以企业的核心竞争力为基点，以企业的战略愿景为依归。

五、工作设计考虑的因素

工作设计至少需要考虑三个方面的因素，即环境因素、组织因素和行为因素。

（一）环境因素

与工作设计相关的环境因素主要包括人力资源市场状况和社会期望。

(1) 人力资源市场状况。这是指在工作设计时要考虑人力资源的供给情况,确保能够找到足够数量的合格人员从事所设计的工作。例如,亨利·福特设计汽车装配线时,考虑到当时大多数潜在劳动力缺乏汽车生产的经验,因而把汽车制造工作设计得比较简单;一些发展中国家在引进生产设备时,往往缺乏对人力资源这一关键条件的充分考虑,在花钱购买先进技术和设备的同时,可能没有考虑本国缺乏某些关键工作领域的合格人才,所以事后又不得不从国外高薪聘请相关专家来承担某些特殊的工作和任务。

(2) 社会期望。社会期望是指人们通过工作希望得到什么、满足什么,这主要是从人们的社会需求和精神需求方面考虑的。工业化初期和劳动力过剩时期,由于得到一份工作不容易,所以许多人可以接受时间长、条件差、环境恶劣、体力消耗大的工作。但随着社会的发展和文化教育水平的提高,人们对工作、生活质量都有了更高的期望,单纯从工作效率、工作流程等方面考虑组织绩效往往会欲速则不达,所以在工作设计时,也必须充分考虑"人性"方面的诸多要求和人类精神的需求。总而言之,当代社会,越来越多的人已经不仅仅把工作只看作是一种挣钱的途径、谋生的手段,而看作是一种身份地位的象征、个人价值的实现、人生理想的寄托、梦想事业的追求等。因此在进行工作设计时应该考虑到这些方面的因素。

(二) 组织因素

组织因素包括专业化、工作流程及工作习惯。

(1) 专业化。对工作的专业化设计曾经带来人类工业发展中的奇迹,在当今社会,进行专业化的工作设计同样重要。专业化就是按照所需工作时间最短、所需努力最少的原则分解工作,以追求尽可能小的工作循环。

(2) 工作流程。科学合理地设计工作流程,主要是考虑在相互协作的工作团体和环节中,保证每个岗位工作负荷的均衡性及运行的流畅性,避免出现所谓的"瓶颈"和"窝工"等现象,以确保工作的顺畅和连续。

(3) 工作习惯。工作习惯即在长期工作实践中形成的传统的工作方式,往往反映了工作集体的愿望和意志,决定了人们的行为方式。工作习惯无所谓好坏,往往由具体的工作性质所决定,也就是说,什么样的工作性质决定了什么样的工作习惯和模式。但不管什么样的工作习惯,都有可能对具体的工作产生相当大的影响,因此,工作习惯是工作设计过程中不可忽略的制约因素。

(三) 行为因素

行为科学研究要求人们进行工作设计时不能只考虑效率因素,还应当考虑满足员工的个人需要,注重员工的开发与激励。行为因素要求工作设计中应充分考虑任务同一性、技能多样性、员工自主性、信息反馈性等因素。

环境、组织和行为三大因素之间往往是有矛盾的。行为因素要求工作设计增加自主权、多样性、反馈性等,从而提高员工的满意度,但往往会因此造成组织效率低下、劳务成本上升等不良状态;组织因素要求提高专业化的程度、指挥的统一性、分工的细化,但又可能引起员工不满而导致怠工、缺勤、流失等现象。因此必须在三者之间找到平衡点,权衡好三者之间的利弊,才能确保工作设计合理、有序、顺利进行。

第二节　工作设计的理论

一、科学管理理论

泰勒的科学管理理论的根本目的是谋求最高效率,使较高工资和较低的劳动成本统一起来,从而扩大再生产的发展。要达到最高的工作效率的重要手段是用科学化的、标准化的管理方法代替经验管理,泰勒提出了如下制度。① 对工人提出科学的操作方法,以便有效利用工时,提高工效。研究工人工作时动作的合理性,去掉多余的动作,改善必要动作,并规定出完成每一个单位操作的标准时间,制定出劳动时间定额。② 对工人进行科学的选择、培训、晋升。选择合适的工人安排在合适的岗位上,并培训工人使用标准的操作方法,使之在工作中逐步成长。③ 制定科学的工艺规程,使工具、机器、材料标准化,并使作业环境标准化,用文件形式固定下来。④ 实行具有激励性的计件工资报酬制度。对完成和超额完成工作定额的工人以较高的工资率计件支付工资,对完不成定额的工人,则按较低的工资率支付工资。⑤ 管理和劳动分离。管理者和劳动者在工作中密切合作,以保证工作按标准的设计程序进行。

科学管理理论促进了机械型工作设计法的产生,这种方法强调找到一种使效率最大化同时最简单的方式来对工作进行组合,通常包括降低工作的复杂程度,尽量使工作简单化。机械型工作设计法强调的是围绕工作任务的专门化、简单化及重复性来进行工作设计,这样有利于组织减少对高能力员工的需求,从而不再依赖单个员工,组织可以通过对新员工进行快速的、费用很低的培训来使他们胜任工作。

二、双因素理论

赫兹伯格的双因素理论把工作中影响满意度的因素分为两类:激励因素和保健因素。激励因素是指能让员工感到满意的因素,包括工作认知、成就感、责任、工作时的进步和个人能力的发挥等;保健因素是指造成员工不满的因素,包括公司的福利政策、管理方式、上下级关系、工作报酬与工作环境条件等。双因素理论认为,这两类因素的性质和作用各有不同,激励因素的改善能够使员工感到满意的结果,能够极大地激发员工工作的热情，提高劳动生产效率；保健因素不能得到满足，则易使员工产生不满情绪、消极怠工，甚至引起罢工等对抗行为，但在保健因素得到一定程度改善以后，无论再如何进行改善往往也很难使员工感到满意，也就难以再由此激发员工的工作积极性。根据双因素理论，只有当激励因素被设计到工作活动之中，才能在工作中有效地改进员工的工作动机，仅仅在保健因素上做修补改善无助于工作动机的改进和绩效提高。

基于双因素理论的设计方法是激励型工作设计法，激励型工作设计法强调通过工作扩大化、工作轮换、工作丰富化、工作团队化、工作时间弹性化等方式来提高工作的激励性，以提升员工的工作自主性和积极性。

三、社会技术系统理论

特里斯特、埃默里等于 20 世纪 60—70 年代提出了社会技术系统理论。社会技术系统理论把组织看作一个开放的社会技术系统，这个系统由两个主要的子系统——社会子系统和技术子系统构成。其中，社会子系统由相互作用的个人和群体组成，包括人力资源、个人价值观、群体动力、人际关系、信息交流等，社会子系统不仅受外部环境影响，还受组织目标与价值观、组织内部任务、技术和结构的影响。技术子系统是指完成任务所需的知识、所需运用的技术、所使用的设施与机器设备等。

社会技术系统理论用于指导工作设计，其主要目标是通过组建工作团队来完成一定的工作任务，以达到社会子系统和组织目标之间的最佳匹配。工作职责为员工确立了一系列的行为准则和工作规范，是连接社会子系统和技术子系统的首要因素，使社会技术系统成为一个整体。工作目标的协调作用表现在为了实现目标，员工之间可以根据任务的内容进行相应的组合，选择自主的工作方式。

四、工作特征理论

哈克曼提出的工作特征理论认为，体现在具体工作体系中的客观工作特征是影响员工行为的重要因素，通过工作特征的改进，可以为员工创设出某种高内在工作动机水平的工作情景。工作特征模型包含五个核心维度：① 技能多样性，是指完成一项工作任务需要员工具备的各种技能和能力的范围；② 任务同一性，是指在多大程度上工作需要作为一个整体来完成并能明确看到工作结果；③ 任务重要性，是指工作对其他人的生活或工作有多大的影响；④ 工作自主性，是指员工具有多大程度的自由、独立性、裁决权、支配权；⑤ 工作反馈，是指工作是否能使员工直接、明确地了解工作的绩效。

依据工作特征理论进行工作设计，主要用于缺乏激励、满意度较低的工作系统的重新构造，具体有以下做法。

(1) 多项工作合并，把分离开的工作重新进行组合，以提高任务的完整性。

(2) 形成自然的工作单元,按工作类型、顾客群体、地理位置等形成自然的工作单元,使工作具有内在的逻辑联系与整体性。

(3) 权力下放,增强员工在工作方面的自由度,以提高员工的工作自主性。

当某项工作依据工作特征理论重新设计,并在上述工作特征中得到改进,则可以预料工作人员的工作满意度、动机和绩效将随之有所提高。特别是对于具备良好工作知识和工作技能的员工,以及成长需要较高的员工来说,更能够促使他们改变工作行为。

第三节　工作设计的流程与方法

工作设计通常有两种情况:一种是针对组织中存在的问题进行的工作设计;另一种是针对新设组织所进行的工作设计。任何组织在运行的过程中,总会出现各种问题,这些问题可能是组织结构设计不合理造成的,也可能是部门或岗位设置不完善,或部门之间的关系不合理等因素所导致的。为了解决组织运行中的这些问题,组织管理人员需要对组织的结构、部门岗位及相互关系进行调整或重新设置。对于一个新的组织而言,也要通过工作设计来设置服务于组织的部门和岗位。

无论是哪种类型的工作设计,都应该从组织和工作本身两个方面去考虑。从广义上讲,工作设计包括组织设计部分和具体的工作设计部分。

一、工作设计的基本流程

工作设计的流程如图 8-1 所示。

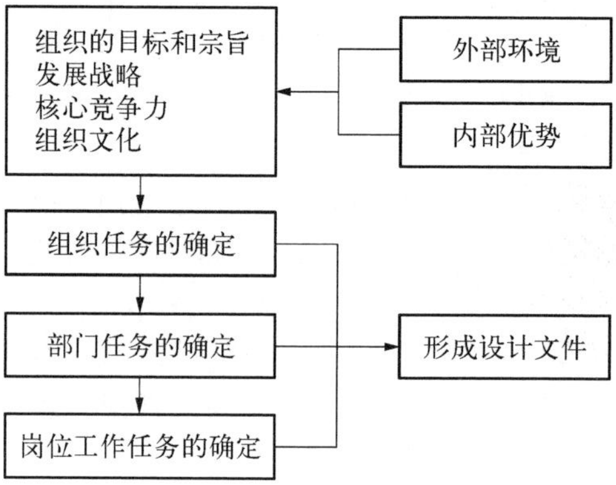

图 8-1　工作设计的流程

（一）组织任务的确定阶段

(1) 内外部环境分析。组织总是存在于一定的环境之中，所以工作设计首先应该从对组织内外部的环境分析入手。当然无论是外部还是内部，具体的环境都有可能是错综复杂、千变万化的，组织没能力也没必要去收集无限量的与环境相关的信息和资料。因此环境分析的关键，是必须找到有利于或者有害于组织生存和发展的"命门"，然后进行规划和设计。这样才有助于组织开拓理想、健康的发展空间，落实合理、有序的发展愿景。

(2) 组织定位分析。确定或分析组织的目标和宗旨，组织所处的行业，组织的战略定位，组织的业务领域、范畴、核心竞争力。组织的建立或存在，总是为了实现既定的目标和宗旨。因此对于新设组织，需要确立其目标和宗旨；而对于一个既定的组织，则要分析组织原先的目标和宗旨。组织总是存在于一定的行业和竞争态势之中，有其从事的业务领域和范畴。因此，培养竞争意识、提升竞争能力，无疑是组织定位的题中之义。其中，核心竞争力是企业用来战胜竞争对手的独特优势，其他的企业是难以学习的，必须重点加以考虑和规划。新建组织需要确定这些内容，而原有组织则需要对这些内容经常进行检视和分析。

(3) 组织任务分析。在弄清了企业的外部环境、内部优势、目标宗旨、战略定位等问题之后，就可以确定组织的工作任务了。应明确新设的组织或既定的组织的总体工作任务，进而开展更加详细的工作任务的确定和分析。

（二）部门任务的确定阶段

(1) 分析并改进业务流程。确立或分析组织的业务流程，确定关键业务流程，对不合理的部分进行改进是工作设计的重要内容。

(2) 组织结构设计。根据业务流程设计组织结构框架、任务，确定部门及其职责。组织结构的设计其实是确立了更大范围内的工作内容。

(3) 部门工作任务的确定。根据组织结构确定的部门，进一步确定部门的职责和工作任务。部门工作任务是岗位工作任务的集合。

（三）岗位工作任务的确定阶段

(1) 设计部门内的岗位。部门都有一定的工作任务，而工作任务是靠岗位上的员工来完成的，所以这一阶段的工作就是根据任务设计岗位，具体包括需要什么岗位、多少岗位、岗位的工作量等。

(2) 界定岗位工作。工作任务可具体分解，在这个阶段，要确定岗位工作的性质，设计岗位的具体职责、职权、上下级关系和任职资格等。

(3) 形成设计文件。其实设计文件的形成是贯穿在上述三个阶段之中的，组织任务的确定、部门任务的确定和岗位工作任务的确定分别产生各自的文件。

二、新组织的工作设计

新组织的工作设计是一个从无到有、从组织设计到具体的工作设计的过程。组织设计是根据组织目标及工作需要,确定各个部门及其成员的职责、职权范围及组织结构。新组织的设计首先要明确组织的战略定位、组织文化等基本要素,再规划组织结构,然后对组织的工作进行细分,从而确定岗位,最后才是真正意义上的工作设计,即确定工作的性质、职责、职权、任职资格等。新组织的工作设计大致要经过三个阶段:分析阶段、设计阶段和文件编制阶段。

(一) 分析阶段

1. 组织分析

组织结构建立前的基础分析必不可少,包括分析组织所处的内外部环境,确立组织的宗旨、行业及领域、战略定位、组织文化、核心竞争力等。

(1) 环境。环境是组织生存的土壤,设计之初,需要对组织所处的社会、经济、政治、技术、法律等各个方面的外部环境,以及组织根据现有资源所具备的优势进行详细的分析。外部环境的任何一个因素的变化都会强烈地影响组织内部深层次的调整和变革,如政治政策的调整、经济体制的转轨、市场需求的变化、科技进步的影响、新产品新工艺新方法的出现等,这些都会对组织的原有运行机制造成极大的影响和挑战。在所有环境因素之中,市场竞争尤其值得关注。经济全球化促使市场竞争日益激烈,竞争方式更加多种多样,组织若想适应竞争的要求,就必须调整竞争观念,先发制人,这样才能在竞争中立于不败之地。另外,组织所依赖的资源变化,对于组织竞争优势构建的影响同样至关重要。

(2) 组织目标。目标是组织存在的前提,也是组织将来所要达到的状态或结果。确定了组织的目标,也就确定了组织今后发展的航程和方向。另外,分析组织所处的行业和领域背景,可以从更加宏观的角度去观察和把握组织。再次,对组织的发展战略、文化等的分析也是组织设计和工作设计的必要基础。工作设计者还需要认真分析组织的人员素质、人际关系、权力机制系统、技术水平、经营范围和经营方式等各类因素。

2. 组织任务分析

组织任务是根据组织目标确定的。只有确立了组织的整体工作任务后,才有更加详细的具体工作任务的确立问题。

3. 业务流程分析

实用而高效的业务流程体系,是组织的核心竞争力之一,也是组织将战略转化为行动的最重要的手段。根据组织分析,确定组织任务,在此基础上工作设计人员需要对业务流程进行分析和设计,确立组织到底需要一个什么样的业务流程才能高效地完成任务。科学的业务流程应该符合工作的逻辑性和活动的关联性。

（二）设计阶段

1. 设计组织系统结构

在对组织的目标、定位等问题分析确立之后，组织的设计人员需要确定组织是应该采取扁平形结构还是采取锥形结构。这两种结构形态各有优劣，组织在选用的时候要多方考虑。

扁平形结构通常适合于注重研究与开发、灵活性较强的组织。这种结构的组织层次较少，管理幅度较大，有利于缩短上下级距离、使上下级关系更密切。对管理者而言，有较大的自主性、积极性和满足感，也有利于信息纵向流通加快、管理费用降低。但这种结构不能严密有效地监督下级，上下级的协调性较差，同时管理幅度的加大，易造成同级间相互沟通的困难等。

锥形结构则适合于传统行业的组织。锥形结构组织层次较多、管理幅度较小。这种结构可以实现有效的监督，加强上下级之间的协调性，但是员工的自主权较差，不利于主观能动性的发挥。

当然，对于组织系统结构的确定没有一种严格的标准和要求，适用的就是最好的。任何组织在设计组织系统结构的时候，要根据组织的实际情况灵活选用，建立符合组织自身发展的结构。在设计结构时需要考虑以下几点。

(1) 设计基本职能。凡是实现组织目标和战略任务所需要的职能就是组织的基本职能，均不能遗漏，这是进一步确定承担各类职能的部门的基础。同时，基本职能之间不能重复，避免在以后的设计中出现部门职能的重叠现象，导致部门之间职责不清而相互推诿、扯皮，影响组织的效率。

(2) 确定关键职能。在对各项职能进行分析的过程中，一定要在各项基本职能中找出关键的一项或几项职能，明确其关键地位；否则，会造成内耗和摩擦，使得组织管理低效化，从而影响组织目标的有效实现。在实际工作中，组织常常采用哑铃形的结构，注重两头，把技术开发和市场营销作为关键职能。

(3) 明确各职能之间的关系。弄清各个职能之间的关系，就为部门的划分和设置奠定了科学的基础。对于紧密联系的职能，应该放在同一个管理的子系统内，最好不要把它们分开，而相互制约的职能则应该分开，不能由同一部门或子系统承担；否则，会影响组织的横向协调沟通与监督控制，导致组织管理工作的混乱。

2. 设计部门结构

部门是指组织中的一个明确职能区分的部分或分支机构，如生产部、市场部、人力资源部、财务管理部、研发部等。部门的设立是为了组织能够更好地完成组织的任务，每个部门都有相对独立的职能，完成组织的部分任务。根据基础分析和系统图，可将组织任务组合为一个个部门。在确立部门时有以下注意事项。

(1) 少而精简的原则。对组织的部门划分需要遵循少而精简的原则，也就是在保证组织目标可以有效完成的前提下，部门设置最少为最佳。各个部门工作的指标分配应该均衡，避免出现一个部门忙得不可开交而另一个部门却无所事事的情况。部门设置并非千篇一律和一成不变，随着组织战略、宗旨及业务等的变化，部门的设置和安排也要进行适当地变化，以适应组织的生存与发展。当组织的业务较多时，可以多设置一些部门；当业务较少时，可以少设置一些部门。这样能保持部门与业务之间的对等关系。

(2) 管理层次的设计受到组织规模和管理幅度的影响和限制。通常情况下，层次与组织规模成正比，与管理幅度成反比。规模越大的组织层次越多，管理幅度越大的组织层次越少；反之亦然。

(3) 部门分立。在部门设置的过程中，还要注意一点，就是业务部门与监督、检查机构应该分开设立，以保障监督、检查工作的正常开展。另外，部门设计中的部门划分和组合、横向协调形式的选择、职权的集中或分散、政策及规章制度的制定等，都要经过科学分析、设计并加以具体分解。另外，组织结构图的绘制是必不可少的。组织结构图是组织设计的结果体现，从中我们可以清楚地了解到组织的总体结构、层次、部门及相互关系等。

3. 确定组织结构框架

在组织的总体结构框架确立、部门设置及层次设计好之后，就可以勾画较为详细的组织结构图了。组织结构图是用图示的方法显示组织的层次、职能单位、职务间关系、沟通关系及控制范围等，因其简明、清晰、标准和易懂而被企事业单位广泛采用。一个完整的组织结构图应该包括以下几个方面的内容：组织正式结构、管理层次和管理幅度；主要的上下级关系、工作流程和职责范围；不同部门间的基本关系。

组织结构图在绘制形式上也有一些具体的要求：结构图应写明组织名称、制图日期、制图部门；长方形框表示组织的一个单位、部门或职位；将各部门和组织名称列在框内；直线表示隶属关系和报告关系；不同层次的组织用不同的颜色表示；组织结构图应尽可能简单，如需要，可对所用的专门标志加注说明。如图 8 - 2 所示，某酒店共有客房部、前厅部、营销部、工程部、财务部和综合行政部 6 个部门，下设 6 个基层组织。

4. 确定部门工作任务

把组织的工作任务按照具体的业务流程进行分解，就产生了部门的工作任务、部门结构和部门职责。

通常情况下，工作任务的确立是在部门职责明确的基础上进行的，但部门的划分与工作任务的确立并没有严格的先后次序。在某些情况下，甚至是先分析工作任务，再根据工作组合为一个个部门。组织在具体的设计过程中，也不必拘泥于严格的程序，可以从组织的目标出发进行多方分析，最终形成一个密切相连的有机组成部分。

5. 任务的分解和设计

确立了组织和部门的工作任务，就需将工作任务继续分解为具体的工作。工作任务的分解就是将组织的基本职能细化为独立的、可操作的具体业务活动的过程。在分解的

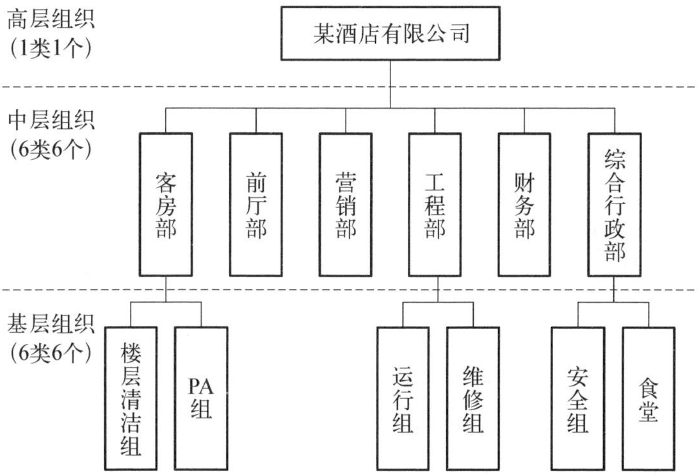

图8-2　某酒店的组织结构图

过程中,要考虑到工作的相近性和丰富化。组织的各项职能,如生产、营销、战略等,都有许多具体的工作内容,需要多个员工甚至几个部门共同来承担才能完成。因此,需要通过对工作任务进行分解,列出各项基本职能的具体内容,作为分派工作的依据,指定专人或某个团队或部门负责执行,以保证组织工作任务的完成和组织目标的实现。

工作任务的分解可采取逐级分解的方法。在企业中,逐级分解一般可分为四个层级。工作任务确立所列出的具体职能为一级职能;为完成一级职能而必须开展的几个方面的工作为二级职能;将二级职能继续分解,可具体化为业务活动,业务活动可分为具体的工作,即三级职能;由具体人员来完成具体的工作,此为四级职能。组织设计人员既可利用专门的逐级分解图来进行工作任务的分解,也可将其作为工作任务分解的正式成果之一(图8-3)。

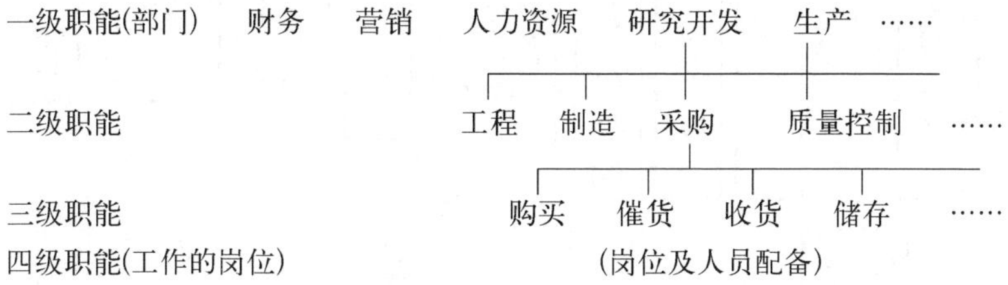

图8-3　工作任务的分解

6. 确定岗位及工作职责

部门总是要配备相应的岗位才能完成工作任务。部门需要什么样的岗位、岗位的数量、岗位的体系结构都需要专门设计人员加以确定。对每项工作,组织都要从性质、职责、职权、任职资格等多个方面进行考查、构思和设计。有工作就有相应的岗位,相应的岗位应有相应的工作。

（三）文件编制阶段

工作设计文件的生成贯穿在整个工作设计过程中。工作设计文件的编制包括组织任务书、整体组织结构图和岗位关系图、部门组织结构图和部门职责、岗位的工作描述书、职位说明书、任职说明书等。

图 8－4 是某酒店的岗位关系结构图。

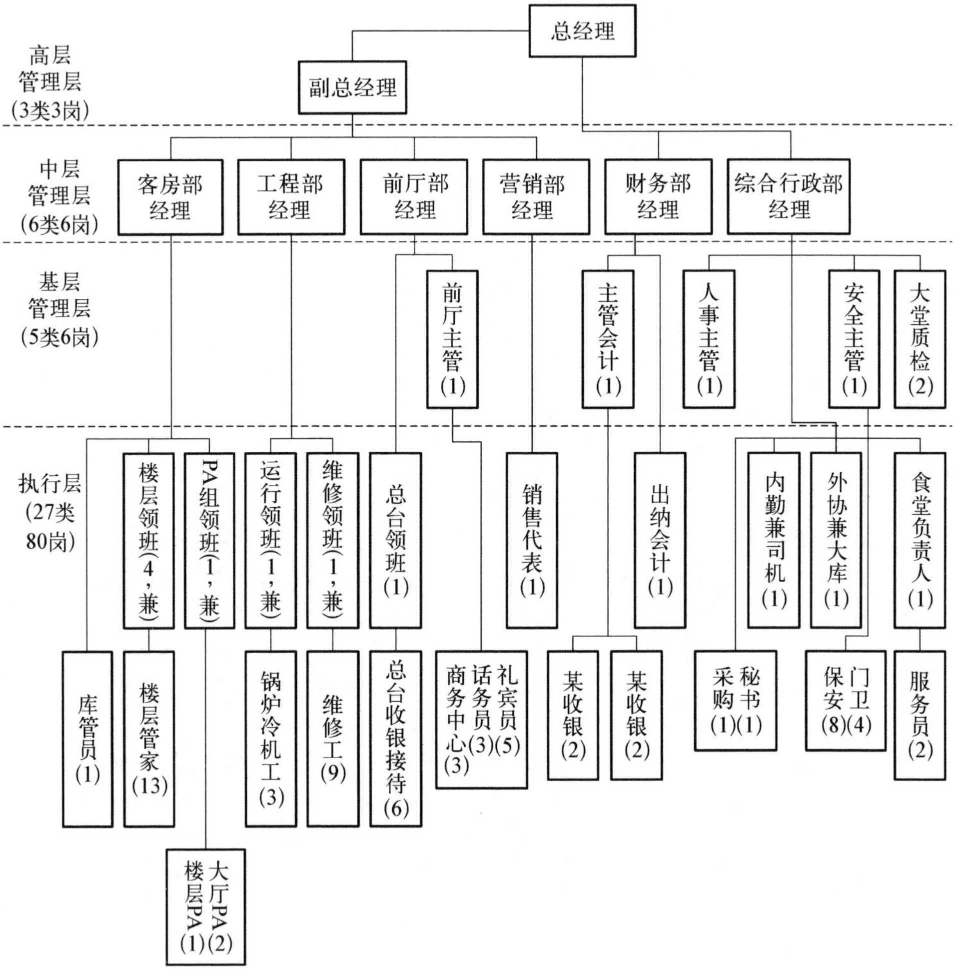

图 8－4　某酒店的岗位关系结构图

这里的工作描述书、职位说明书、任职说明书等工作分析形成的文件是同样的格式，只是形成的途径有所不同。工作分析产生的文件是在对现实的岗位进行分析的基础上编制出来的，而工作设计形成的文件是从组织目标出发，综合考虑组织的任务、战略、文化、流程、环境等因素，运用科学、推理的方法预先设计出来的，往往没有实际参照物而更加理想化。所以工作设计形成的文件在实际的运用过程中，必然要根据具体的变化而做出相应调整。

三、既定组织的工作再设计

既定组织的工作再设计的主要步骤包括：组织分析、部门分析、工作分析、问题诊断、采取措施。

1. 组织分析

对既定组织的工作再设计是一个针对原有组织进行的改进过程，从组织的分析开始确定业务流程。设计之前要分析组织的战略定位、目标宗旨、业务领域、行业范畴等，然后是业务流程的设计、工作任务的分解、工作的界定等。

既定组织的分析工作，主要是为了重新明确组织的发展战略与目标、组织结构与层次、组织文化、岗位体系和岗位确立等要素。无论是组织自己开展此项工作还是通过外包形式来完成，都应该首先从这些要素着手，因为这些要素对于深入了解企业结构、工作和岗位体系都必不可少。组织结构是一个大的框架，其所有的活动都在这样一个框架下进行，选择什么样的结构对于组织的正常运作至关重要。组织分析就是通过采取一定的措施和方式，厘清组织目标及工作需要，确立各个部门及其成员的职责范围、工作关系等，明确组织结构。

2. 部门分析

部门分析即要审查组织结构框架存在的问题，确定各个部门的工作职责、范围和内容有无职能交叉、职责不清的现象。保证部门之间的任务相互独立，以提高组织的运行效率，更好地完成组织任务，实现组织目标。

3. 工作分析

在组织分析的基础上，还需要进行工作分析，进一步分析各个部门和岗位的地位和存在的问题。在实际操作过程中，组织分析与工作分析可以同时进行、相互补充，在组织分析中会发现工作和岗位存在的问题，在工作分析中也会发现问题的根源。

4. 问题诊断

在组织分析、部门分析、工作分析的基础上，可明确组织和岗位的问题所在。就实际情况而言，一个运作多年的组织总会存在各种问题，需要采取相应的措施来解决。

5. 采取措施

不是所有的问题都需要进行工作再设计，只有当问题已经影响生产的正常进行、企业的健康发展时，针对问题采取相应措施进行工作再设计就成了一项紧急的任务。

针对存在的具体问题，工作再设计可以采取一些常用的措施。

(1) 针对管理层次过少导致管理幅度过大的问题，组织可以增设中间层管理人员实现上传下达，增加上下级之间的沟通。

(2) 针对组织部门职能划分不合理、组织结构不健全的问题，组织应该对各个职能进行分析，把相近的职能划分到一个部门，性质不同的职能放在不同的部门。

(3) 针对组织职责不清的问题，组织在进行分析的基础上，应严格界定各部门的职能，明确各部门的职责。对于职责过多的问题，在任务完成的前提下，应该对各个部门的职能进行平衡；对于任务过多的部门可以考虑另设新的部门，将其中一部分职能分解出来。

(4) 针对组织业务流程不合理的问题，组织应在科学分析的基础上按照流程精简的原则，对其进行改进或重塑，通过改变作业或服务的顺序，减少流程周转时间。

(5) 针对岗位设置不合理和岗位职责不清等问题，组织应在分析的基础上对不合理的岗位重新设置或撤销，明确各个岗位的职责和权限。

(6) 针对员工对自己的工作职责、权限和职位晋升路线不明确的问题，组织应该建立明确的层次结构图。此外，对于既定的组织，还可以采取一些常用方法对工作岗位进行重新设计，增加员工的工作满意度，提高员工的工作积极性。

四、工作再设计的常用方法

1. 工作专业化

工作专业化就是对工作内容和责任层次进行基本改变，向员工提供更具挑战性的工作。它主要通过对动作和时间的研究，将工作分解为若干个很小的单一化、标准化及专业化的操作内容与程序，并对员工进行培训和适当的激励，以达到提高生产效率的目的。

工作专业化的特点在于：机械动作的节拍决定了员工的工作速度，每个机械动作的时间几乎是一定的，员工工作的时间几乎由不得自己控制；工作简单、重复，标准化程度很高；对每个员工所要求掌握的技术比较单一、低下，员工只要熟练掌握某一项技能就不会失业，而且企业可以利用廉价的劳动力；每个员工只完成每件工作任务中很小的工序，难度不高接受容易，从而节省了培训费用。总之，工作专业化把专业化和单一化紧密地结合在一起，从而可以最大限度地提高员工的操作效率，增加企业的经济效益。工作专业化要求低、成本低、操作简单、管理有效，因而赢得了很多企业特别是生产企业的青睐。

2. 工作轮换

工作轮换是将员工从一个岗位调到另一个岗位以扩展其经验的工作再设计方法。对企业而言，这种工作再设计方法对完成更高水平的任务常常很有必要，它可以避免因员工的工作单一化而带来的企业整体工作效率的下降及企业内部缺乏活力等问题。工作轮换可以有效地帮助企业吸引人才、留住人才。一个人在取得有效地完成工作任务所需的技能以后，通常会产生对此项工作的厌烦和单调感，这种感觉会随着日常的工作轮换而相应地得到减少。对员工来讲，定期的工作轮换能够拓展他们的工作领域，给他们更多的工作体验，可以防止员工的技能老化，刺激员工的职业发展。定期工作轮换的突出好处在于，给员工提供各种各样的经历和经验，使他们熟悉多种样式的工作，不断面对新的挑战，避免因工作一成不变而带来的厌倦。这种不同工作的经历和经验对于致力于进入高级管理职位的人而言，显得更为重要。另外，工作轮换还能帮助激发员工的工作积极性，因为它使工作变得不再单调，令员工觉得有趣、有收获。

工作轮换也有一定的局限性：首先，它只能限于少部分工作，大多数的工作是无法进行轮换的，因为很难找到双方正好都能适合对方职务资格要求的职位；另外，轮换后由于需要熟悉工作，可能会使工作效率降低。

工作轮换应注意以下几个问题。

(1) 必须对工作进行分析，明确哪些职位之间可以互相轮换。一般来说，职位间的工作轮换首先从在同一个职位类别中的职位之间开始，再考虑不同职位类别之间的工作轮换。

(2) 工作轮换必须是有序进行的，以免影响正常的工作秩序和工作效率。

(3) 应充分考虑员工个人的意愿，不能进行强制性的工作轮换。因为有的员工并不一定喜欢过多地尝试新的岗位，而是希望专注于一个领域进行深入发展。

3. 工作扩大化

工作扩大化是指通过扩大工作的范围，即增加一项工作所完成的不同任务数目，将原来狭窄的工作范围及频繁的、循环重复的工作情况加以改善，形成广泛的工作范围的一种工作设计方法。工作扩大化是一种广度上的工作授予，可以消除职位上单调重复的枯燥工作。

通常这种扩大的新工作同员工原先所做的工作非常相似，因此对于扩大的这部分工作，员工可以熟练地去做，而不需要专门的培训。这一方面节省了培训的费用，另一方面带来了工作的高效率，这样不必把产品或任务从一个人的手中传到另一个人手中，减少了交接程序，也节约了时间。工作扩大化的设计方法就是通过增加某一工作的工作内容，要求员工掌握更多的知识和技能，丰富其工作经验，从而提高员工的工作兴趣。工作扩大化的主要好处是增加员工的工作满意度并提高工作质量。有研究报告表明，工作扩大化导致了公司的工资费用和设备检查费用的增加，但由于工作扩大化带来的质量改进、员工满意度提高等而抵消了增加的费用成本。例如，美国美泰克(Maytag)公司就是通过实行工作扩大化提高了产品质量，降低了劳动成本，提高了员工的满意度，生产管理也变得更具灵活性。

4. 工作丰富化

工作丰富化是指在工作内容和责任层次上的基本改变，并且使得员工在计划、组织、指挥、协调、控制等方面承担更多的责任。由于原有的工作规范和工作程序已无法适应组织目标、任务和体制的发展要求,或由于现有人力资源在一定时期内难以达到工作规范的要求,或由于员工的社会需求与按组织效率原则拟定的工作规范发生冲突,这时都需要重新进行工作的设计,以满足新的组织目标的需要。

工作丰富化建立在赫兹伯格的双因素理论的基础之上,它强调通过提高工作的挑战性和自主性,增加工作的责任来达到向工作的纵深方面发展的目的,以增加工作对员工的激励,从而不断提高劳动生产率。

实施工作丰富化可以采取下列五种方式。

(1) 进行任务组合。把现有零散的任务结合起来,形成范围较大的、内容丰富的工作单元,增加技能多样性和任务完整性。

(2) 与客户联系。如果员工能够直接与客户接触,从客户那里直接了解到产品的使用情况,可以使员工增加强烈的成就感和自豪感,这是工作丰富化的最有效的手段。

(3) 自行安排工作计划。每个人都喜欢主宰自己的行为,员工在工作时也不例外。大多数员工都有能力安排自己的工作计划,上级只需确定最后期限及目标,这是提高员工主动性的有效方法。

(4) 对整个任务的所有权。尽可能地让员工完成一件完整的工作。例如,与其让其组装机器的某个零件,不如让员工组装整个机器,因为后者更能激发员工的责任感和成就感。

(5) 直接反馈。尽可能地减少反馈的环节和层次。例如,产品的质量问题报告与其在经理手中互相传递,不如直接由质量检验员交给质量问题的当事人。如果这种反馈不夹杂管理者的批评,员工能更好地进行自我批评,从而使员工自觉地提高产品的质量。

若想利用工作分析来提供信息,对一个新建组织而言,需要设计工作的流程、方法、原材料、设备工具、零部件、工作环境条件等。而对一个已经在正常运行的组织而言,则可以根据组织发展需要以及组织发展过程中出现的问题,重新设计组织结构、界定组织工作任务,改进工作方法,改善设备,提高员工的参与程度,从而提高员工的积极性、责任感和满意度。前者是工作设计,后者是以员工为中心的工作再设计,即工作丰富化。工作再设计不仅要考虑组织需要,还要兼顾个人需要,重新认识并规定某项工作的任务、责任、权力,以及在组织中与其他工作的关系,并认定工作规范和任职资格。

与工作扩大化的工作设计方法相比较,此种工作设计方法的扩展范围更为广泛,主要是由于这种方法可以集中改造工作的内容,使工作内容更加丰富化,使员工有充实感,从而使工作设计本身更富有弹性。工作丰富化主要是通过增加工作的深度,利用纵向的工作扩展,允许员工拥有更大的自主权、独立性和责任感,去从事一项完整的工作,使员工得到工作本身的激励和成就感。工作丰富化对员工而言,并不仅仅是分派到更多的工作任务,更重要的是它为员工提供了获得更多的赏识、进步、成长和职责的机会。工作丰富化的基本精神就是"每一位员工都是经理人",这就要求组织里的每一个员工都必须自行规划、设计自己的工作,自行控制生产的速度和品质,自行负责工作的成果并承担相应的责任。在这样的架构中，每一名员工都能知道他应遵守的期限及标准，这种做法体现了管理层信赖员工必能圆满完成工作，是一种高度的"自治"行为。

工作丰富化设计方法的优点显而易见，它与常规的单一性工作设计方法相比，能够为员工提供更大的激励和更高的满意度，从而提高劳动者的生产效率和产品质量。要使工作丰富化得以实现，就必须使员工掌握更多的技能，企业因而会增加培训成本，增加整修和扩充工作设备的费用，以及需要付给员工更高的劳动报酬，但由此带来的利益和好处，将远远超出企业的实际付出，为企业长远、稳定的发展打下坚实的基础。

5. 工作团队化

在一个工作团队里，可由一群员工合作完成一项比较复杂的任务，团队成员自行决定各自的工作分配，设置阶段性的任务完成时间，以及根据现实条件持续改进工作计划。工作团队内的成员间可以轮换工作，也可以将特定的工作安排给某个成员。团队内有一位负责人，负责人要注重团队成员的指导和培训，使团队的目标与组织目标趋于一致。

一个工作团队的成功首先取决于领导和员工是否意识到各个项目的时限及他们所要承担的工作任务。团队领导与员工的身份不同，所要承担的任务也不同，团队领导要负责对团队绩效进行评价，既要为项目进行工作，又要负责团队组织建设，为整个项目的成功提前规划。

6. 工作时间弹性化

工作时间弹性化是指允许员工自由选择工作时间的工作日程安排，除了在每天的核心工作时间(非全部工作时间)务必工作外，员工可自由决定何时上班和下班。弹性工作时间由核心时间和弹性时间两部分组成，在某几个小时的核心时间内，所有员工必须上班，而在弹性时间内，员工可以自由选定上下班时间，这两部分时间相加等于制度工作时间。实行工作时间弹性化可以减少员工请事假、病假、迟到和早退等情况的出现，员工能根据个人需要安排他们的工作时间，增强员工自主权，提高劳动生产率。

7. 远程办公

远程办公是员工利用个人电脑、互联网、电子邮件、微信、腾讯会议、钉钉等设备或媒介在家中、咖啡馆、共享工作空间或其他任何地点从事那些传统意义上在办公室完成的工作。远程办公的优势包括：削减办公空间成本；员工可免于上下班的奔波，节省花费在工作途中的时间和金钱；降低管理成本和减少工作时间。但是，远程办公难以直接监督员工，可能会影响工作效率，也减少了员工日常社交的机会。

案例分析

东阳饭店最大的问题是，没有一个科学合理的工作设计，工作职责、任务等十分混乱，随意性很大，尽管可以暂时地应付眼前的工作，但是就长远而言，无疑将会给企业带来很大的负面影响。东阳饭店需要做的是，运用工作分析的方法和手段，对整个饭店的所有工作岗位进行重新评价和分析，重新进行工作设计，制定一份科学合理的工作说明书。各项工作都围绕着工作说明书展开，如果要做出调整，也应该按照工作分析的规范和要求来进行。

思考与练习

一、单项选择题

1. “力求使员工的各项指标达到最佳状态，做到人尽其力、物尽其用、时尽其效”这一论述属于工作设计的哪一原则？（　　）

A. 因事设岗原则　　B. 工作环境优化原则

C. 员工能力开发原则　　D. 工作满负荷原则

2. 工作设计中，明确完成每项工作的基本方法和要求，这是对（　　）的设计。

A. 工作内容　　B. 工作职责　　C. 工作关系　　D. 工作产出

3. 科学管理理论是（　　）提出的。

A. 泰勒　　B. 赫兹伯格

C. 特里斯特　　D. 哈克曼

4. 激励型工作设计法是基于以下哪项理论形成的？（　　）

A. 科学管理理论　　B. 双因素理论

C. 社会技术系统理论　　D. 工作特征理论

5. 将员工从一个岗位调到另一个岗位以扩展其经验的方法是（　　）。

A. 工作专业化　　B. 工作轮换

C. 工作扩大化　　D. 工作丰富化

二、多项选择题

1. 工作设计的意义包括（　　）。

A. 改变工作态度　　B. 明确工作内容

C. 规范工作行为　　D. 提升工作绩效

E. 优化工作环境

2. 工作设计的原则包括（　　）。

A. 因人设岗原则　　B. 工作满负荷原则

C. 工作环境优化原则　　D. 员工能力开发原则

E. 动静结合原则

3. 工作设计需要考虑的因素包括（　　）。

A. 环境因素　　B. 组织因素

C. 人为因素　　D. 行为因素

E. 时间因素

三、简答题

1. 工作设计的基本内容有哪些?
2. 简述工作设计的意义。
3. 简述工作设计的原则。
4. 工作设计的基本程序是怎样的?
5. 工作再设计的常用方法主要有哪些?

四、论述题

1. 试述工作设计中需要考虑的因素。
2. 试述几种主要的工作设计理论及其相应的工作设计方法。

参考文献

[1] 彭剑锋,张望军,朱兴东,等.职位分析技术与方法[M].北京:中国人民大学出版社,2004.
[2] 付亚和.工作分析[M].上海:复旦大学出版社,2004.
[3] 郑晓明,吴志明.工作分析实务手册[M].北京:机械工业出版社,2002.
[4] 萧鸣政.工作分析的方法与技术[M].北京:中国人民大学出版社,2002.
[5] 朱勇国.工作分析与研究[M].北京:中国劳动社会保障出版社,2006.
[6] 安鸿章.工作岗位研究原理与应用[M].2版.北京:中国劳动社会保障出版社,2005.
[7] 高艳.工作分析与职位评价[M].西安:西安交通大学出版社,2006.
[8] 顾琴轩.职务分析:技术与范例[M].北京:中国人民大学出版社,2006.
[9] 尹隆森.组织结构与职位设计实务[M].北京:人民邮电出版社,2004.
[10] 姚若松,苗群鹰.工作岗位分析[M].北京:中国纺织出版社,2003.
[11] 谌新民,张帆.工作岗位设计[M].广州:广东经济出版社,2002.
[12] 熊超群.工作分析与设计实务[M].广州:广东经济出版社,2002.
[13] 尹隆森.职位说明书设计实务[M].北京:人民邮电出版社,2004.
[14] 王小艳.如何进行工作分析[M].北京:北京大学出版社,2004.
[15] 尹隆森.岗位说明书的编写与应用[M].北京:北京大学出版社,2003.
[16] 孙宗虎,张倩华.最新职位说明书设计范本[M].北京:人民邮电出版社,2006.
[17] 吕嵘,唐晓斌.让狐狸挑起担子来:如何编写岗位说明书[M].北京:中国经济出版社,2004.
[18] 水藏玺,冉斌,唐晓斌.睁开眼睛摸大象:岗位价值评估六步法[M].北京:中国经济出版社,2004.
[19] 穆涛,赵慧敏.职位分析评价体系[M].深圳:海天出版社,2006.
[20] 赵永乐,朱燕,邓冬梅,等.工作分析与设计[M].上海:上海交通大学出版社,2006.
[21] 边文霞.岗位分析与岗位评价:实务、案例、游戏[M].北京:首都经济贸易大学出版社,2011.
[22] 陈彩琦,马欣川.工作分析与评价[M].武汉:华中科技大学出版社,2017.

[23] 陈俊梁,陈瑜. 工作分析：理论与实务[M]. 北京：中国人民大学出版社,2017.
[24] 方雯. 工作分析与职位评价[M]. 西安：西安电子科技大学出版社,2017.
[25] 付亚和. 工作分析[M]. 2 版. 上海：复旦大学出版社,2009.
[26] 葛玉辉,陈悦明,赵尚华. 工作分析与工作设计实务[M]. 北京：清华大学出版社,2011.
[27] 葛玉辉,荣鹏飞. 工作分析与设计[M]. 北京：清华大学出版社,2014.
[28] 龚尚猛,宋相鑫. 工作分析：理论、方法及运用[M]. 4 版. 上海：上海财经大学出版社,2020.
[29] 李强. 工作分析：理论、方法与应用[M]. 北京：科学出版社,2015.
[30] 李中斌. 工作分析理论与实务[M]. 大连：东北财经大学出版社,2011.
[31] 刘凤霞,房宏君. 组织与工作设计[M]. 北京：中国人民大学出版社,2021.
[32] 潘泰萍. 工作分析：基本原理、方法与实践[M]. 2 版. 上海：复旦大学出版社,2018.
[33] 孙宗虎,郭蓉. 岗位分析评价与职位说明书编写实务手册[M]. 4 版. 北京：人民邮电出版社,2017.
[34] 万希. 工作分析：人力资源管理的基石[M]. 北京：电子工业出版社,2017.
[35] 相飞,杜同爱. 组织设计与工作分析[M]. 北京：中国人民大学出版社,2021.
[36] 萧鸣政. 工作分析的方法与技术[M]. 5 版. 北京：中国人民大学出版社,2018.
[37] 杨晶照. 组织设计与工作分析实训教程[M]. 镇江：江苏大学出版社,2017.
[38] 杨明海,薛靖,李贞,等. 工作分析与岗位评价[M]. 3 版. 北京：电子工业出版社,2018.
[39] 袁声莉,毛忞歆. 工作分析与职位管理[M]. 北京：科学出版社,2014.
[40] 张岩松,穆秀英. 组织设计与工作分析[M]. 北京：清华大学出版社,北京交通大学出版社,2023.
[41] 郑永武,苏志霞. 工作分析[M]. 杭州：浙江大学出版社,2011.
[42] 祝士苓. 工作分析与组织设计[M]. 北京：中国劳动社会保障出版社,2007.
[43] 朱颖俊. 组织设计与工作分析[M]. 北京：北京大学出版社,2018.
[44] 朱勇国,邓洁. 工作分析[M]. 2 版. 北京：高等教育出版社,2014.
[45] 朱勇国,孔令佳. 组织设计与岗位管理[M]. 北京：首都经济贸易大学出版社,2015.
[46] 许小东. 现代工作设计理论评述[J]. 经济师,2001(10)：22－23.

各章部分习题参考答案

第一章

一、单项选择题

1. D　2. B　3. A　4. C　5. C

二、多项选择题

1. ACD　2. BCD　3. BC

第二章

一、单项选择题

1. A　2. B　3. A　4. B　5. B

二、多项选择题

1. ABE　2. ABD　3. BD

第三章

一、单项选择题

1. C　2. B　3. A　4. A　5. C

二、多项选择题

1. ABCD　2. ACE　3. ABCDE

第四章

一、单项选择题

1. D　2. A　3. C　4. B　5. A

二、多项选择题

1. BCD　2. BC　3. CDE

第五章

一、单项选择题

1. A　2. B　3. C　4. C　5. D

二、多项选择题

1. BD　2. ABDE　3. ABD

第六章

一、单项选择题

1. A　2. A　3. B　4. C　5. D

二、多项选择题

1. BCE　2. ABD　3. BC

第七章

一、单项选择题

1. D　2. D　3. C　4. B　5. D

二、多项选择题

1. ACDE　2. ABC　3. AB

第八章

一、单项选择题

1. D　2. B　3. A　4. B　5. B

二、多项选择题

1. ABCD　2. BCDE　3. ABD